낮아짐의 은혜 ①

정원 지음

영성의 숲

서문

낮아짐은 놀라운 은혜입니다. 그것은 능력의 비결이며 승리의 비결이며 은총의 비결입니다. 그것은 하늘 문을 여는 비밀의 열쇠입니다. 그것은 하늘의 무한한 보화가 임하는 비밀의 문과 같은 것입니다.

하지만 오늘날 이 놀라운 은총의 비밀을 발견하고 누리는 이들은 많지 않습니다. 만약 그 비밀에 대해서 알게 된다면, 깨닫게 된다면 누구나 이 놀라운 은총을 구할 것입니다. 그러나 오늘날 많은 그리스도인들에게 있어서 이 단순한 진리는 숨겨져 있으며 그러므로 그들은 하늘의 은총과 풍성함을 누리지 못합니다.

많은 이들이 자신의 삶에서 겪는 많은 고통과 문제들이 자신의 높아진 마음과 높아지는 것을 추구하는 데에서 시작된다는 사실을 깨닫지 못합니다. 그리하여 당할 필요가 없는 재앙과 고통 가운데 머물러 있으며 인생의 많은 시간들을 낭비합니다.

진리는 명백한 것입니다. 낮음, 낮아짐에서 천국이 시작됩니다. 그리고 높음, 높아짐에서 지옥이 시작됩니다.

이 진리를 충분히 깨닫고 적용한다면 당신의 삶은 변화될 것입니다. 당신은 천국의 은총이 그리 멀리 있는 것이 아니라는 것을 알게 될 것입니다. 지옥과 같은 삶에서 벗어나는 것이 그리 어려운 일이 아니라는 것을 알게 될 것입니다.

그리하여 대다수의 사람들이 가고 있는 높음의 길을 버리고 낮음, 낮아짐의 길, 자유와 은총과 풍성함이 가득한 천국의 여정으로 나아가게 될 것입니다.

낮아짐의 삶을 추구하십시오.
세상에서 감추어진 그 길을 가십시오.
세상은 그것을 알지 못하지만
거기에서 은혜가 시작됩니다.
거기에서 천국이 시작됩니다.
당신이 그 길을 걷기 시작할 때
당신은 그 은총의 세계를
누리고 경험하게 될 것입니다.

2008. 7. 정원

1권 목차

1부 은혜의 원리

1. 은혜의 비결은 낮아짐이다/ 10
2. 천국의 가치관과 세상의 가치관/ 16
3. 높은 마음에서 재앙이 시작된다/ 32
4. 하나님의 임재가 머무는 사람/ 41
5. 하나님의 임재가 멀리 있는 사람/ 57
6. 낮아짐과 열등감은 다르다/ 78

2부 높아짐의 시작과 타락

1. 우주 첫 번째의 죄/ 86
2. 지옥의 중심 원리/ 96
3. 두 번째의 죄 / 111
4. 높은 마음에서 나오는 여러 가지 악들/ 121
5. 세상의 중심 사상/ 132

3부 낮아짐의 시작과 은혜의 회복

1. 낮은 자로 이 땅에 오신 주님/ 162
2. 주님께 속한 사람들/ 167
3. 주님의 낮아지심과 십자가의 사역/ 176
4. 낮아짐과 주님의 임하심/ 194

4부 낮아짐의 풍성함들

1. 기도를 들으심/ 204
2. 낮아짐의 능력/ 221
3. 낮아짐과 부흥/ 235
4. 낮은 마음과 복음 전도/ 259
5. 낮음의 향기, 천국의 공동체/ 279

부록1. 그 발 앞에 엎드려/ 293
부록2. 낮아짐과 순복의 삶 속으로/ 301

2권 목차

5부 낮아짐을 빼앗아가는 사단의 전략들

1. 장화신은 고양이/10
2. 깊은 곳에서의 유혹/ 17
3. 위대함에 대한 비전/ 35
4. 경쟁과 비교의식/ 51
5. 물질, 욕망, 편안함의 유혹들/ 73
6. 자기애의 함정/ 93
7. 영적인 요인들로 인한 높아짐/ 112
8. 낮아짐을 잃어버린 사람들의 증상들/ 145

6부 낮아짐을 위한 하나님의 훈련

1. 원수와 대적자를 사용하심/ 174
2. 가시를 통한 훈련/ 186
3. 멸시와 천대를 통한 낮아짐/ 200
4. 억울함의 경험/ 224
5. 꿈의 좌절/ 242
6. 한계 상황으로 인도하심/ 265
7. 사역을 위한 낮아짐의 훈련/ 285
8. 낮아짐의 훈련을 통과한 이들의 변화된 속성들/ 310

결언과 적용/ 323
부록 : 주님은 무엇을 아파하시는가/ 358

1부 은혜의 원리

하나님의 은총이 임하는 데에도
법칙과 원리가 있습니다.
우리에게 사모함이 있어도
그 법칙과 원리를 거스른다면
우리는 주님을 제한할 수도 있습니다.
바른 이해와 깨달음이 있을 때
우리는 좀 더 쉽게
은총의 세계에 나아가게 될 것입니다.

1. 은혜의 비결은 낮아짐이다

오늘날 은혜가 넘치는 기독교, 은혜가 풍성한 그리스도인들을 보는 것은 어려운 일입니다. 어디서나 십자가를 볼 수 있고 복음에 대해서 들을 수 있지만 이상하게도 그것들은 그리 실제적이지 않은 것 같습니다. 말씀이 약속하고 있는 것들은 엄청난 것들이지만 막상 그것들을 누리고 있는 그리스도인들은 많지 않습니다.

오히려 지치고 피곤한, 영적으로 굶주려 있는 그리스도인들을 발견하는 것이 훨씬 더 쉽습니다. 신실하게 주님을 사모하는 많은 그리스도인들이 영적인 충족을 얻지 못하고 은혜의 순간들을 갈망합니다. 은혜를 사모하는 이들은 적지 않지만 은혜의 강물이 넘실거리는 것은 오늘날 잘 보기 어려운 모습이 되고 말았습니다.

은혜를 사모하고 갈망하지만 얻지 못하여 영적으로 굶주려 있는 그리스도인들은 그나마 조금 더 나은 상황이라고 할 수 있을 것입니다. 더 많은 대다수의 그리스도인들은 더 깊은 삶과 영적인 풍요로운 삶에 대한 기대조차 별로 없으며 육신적이고 세상적인 삶과 피상적인 신앙으로 만족하고 있고 자신의 비참한 영적 상태에 대해서는 인식 자체도 없습니다.

이 시대는 교회도, 교인들의 숫자도 많고 아름다운 건물도 많이 있어서 외적으로는 기독교가 흥왕하고 있는 듯이 보이지만 내적으로는 참으로 약하고 가난한 상태라고 하지 않을 수 없습니다. 주님이 약속하신 그 배에서 생수가 넘쳐나는 삶이 아니라 에스겔 골짜기의 마른 뼈와 같이 연약한 모습을 도처에서 발견할 수 있을 뿐입니다.

영적으로 이 시대는 새벽에 태양이 떠오르기 전의 어두운 상태와 같습니다. 엘리야 시대에 온 이스라엘이 가물어서 큰 비의 소식을 갈구하던 때와 같습니다.

앗수르 왕의 침입에 대하여 대항할 능력이 없었던 히스기야가 오늘은 곤란과 책벌과 능욕의 날이라 아이가 임산하였으나 해산할 힘이 없도다 (왕하19:3)고 말하던 상태와 같습니다. 그러나 태양이 떠오를 때 모든 어두움은 사라지듯이, 큰 비의 소리가 가뭄을 물러가게 했고 하늘의 군사의 개입으로 앗수르가 초토화되었듯이 진정으로 갈망하는 이들이 있을 때 영적 어두움들은 사라지게 될 것입니다. 그리고 진정한 부흥과 승리와 영광이 임하게 될 것입니다.

우리는 피상적인 기독교가 아닌 실제적이고 영광스러운 기독교의 모습을 보게 될 것입니다. 말씀의 진리 가운데 있는 영성의 원리들이 회복될 때 그 은총의 역사들은 이루어지게 될 것입니다.

영계에도 법칙이 있다

자연계에도 원리와 법칙이 있듯이 영적 세계에도 원리와 법칙이 있습니다. 부흥에도 법칙이 있으며 주님이 임하시고 하늘의 은총이 임하는 데에도 원리가 있습니다.

자연법칙의 예를 들자면 만유인력의 법칙과 같은 것이 있습니다. 이 법칙을 무시하고 행동한다면 피해를 입을 것입니다. 절벽에서 뛰어내리면 다치게 될 것입니다. 그것은 그 사람이 나쁜 사람이라서가 아니라 자연법칙에 대해서 무지하거나 이를 무시했기 때문입니다. 영계의 법칙에도 그와 같은 것들이 있습니다. 하나님은 세상을 창조하실 때 아주 정교하고 과학적으로 창조하셨습니다. 아주 작고 사소하게 보이는 것에도 주님의 섬세한 원리와 질서가 담겨져 있습니다. 우리는 이러한 원리들을 무시해서는 안 됩니다.

은혜가 임하는 데에도 영적인 법칙과 원리가 있습니다. 천국에는 천국의 질서와 원리가 있고 지옥에는 지옥의 법칙과 원리가 있습니다. 하늘의 은총이 임하는 것도 질서를 따라 원리를 따라 이루어집니다. 그 은총이 임하는 영적 원리의 대표적인 것이 낮아짐의 법칙입니다. 누구든지, 오직 이 낮아짐을 통하여서만이 하늘의 은총과 영광의 세계에 이를 수 있습니다.

물은 높은 곳에서 낮은 곳으로 흐릅니다. 비는 하늘에서 땅으로 내리는 것입니다. 땅이 하늘에서 내리는 비를 필요로 하는 것처럼 우리 영혼은 하늘의 은총을 필요로 합니다. 인간은 하나님의 형상으로 만들어졌기 때문에 하나님과의 교제와 은총이 필요합니다. 그것이 없이는 살 수가 없습니다. 의식주의 충족만으로는 진정한 만족을 얻을 수 없습니다. 그 하늘의 은총은 비가 땅으로 내리듯이 높은 곳에서 낮은 곳으로 임하는 것입니다. 마음과 심령이 낮지 않은 이들은 결코 그 하늘의 단비를 맞을 수 없습니다.

오늘날 이 시대에 은혜의 비가 마르고 은혜의 샘물이 마른 이유는 사람들의 심령이 아주 높아졌기 때문입니다. 그러한 마음은 하늘의 은총을 받을 수 있는 영적 상태가 되지 못하는 것입니다. 아스팔트와 같이 단단한 땅에 빗물이 새어 들어갈 수 없듯이 완악하고 강퍅하며 높아진 마음은 결코 하늘의 은총을 받아 누릴 수 없습니다. 아무리 목이 말라도 입을 벌리지 않으면 물을 마실 수 없는 것처럼 높아진 마음의 상태는 아무리 많이 기도하고 노력하고 애를 써도 은혜의 강물을 마실 수 없습니다.

높아진 마음, 바로 이것이 이 시대 그리스도인들의 보편적인 상태이며 은혜를 사모한다고 하면서도 깊은 은혜 가운데 들어가지 못하는 가장 중요한 이유입니다.

이 원리에 대한 깨달음과 인식이 분명하다면 우리는 하늘 문이 열리고 깊은 은총의 상태에 들어가는 것이 불가능한 것이 아니며 그리 어려운 일도 아니라는 것을 경험하게 될 것입니다. 은혜에 이르는 길이 분명히 존재하며 그 길은 그리 먼 길이 아닙니다.

아시시의 성자로 불리는 성 프란시스는 많은 그리스도인들에게 사랑을 받는 사람입니다. 그는 가난하고 청빈한 삶을 추구하던 사람으로 어린 아이같이 단순한 사람으로 알려져 있습니다. 또한 그는 깊은 기도와 영성의 사람으로 새들과 대화를 나누기도 했다는 이야기가 전해지기도 합니다.

그와 같이 지내던 초기 동료들 중에 맛세오 형제라고 하는 사람의 일화 가운데 이러한 이야기가 있습니다.
이 형제는 어떤 사람의 이야기를 들었는데, 그 사람은 깊은 겸손의 은혜를 입어서 자기를 큰 죄인으로 여기고 모든 사람을 자기보다 낫게 여기게 되었으며 그 결과 항상 주님의 임재와 은혜 가운데 거하게 되었다는 말을 들었습니다.
맛세오 형제는 겸손의 능력이 이처럼 위대한 것을 알게 되자 그러한 겸손의 은혜를 받고 싶은 마음이 불타오르게 되었습니다. 그래서 그는 이 은혜를 입기 전까지는 세상의 어떤 기쁨도 누리지 않겠다고 결심하고 날마다 자기 방에 틀어박혀서 금식하고 기도하며 그 겸손의 덕이 임하기를 울면서 간구하였습니다.
어느 날도 숲속에 들어가 간절하게 겸손의 덕을 구하고 있는데 하늘에서 주님의 음성이 들려왔다고 합니다.
"맛세오야, 네가 구하는 은혜를 받으면 너는 나에게 무엇을 바치겠느냐?"
맛세오는 대답하였습니다.

"주님, 저의 두 눈을 드리겠습니다."
잠시 후에 다시 주님의 음성이 들렸습니다.
"맛세오야. 나는 네가 그 은혜를 받고 또한 네 눈도 그대로 있기를 원한다."
그리하여 맛세오 형제는 겸손의 은혜를 받게 되었으며 그 후부터 자기를 이 세상의 모든 사람들보다 낮은 사람이라고 생각하게 되었고 놀라운 기쁨가운데 거하게 되었다고 합니다. (성 프란시스의 작은 꽃들, 크리스챤 다이제스트, p.148-149)

겸손의 가치를 발견함

13세기 초에 있었던 이 오래된 이야기에 대해서 그 사실관계나 자세한 상황에 대해서 분명하게 아는 것은 어려운 일입니다. 겸손이라는 것이 그렇게 한 순간의 기도로 온전하게 이루어지는 것인지, 또한 그가 하늘에서 들었다는 음성이 과연 하늘에서 들린 것인지, 아니면 내면의 감동에서 온 것인지, 과연 그가 받았다는 겸손의 은혜는 언제까지나 지속되었는지, 이야기의 전달 과정에서 다소의 과장은 없는 것인지 등등의 여러 의문들이 있을 수 있습니다.

다만 이 이야기를 통해서 분명하게 알 수 있는 사실이 있습니다. 이 형제는 보이지 않는 덕, 겸손을 얻기 위한 많은 간절함을 가지고 있었으며 겸손이 주님의 은혜와 임재 가운데 거할 수 있는 아주 중요한 요소라는 것을 깨달았다는 것입니다. 그러므로 그는 이를 얻기 위해서 그 어떤 희생도 아까워하지 않았던 것입니다. 그는 겸손을 얻기 위해서는 두 눈을 드리는 희생도 감수하려고 하였습니다. 앞을 보지 못하는 시각 장애자가 되는 한이 있더라도 겸손의 덕을 얻는 것이 더 아름다운 것이며 가치 있는 것이라고 여겼던 것입니다.

당시에도, 지금도 많은 그리스도인들이 보이는 것을 추구하며 기도합니다. 그러나 육신의 욕망을 이루기 위해서 기도하는 이들은 많지만 보이지 않는 보화를 위해서 기도하는 이들은 많지 않습니다. 그런 의미에서 이 형제는 진정 복을 받은 사람입니다. 주님을 가까이 알기를 간절하게 원하며 또 이를 위해서 겸손의 덕을 구하는 것은 그 자체가 이미 많은 은총 가운데 거하고 있음을 보여주는 것입니다.

이 형제가 그렇게 여겼던 것처럼 나는 낮아짐, 겸손을 얻을 수만 있다면 그 어떤 희생도 가치가 있는 것이라고 생각합니다. 그것은 주님의 임재와 영광이 머무르게 하는 놀라운 은총의 비결이기 때문입니다.
이 낮아짐의 능력과 의미와 보화됨을 충분히 깨닫는다면, 오늘날의 많은 그리스도인들도 이 은혜와 덕을 구하게 될 것입니다. 낮아짐을 통하여 하늘이 열리고 무한한 풍성함이 부어지기 시작하는데, 그것을 깨닫고 알기만 한다면 어느 누구가 그것을 구하지 않겠습니까.

오늘날 이 놀라운 보화의 가치는 잘 알려져 있지 않습니다. 나는 오늘 이 시대가 가지고 있는 영적 무기력과 둔감함의 중요한 이유가 이 놀라운 보화에 대한 무지에 있다고 생각합니다. 부디 주님께서 긍휼을 베풀어 주셔서 이 놀라운 복의 가치를 우리에게 보여주시기를 기도할 뿐입니다.
보화의 가치를 알게 될 때 낮아짐에 대한 갈망은 일어나게 될 것이며 낮아짐이 일어날 때 하늘의 영광스러운 은총은 이 땅에 임하기 시작할 것입니다.

2. 천국의 가치관과 세상의 가치관

보화를 얻는 비결은 무엇일까요? 그것은 보화의 가치를 잘 아는 것입니다. 보화의 가치를 알게 되면 온 마음과 정성을 다하여 그것을 간구하게 될 것이며 그리하여 보화를 얻게 될 것입니다.

보화를 유지하는 비결은 무엇일까요? 그것 역시 보화의 가치를 아는 것입니다. 보화의 가치를 잘 알고 있을 때 그것을 잃어버리지 않고 잘 간직하려고 애쓸 것입니다. 보화의 가치를 아는 것은 보화 보존의 중요한 비결입니다.

어떤 이가 지갑 속에 천만 원의 현금을 가지고 있다면 그는 아마 행동을 조심하게 될 것입니다. 사람이 많은 곳에 가거나 전철을 타는 것을 꺼리게 될 것입니다.

만일 어떤 여성이 1억 원짜리 다이아 목걸이를 목에 걸고 있다면 어떨까요? 그녀는 더욱 더 행동을 조심하게 되겠지요. 이 보화를 잃어버리지나 않을까, 상하게 되지는 않을까 걱정이 되어서 조바심을 하게 될 것입니다. 함부로 행동을 하거나 파티에 가서 춤을 추거나 하는 일은 없을 것입니다. 모르는 사람이 가까이 접근하게 되면 더욱 더 조심을 하게 되겠지요. 그 사람으로 인하여 자신의 보석을 잃거나 상하지 않도록 주의하게 될 것입니다.

낮아짐은 하늘 문이 열리는 은총의 놀라운 비결입니다. 그것은 아름답고 놀라운 보화와 같은 진리입니다. 하지만 이 보화를 소유하여 하늘의 기쁨과 영광을 경험하는 이들은 별로 많지 않습니다. 그 이유는 무엇일까요? 오늘날 이 낮음의 보화됨이 잘 알려져 있지 않기 때문입니다. 사람들은 이 놀라운 가치에 대해서 알지 못하며 알더라도 피상적인 인식에 그치고 있습니다. 그러므로 그 은총의 영광을 누리는 이들이 많지 않은 것입니다.

제자들의 무지

감추어진 보화, 낮아짐.. 하지만 이것에 대한 무지는 오늘날의 상황만은 아니었습니다. 주님이 오셨을 때 주님의 부름을 받고 곁에서 주님을 따르던 주님의 제자들도 역시 그러했습니다. 그들도 낮음의 가치와 보화됨에 대해서 알지 못했습니다.

그들은 주님을 따르며 주님이 이루시던 많은 기적과 역사를 보고 가르침을 받았지만 거의 마지막 순간까지 그들은 무지한 상태 가운데 있었습니다. 그들은 하늘의 문을 여는 길에 대해서, 진정한 그리스도인의 생활 방식에 대해서 거의 알지 못했습니다. 다음의 상황은 제자들의 영적 상태를 잘 보여줍니다.

예수께서 예루살렘으로 올라가려 하실 때에 열두 제자를 따로 데리시고 길에서 이르시되 보라 우리가 예루살렘으로 올라가노니 인자가 대제사장들과 서기관들에게 넘기우매 저희가 죽이기로 결안하고 이방인들에게 넘겨 주어 그를 능욕하며 채찍질하며 십자가에 못박게 하리니 제 삼일에 살아나리라 (마20:17-19)

주님의 공생애 기간인 3년 반이 거의 다 되어 예루살렘으로 올라가는 시점에서 주님은 열두 제자에게 자신의 죽음에 대해서 말씀하셨습니다. 주님의 가르침을 받은 지 3년이 넘었다면 이제 그들은 무엇인가 좀 변화가 있어야 하지 않았을까요? 게다가 주님께서 자신의 능욕과 십자가에 달림에 대하여 말씀하셨다면 그들은 주님의 마음을 헤아리고 근신하는 마음을 가져야 하지 않았을까요? 그러나 그에 대한 그들의 반응은 이런 것이었습니다.

그때에 세베대의 아들의 어미가 그 아들들을 데리고 예수께 와서 절하며 무엇을 구하니 예수께서 가라사대 무엇을 원하느뇨 가로되 이 나의 두 아들을 주의 나라에서 하나는 주의 우편에, 하나는 주의 좌편에 앉게 명하소서 예수께서 대답하여 가라사대 너희 구하는 것을 너희가 알지 못하는도다 나의 마시려는 잔을 너희가 마실 수 있느냐 저희가 말하되 할 수 있나이다 가라사대 너희가 과연 내 잔을 마시려니와 내 좌우편에 앉는 것은 나의 줄 것이 아니라 내 아버지께서 누구를 위하여 예비하셨든지 그들이 얻을 것이니라 열 제자가 듣고 그 두 형제에 대하여 분히 여기거늘 (마20:20-24)

주님께서 자신의 지실 십자가에 대해서 말씀하신 지 얼마 되지 않아서 예수님의 제자인 야고보와 요한의 어머니가 주님께 나아왔습니다. 그녀가 절을 하자 주님께서는 원하는 것이 무엇이냐고 물으셨습니다. 그러자 그녀는 주님의 나라에서 그녀의 아들들인 야고보와 요한이 높은 자리를 얻는 것을 원했습니다. 주님께서는 완곡하게 거절하시며 말씀하셨습니다.

내 좌우편에 앉는 것은 나의 줄 것이 아니라 내 아버지께서 예비하신 사람이 얻게 될 것이다 (마 20:23)

그 어머니의 부탁과 주님의 말씀을 듣고 다른 모든 제자들은 두 형제에 대하여 화가 났습니다. 왜냐하면 그들도 말만 하지 않았을 뿐 요한이나 야고보나 그 어머니와 똑같은 생각을 하고 있었기 때문입니다. 그들은 모두 자신이 가장 높은 자리를 얻고 싶었습니다. 이제 곧 주님이 새 나라를 이루시고 왕이 되시면 주님을 지금까지 모셨던 자기들은 권세가 있고 높은 자리를 얻게 될 것이라고 생각했습니다. 그런데 가장 높은 자리를 두 형제의 어머니가 요구하자 그들은 화가 났던 것입니다.

주님은 지극히 높은 곳에서 가장 낮은 곳으로 오신 분이었습니다. 그분은 높은 곳에 이르기 위해서 오신 것이 아니라 낮은 곳에 낮은 마음으로 섬기러 오신 것이었습니다. 심지어 자기 목숨까지 바쳐서 섬기려고 오신 것이었습니다. 그러나 그분을 따르는 모든 제자들이 주님의 마음을 이해하지 못했습니다. 지금이나 그 때나 자신이 주를 따른다고 여기는 많은 사람들이 주님의 마음과 뜻을 잘 이해하지 못하는 것입니다.

천국의 중심원리를 가르치심

주님은 이들에게 대하여 아주 중요한 말씀을 하셨습니다. 그것은 곧 천국의 중요한 원리와 같은 것입니다. 그것은 그리스도인들의 삶의 원리입니다. 그것은 그리스도인과 이방인들, 신자와 불신자를 구분하는 가장 중요하고 놀라운 삶의 가치에 대한 것이었습니다. 스승이 아무리 진리의 말씀을 가르쳐도 알아듣지 못하며 스승이 가장 고통스럽고 괴로운 상황에서도 자신의 이득과 높아짐만을 구하는 제자들의 모습을 보면 안타깝고 마음이 아픈 것이 당연할 것입니다. 그러나 주님은 여전히 사랑으로 제자들을 인내하시며 진리의 말씀을 가르치셨습니다.

예수께서 제자들을 불러다가 가라사대 이방인의 집권자들이 저희를 임의로 주관하고 그 대인들이 저희에게 권세를 부리는 줄을 너희가 알거니와 **너희 중에는 그렇지 아니하니 너희 중에 누구든지 크고자 하는 자는 너희를 섬기는 자가 되고 너희 중에 누구든지 으뜸이 되고자 하는 자는 너희 종**

이 되어야 하리라 인자가 온 것은 섬김을 받으려 함이 아니라 도리어 섬기려 하고 자기 목숨을 많은 사람의 대속물로 주려 함이니라 (마20:25-28)

이방인의 중심 사상

주님은 제자들에게 이방인의 삶과는 전혀 다른, 정반대인 주님께 속한 사람의 삶에 대하여 가르치셨습니다. 이방인은 주를 알지 못하는 사람들이며 세상에 속한 사람들입니다. 그러한 이방인들과 주님께 속한 사람들의 삶에는 근본적인 차이가 있습니다. 그것은 이방인들은 높아지는 삶을 원하고 추구하며 주님께 속한 사람들은 낮아지는 삶을 원하고 추구한다는 것입니다. 그것은 신자와 불신자를 구분하는 가장 근본적인 삶의 요소입니다.
주님은 말씀하셨습니다.

이방인의 집권자들이 저희를 임의로 주관하고 그 대인들이 저희에게 권세를 부리는 줄을 너희가 알거니와.. (마20:25)

이방인 세계에서의 집권자가 있습니다. 이는 높은 지위를 가진 사람들을 말합니다. 집권자들, 대인이라고 불리는 사람들은 수하의 사람들에게 명령하고 지시합니다. 높은 위치에서 거만한 자세로 사람들을 부립니다. 그러면 수하의 사람들은 꼼짝 못하고 그 앞에서 고개를 숙이며 복종합니다. 사람들은 이런 모습을 보고 높은 자들을 부러워합니다.

그렇게 높은 위치에서 부리고 명령하고 자기의 임의대로 사람들에게 세도를 부리는 이들을 성공자라고 생각합니다. 그러한 사람을 출세한 사람이라고 생각합니다. 부모들은 자녀들에게 말합니다.

"너, 공부 안 하고 그렇게 놀기만 하다가 대학도 못 가고 남의 밑에서 빌빌거리면서 살 거야?"

그들은 자녀들이 열심히 공부해서 명문 대학을 나오고 사회에서 높은 지위를 얻어 떵떵거리며 사는 삶을 꿈꾸도록 가르칩니다. 높은 위치의 삶, 남의 앞에 서는 삶, 앞에 나가서 마이크를 잡는 삶, 지시하고 명령하는 위치에 설 수 있는 삶.. 그것을 사람들은 성공하고 출세한 삶이라고 생각합니다.

반면에 항상 낮은 위치에서 다른 이들의 명령을 받고 감시를 받으며 남에게 복종을 해야 하는 사람들은 자신을 패배자라고 생각합니다. 그러한 상황에서 '내가 왜 이렇게 되었지..' 하고 절망하며 과거를 후회하며 사는 사람도 있고 또한 굴욕을 참으며 '두고 봐라, 내 팔자가 이렇게 끝나지는 않을 것이다. 나도 언젠가는..' 이런 식으로 높은 지위를 꿈꾸며 살아가는 사람도 있을 것입니다. 분명한 것은 그러한 낮은 위치에 만족하지 않는 사람들이 대부분이라는 것입니다.

그렇습니다. 바로 그것이 이방인의 철학입니다. 높은 위치, 남에게 명령하는 삶.. 그러한 지위를 얻고 편하게 사는 것이 성공이라고 생각하는 삶.. 그것이 이방인의 삶의 특징입니다. 그것이 주님을 알지 못하고 복음을 알지 못하며 천국에 속한 삶을 알지 못하는 이방인 삶의 대표적인 특성인 것입니다. 주님은 이 이방인의 삶에 대해서 분명히 잘라서 말씀하셨습니다.

"너희 중에는 그렇지 아니하니.."

주님께 속하고 천국에 속한 사람들의 가치관과 삶은 분명히 이방인들의 철학과 정면으로 대치되는 것입니다.

너희 중에 누구든지 크고자 하는 자는 너희를 섬기는 자가 되고 너희 중에 누구든지 으뜸이 되고자 하는 자는 너희 종이 되어야 하리라 (마20:26-27)

주님은 세상의 가치관, 이방인들의 철학과 선명하게 반대되는 메시지를 전하셨습니다. 주님의 세계, 천국에 속한 세계는 바로 낮은 자, 섬기는 자가 진정 큰 사람이라는 것입니다. 진정으로 높은 자는 명령하는 자가 아니라 섬기고 복종하는 종이라는 것입니다. 주님은 바로 그러한 삶이 주님의 삶이며 주님이 이 땅에 오신 의미이며 목적임을 분명히 하셨습니다.

인자가 온 것은 섬김을 받으려 함이 아니라 도리어 섬기려 하고 자기 목숨을 많은 사람의 대속물로 주려 함이니라 (마20:28)

주님의 가르치심에 제자들은 얼마나 부끄러웠을까요. 그들은 주님의 형편이나 마음과는 상관없이 그저 서로 높은 자리를 원했을 뿐입니다. 그러나 주님은 섬김을 받는 것을 기뻐하지 않으시고 오히려 섬기시며 심지어 목숨까지도 섬김의 도구로 삼으시기를 원하셨습니다. 주님의 그러한 말씀은 제자들에게 많은 충격이 되었을 것입니다.
세상에 속한 사람과 주님께 속한 사람을 구분하는 가장 선명한 기준은 바로 이 말씀이라고 할 수 있을 것입니다. 높은 자리를 좋아하느냐, 낮은 자리를 좋아하느냐.. 그것은 그 사람의 중심과 영적 수준을 분명하게 보여줍니다.

오늘날 복음과 진리가 선명하지 않음으로, 자신을 그리스도인이라고 자처하는 많은 사람들이 높은 것을 좋아합니다. 사람들 앞에서 드러나기를 좋아하며 칭찬받고 인정받는 것을 좋아하며 낮은 자리와 굴욕을 견디지 못합니다. 아주 사소한 모욕을 겪어도 심각한 분노와 자기 연민에 사로잡힙니다. 아직도 그러한 상태에 있다면, 아직도 높임 받기를 원하는 사람이라면 아직 그는 주님께 속한 사람이라고 할 수 없습니다. 그들은 아직 이방인의 세계에 속하여 있는 것입니다.

그의 몸이 교회에 있든, 몇 대째 믿는 모태신앙이든 그는 아직 천국에 속한 사람이라고 할 수 없습니다. 그는 아직 입으로 믿는 것이지 심령으로 믿는 것이 아닙니다. 그는 아직 주 안에서 아주 어린 아이와 같은 것입니다.

진정 천국에 속하고 주님께 속한 사람은 그러한 삶의 방식을 좋아하지 않습니다. 천국에 속하고 주님께 속한 사람은 인정받는 것을 싫어하며 높은 위치에서 다른 이들을 부리는 것을 좋아하지 않습니다. 오히려 낮은 위치에 거하며 섬기고 봉사하는 것 자체에 기쁨을 얻습니다. 주님께 가까이 나아갈수록 내면에서 그러한 변화가 자꾸 일어나는 것을 경험하게 됩니다. 그 사람의 안에 거하시는 주님의 영이 그러한 내적인 역사를 계속하여 이루시기 때문입니다.

낮은 자가 천국의 높은 자이며 천국에 속한 사람이라는 주님의 가르치심은 갑자기 한 번 나온 것이 아니었습니다. 그것은 주님의 일관된 가르침이었습니다.

다만 그러한 가르침은 제자들의 속성에 맞지 않았기에 제자들이 잘 기억하지 못했을 뿐입니다. 아니, 제자들 뿐 아니라 대부분의 사람들은 본능적으로 이러한 메시지를 좋아하지 않습니다. 인정받고 존경받으며 높은 곳에 있기를 원합니다. 그러한 성향을 기본적으로 가지고 있기 때문에 세상에는 서로 다툼이 많으며 천국의 풍성함을 경험하는 이들이 많지 않은 것입니다.

천국에서 큰 자

주님께서 제자들에게 본문의 말씀을 가르치시기 얼마 전에도 제자들은 비슷한 질문을 주님께 하였습니다.
그때에 제자들이 예수께 나아와 가로되 천국에서는 누가 크니이까 (마 18:1)

그들의 관심은 항상 누가 높은 사람이 되는 것인가, 우리 중에서 가장 높은 사람은 누구인가 하는 데에 있었습니다. 그리고 그들의 질문에 대한 예수님의 대답은 그들의 예상과 전혀 다른 것이었습니다.

예수께서 한 어린아이를 불러 저희 가운데 세우시고 가라사대 진실로 너희에게 이르노니 너희가 돌이켜 어린아이들과 같이 되지 아니하면 결단코 천국에 들어가지 못하리라 그러므로 누구든지 이 어린아이와 같이 자기를 낮추는 그이가 천국에서 큰 자니라 (마18:2-4)

주님은 천국에서 큰 자가 누구냐는 제자들의 질문에 앞서서 천국 입국 조건부터 말씀하셨습니다. 천국에서 큰 자가 되는 것보다 더 중요한 것은 천국에 들어가는 것입니다. 일단 천국에 들어갈 수 있어야 천국에서 크든지 작든지 할 수 있을 테니까요. 그 천국의 입국 조건은 어린아이와 같이 되는 것이라고 말씀하셨습니다.

그렇다면 어린아이와 같이 된다는 것은 무엇을 의미하는 것일까요? 이에 대해서 어린아이는 순진하다, 단순하다, 스스로 미약한 존재이다, 어른과 같은 어떤 대상을 잘 따르는 존재이다.. 등 여러 설명들이 있습니다. 그러나 주님은 바로 그 다음 말씀에서 어린아이와 같은 것이 의미하는 바를 말씀하셨습니다.

> 그러므로 누구든지 이 어린아이와 같이 자기를 낮추는 그이가 천국에서 큰 자니라(마18:4)

주님의 말씀은 명백합니다. 어린아이와 같다는 것은 자기를 낮추는 사람이라는 의미라고 주님은 말씀하셨습니다. 그리고 이렇게 어린아이처럼 자기를 낮추는 사람이 천국에 들어갈 수 있으며 천국에서 큰 자가 될 수 있다는 것입니다.

어린아이들은 낮은 존재입니다. 그들은 자신을 알아주지 않는다고 해서 화를 내지 않습니다. 교육을 받고 나이가 들고 경험이 쌓이고 어른이 되면 대접을 받고 싶어 합니다. 그래서 그들을 무시하면 그들은 화를 냅니다. 이 세상에서 살아온 만큼 사람들은 높아지고 높은 마음을 갖는 것이 보통입니다. 그러나 어린아이들은 그렇지 않습니다.
세상의 사람들은 어린아이를 무시합니다. 그것은 낮은 위치에 있는 사람을 우습게 여기기 때문입니다. 어린아이가 무엇을 사러 상점에 가면 함부로 대하는 경우가 많이 있습니다. 그러나 어른과 같이 가면 함부로 대하지 않습니다. 그래서 나의 딸아이는 나와 같이 쇼핑을 하는 것을 좋아합니다.

딸아이가 학교에서 집에 늦게 올 때가 있으면 친구들과 함께 가끔 가서 식사하는 곳이 있습니다. 이 집은 부부가 같이 식당을 운영합니다. 그런데 부부사이가 좋지 않아서 학생들이 식사를 하고 있는 중에도 항상 싸움을 한다고 합니다.
이들은 말다툼을 하고 짜증을 내면서 음식을 만듭니다. 그러므로 그 집에서 밥을 먹으면 목에 걸리는 것 같다고 합니다. 하지만 다른 식당은 비싸고 또 멀리 떨어져 있어서 가기에 엄두가 나지 않는다고 합니다.

그러나 이 부부가 항상 싸우는 것은 아닙니다. 언제 싸우는가 하면 학생들, 어린아이들이 있을 때만 싸웁니다. 어른들이 있을 때는 싸우지 않습니다.
그것은 어린아이들을 손님으로 여기지 않고 무시하기 때문입니다. 그러므로 함부로 행동을 하는 것입니다. 이것은 이 세상의 일반적인 모습입니다. 그러나 천국은 정반대입니다. 오히려 이런 어린아이를 우대하는 것입니다. 주님은 이어서 말씀하십니다.

또 누구든지 내 이름으로 이런 어린아이 하나를 영접하면 곧 나를 영접함이니 (마18:5)

세상에서 무시하고 함부로 여기는 어린아이를 잘 대우해주는 것이 곧 주님을 영접하는 것이라고 말씀하십니다. 그것은 주님의 마음이 높은 자, 위대한 사람에게 있지 않고 낮고 약한 자, 어린아이와 같은 사람과 같이 있기 때문입니다.

제자들이 착각했던 것처럼 오늘날 세상도 착각을 합니다. 위대하고 능력 있고 영리하고 똑똑한 사람, 잘난 사람이 성공자이며 지도자이며 높은 자이며 천국에 갈 수 있는 사람이라고 생각합니다. 하지만 주님의 가르치심은 그와 정반대입니다.
주님은 심판 날의 장면을 다음과 같이 묘사하셨습니다.

인자가 자기 영광으로 모든 천사와 함께 올 때에 자기 영광의 보좌에 앉으리니 모든 민족을 그 앞에 모으고 각각 분별하기를 목자가 양과 염소를 분별하는 것같이 하여 양은 그 오른편에, 염소는 왼편에 두리라 (마25:31-33)

양과 염소의 분별

주님은 이 때 양에 속한 사람과 염소에 속한 사람을 분별하신다고 하십니다. 그리고 양은 주님이 병들고 옥에 갇혔을 때 돌아본 사람이며 염소는 돌아보지 않은 사람이라고 하십니다. 염소로 지정된 사람들이 놀라서 우리가 언제 그렇게 했느냐고 묻자 이렇게 대답하십니다.

여기 내 형제 중에 지극히 작은 자 하나에게 한 것이 곧 내게 한 것이니 (마25:40)

천국에 속한 자, 천국에 속하지 않은 자를 어떻게 판정하시는가 하면 그 사람이 작고 낮은 사람을 어떻게 대했느냐로 판단하신다는 것입니다. 세상에 속한 사람은 본능적으로 높은 사람에게 마음을 두며 높은 사람에게 잘 보이려고 하며 낮고 작은 자를 무시합니다. 그러나 주님께 속한 사람은 천국의 생명을 받고 있으며 주님의 마음을 받고 있기에 본능적으로 낮고 작은 자, 여리고 상한 사람에게 마음이 가게 됩니다. 그것은 그 사람이 천국과 지옥 중 어디에 소속했는지를 분별할 수 있는 아주 중요한 기준입니다.

주님은 모든 민족, 모든 사람을 나누실 때 오직 두 종류로 나누셨습니다. 그 하나는 양이며 다른 하나는 염소입니다. 중간은 없습니다. 오직 양과 염소가 있을 뿐입니다. 어떤 사람이든 오직 둘 중의 하나에 속하게 됩니다. 그는 양이 아니면 염소입니다.

양의 속성은 어떤 것일까요? 염소의 속성은 어떤 것일까요? 양이란 온유하고 겸손한 존재입니다. 염소란 강퍅하고 들이받는 존재입니다. 양의 털을 깎는 일에 동참해본 사람들은 이구동성으로 말합니다. 이사야 53장 7절에 묘사된 바 '털 깎는 자 앞에 잠잠한 양'이라는 말이 정말 실감이 간다고 합니다. 양들은 털 깎는 사람이 잘못해서 그들의 살을 벨 수도 있을 텐데도 놀랍게도 고요하고 잠잠하다고 합니다. 반면에 염소는 항상 앞에 서서 가는 것을 좋아하며 툭하면 들이받으려고 합니다.

양이 땅바닥에 앉아서 쉬는 것을 보면 덮어놓고 돌진해서 들이받으려고 합니다. 양은 온유하고 겸손하며 높은 위치를 싫어하고 낮은 마음으로 따르고 섬기는 그리스도인의 모습을 보여줍니다. 반면에 염소는 높아지기를 원하며 머리가 되고 싶어 하며 섬김 받기를 원하는 세상 사람의 모습을 보여줍니다. 그리하여 전자는 주님께 귀히 여김을 받으며 천국에 속하게 되고 후자는 세상에서는 성공할지도 모르지만 주님께는 귀히 여김을 받지 못합니다.

염소에 속한 이들의 착각

염소에 속한 사람은 자신이 지옥에 속한다고 생각했을까요? 아닙니다. 그들은 자신들의 믿음이 아주 좋다고 생각했을 것입니다. 자신은 충성스러운 종이며 주인의 상급을 많이 받을 것이라고 생각했을 것입니다. 그들은 주님의 판정에 깜짝 놀랍니다. 그들은 반문합니다.

> 주여 우리가 어느 때에 주의 주리신 것이나 목마르신 것이나 나그네 되신 것이나 벗으신 것이나 병드신 것이나 옥에 갇히신 것을 보고 공양치 아니하더이까 (마25:44)

그들은 자신이 주님을 사랑한다고 생각합니다. 주님을 잘 섬긴다고 생각합니다. 그들은 만일 주님이 어려운 상황에 처해있다면 그들이 잘 돌볼 것이라고 생각하였습니다. 하지만 그들은 지극히 작은 자를 돌보는 것이 주님을 돌보는 일이라는 것을 알지 못했습니다. 그들은 주님이 지극히 작은 자를 사랑하시며 돌보기를 원하신다는 사실을 알지 못했습니다. 그들은 낮은 곳에 계시는 주님을 알지 못했습니다. 그들은 강하고 위대하신 주님, 왕으로 오신 주님을 알 뿐이었습니다.

만일 주님이 왕의 옷을 입고 그들의 집에 방문했다면 그들은 온갖 정성을 다해 주님을 영접하였을 것입니다. 그러나 초라한 모습으로 오신 주님을 그들은 알아보지 못했습니다. 그들은 초라한 모습으로 오신 주님을 함부로 대했습니다. 그러면서도 자신이 주님을 아프게 하고 있다는 것을 몰랐습니다. 그것은 그들의 눈이 높았고 그들의 마음이 높은 곳에 있었기 때문이었습니다.

높은 사람을 가까이하려는 성향

마음이 높은 사람은 높은 사람을 주목하며 높은 사람을 알아봅니다. 높은 사람에게 가까이 가며 사귀려고 하며 잘 보이려고 합니다. 그리고 낮은 사람을 무시하며 함부로 대합니다. 그러므로 그들은 자기도 모르는 사이에 낮은 자로 오신 주님을 무시하고 상하게 합니다. 그것이 염소에 속한 사람입니다.
그들은 평생을 높은 마음으로 살며 주님을 아프게 하고 많은 이들을 아프게 하지만 영원한 곳에서 심판을 받을 때 내가 언제 주님을 아프게 했느냐고 항의할 것입니다.

마음이 낮은 사람은 높은 사람을 가까이 하는 것을 좋아하지 않으며 낮은 사람, 어려움에 처한 사람, 마음이 상한 사람을 가까이 합니다. 그러므로 자기도 모르는 사이에 주님을 영접하고 섬기게 됩니다. 그들은 양에 속한 사람입니다. 그들은 평생을 낮은 마음으로 살며 주님을 섬겼지만 영원한 곳에서 상급과 칭찬을 받을 때 내가 언제 주님을 섬겼느냐고, 나는 아무 것도 한 일이 없다고 말할 것입니다.

낮은 자를 무시하며 높은 자를 대단하게 여기고 높아지기를 원하는 사람은 염소 과에 속한 사람이며 지옥에 속한 사람입니다. 높아지는 것을 싫어하고 마음을 낮은 데에 두며 섬기는 것을 좋아하는 사람은 양 과에 속한 사람이며 천국에 속한 사람입니다. 이것은 천국에 속한 사람과 지옥에 속한 사람을 구분하는 아주 중요한 특성입니다. 우리는 이 기초를 잊어서는 안 됩니다.

주님은 이 메시지를 아주 많이 강조하셨습니다. 우리는 주님이 강조하신 이 말씀에 주의를 기울여야 합니다.
세상이 가르치는 것과 주님이 가르치시는 것은 전혀 같지 않습니다. 그것은 주님의 말씀과 세상의 사상이 전혀 다른 근원을 가지고 있기 때문입니다. 주님은 일관성 있게 천국은 낮은 자에게 속한 것이며 자기를 낮추는 자는 높아지고 자기를 높이는 자는 낮아질 것이라고 말씀하시고 있는 것입니다.

또한 지도자라 칭함을 받지 말라 너희 지도자는 하나이니 곧 그리스도니라 너희 중에 큰 자는 너희를 섬기는 자가 되어야 하리라
누구든지 자기를 높이는 자는 낮아지고 누구든지 자기를 낮추는 자는 높아지리라 (마23:10-12)

이것은 천국의 기본적인 원리이며 그리스도인의 삶의 기초입니다. 이 기초가 분명해야 합니다. 천국은 낮은 자에게 임하며 높아지기를 원하는 이는 천국에 속할 수 없다는 이 메시지를 분명히 깨달아야 합니다. 이 깨달음이 가치관과 삶의 중심에 있어야 합니다.

당신이 높은 마음을 가지고 있다면 당신은 아무리 많이 기도를 하고 많은 성경 지식을 가지고 있어도 천국의 실제를 경험하기 어려울 것입니다. 아무리 많이 기도해도 주님의 임재 가운데 가까이 나아가기 어려울 것입니다. 그러나 당신이 어린아이처럼 자신을 낮추는 것에 익숙하며 낮은 마음의 사람이라면 당신은 주님의 가까우심을 어렵지 않게 경험하고 누릴 수 있을 것입니다.

부디 이 기본을 기억하십시오. 자신을 높이는 자는 낮아집니다. 자기를 낮추는 자는 높아집니다. 천국은 낮은 사람만이 갈 수 있고 경험할 수 있는 것입니다. 낮아짐에서 천국은 열리며 높아짐에서 지옥은 열립니다. 이 중요한 기초를 평생 동안 결코 잊어서는 안 됩니다.

3. 높은 마음에서 재앙이 시작된다

열두 달이 지난 후에 내가 바벨론 궁 지붕에서 거닐새 나 왕이 말하여 가로되 이 큰 바벨론은 내가 능력과 권세로 건설하여 나의 도성을 삼고 이것으로 내 위엄의 영광을 나타낸 것이 아니냐 하였더니
이 말이 오히려 나 왕의 입에 있을 때에 하늘에서 소리가 내려 가로되 느부갓네살 왕아 네게 말하노니 나라의 위가 네게서 떠났느니라
네가 사람에게서 쫓겨나서 들짐승과 함께 거하며 소처럼 풀을 먹을 것이요 이와 같이 일곱 때를 지내서 지극히 높으신 자가 인간나라를 다스리시며 자기의 뜻대로 그것을 누구에게든지 주시는 줄을 알기까지 이르리라 하더니 그 동시에 이 일이 나 느부갓네살에게 응하므로 내가 사람에게 쫓겨나서 소처럼 풀을 먹으며 몸이 하늘 이슬에 젖고 머리털이 독수리 털과 같았고 손톱은 새 발톱과 같았었느니라 (단4:29-33)

대제국 바벨론의 왕 느부갓네살은 영화와 권세가 극에 달하여 아무 부족함이 없는 사람이었습니다. 어느 날 왕궁의 지붕에서 거닐며 그의 화려한 도성과 도시의 아름다운 모습을 바라보다가 기분이 아주 즐거워져서 스스로를 높여서 말했습니다.
"나의 나라를 보라, 얼마나 화려하고 아름다운가! 이 모든 것은 내 능력으로 한 것이다. 이 나라는 다 내 힘으로 건설한 것이다. 이것은 다 나의 위엄과 영광을 나타내주는 것이다!"
그러나 그의 자랑스러워하는 말이 끝나기도 전에 하늘에서 재앙의 메시지가 들려왔습니다.
"느부갓네살아, 너는 끝났다. 너는 사람에게서 쫓겨날 것이다. 그리하

여 짐승처럼 풀을 먹고 짐승처럼 살게 될 것이다. 권세와 능력은 사람에게서 나오는 것이 아니며 오직 하나님으로부터 오는 것을 알게 되기까지 너는 그러한 비참한 상태 가운데 거하게 될 것이다."
그리고 이 말씀은 그대로 이루어졌습니다. 느부갓네살은 졸지에 정신이상이 되어 들로 쫓겨났고 짐승처럼 살게 되었습니다. 그는 지혜롭고 위대한 왕이었지만 미친 상태에서 왕의 업무를 할 수는 없었습니다.

재앙에 대한 경고

그에게 임한 이러한 재앙은 어느 날 갑자기 난데없이 임한 것이 아니었습니다. 그것은 이미 그에게 꿈을 통해서 경고된 것이었습니다. 그는 어느 날 의미심장한 꿈을 꾸고 몹시 번민합니다.

나 느부갓네살이 내 집에 편히 있으며 내 궁에서 평강할 때에 한 꿈을 꾸고 그로 인하여 두려워하였으되.. (단4:4-5)

수많은 전쟁을 통과하고 거대한 왕국을 이끌어가는 왕이라면 그 마음이 아주 강하고 담대한 사람이므로 웬만한 꿈으로 인하여 두려워하거나 번민하지는 않을 것입니다.
그러나 이날 그가 꾼 꿈은 워낙 뚜렷하고 강력하며 두려운 느낌을 주는 것이라서 그는 번민하였습니다. 그는 그 꿈의 해석을 얻기 위하여 애를 쓰다가 마침내 다니엘을 통해서 해석을 듣게 됩니다. 그 꿈의 메시지는 다니엘도 놀랄 정도로 선명하고 무서운 하나님의 경고였습니다.

벨드사살이라 이름한 다니엘이 얼마 동안 놀라 벙벙하며 마음이 번민하여 하는지라.. (단4:19)

다니엘이 놀라고 번민한 이유는 그 꿈의 메시지가 왕을 멸하겠다는 경고의 메시지였기 때문입니다. 해석을 재촉하는 왕에게 다니엘은 솔직하게 꿈의 메시지를 해석합니다.

왕이여 그 해석은 이러하니이다 곧 지극히 높으신 자의 명정하신 것이 내 주 왕에게 미칠 것이라 왕이 사람에게서 쫓겨나서 들짐승과 함께 거하며 소처럼 풀을 먹으며 하늘 이슬에 젖을 것이요 이와 같이 일곱 때를 지낼 것이라 그때에 지극히 높으신 자가 인간 나라를 다스리시며 자기의 뜻대로 그것을 누구에게든지 주시는 줄을 아시리이다 (단4:24-25)

다니엘이 해석한 내용은 왕에게 나중에 그대로 이루어졌습니다. 다니엘은 왕이 지금의 영화로운 상태에서는 상상할 수도 없는 비천한 곳으로 떨어질 것을 예언했습니다. 다니엘은 또한 그러한 일이 일어나는 그 의미와 목적에 대해서도 언급하였습니다. 왕은 짐승과 같은 삶으로 떨어져 한동안 고통을 겪을 것인데 이것은 모든 권세와 능력이 오직 하나님께 속한 것이며 사람은 아무 것도 아님을 왕이 깨닫도록 하시기 위하여 일어나는 것이라고 설명하였습니다.

또 그들이 그 나무 뿌리의 그루터기를 남겨 두라 하였은즉 하나님이 다스리시는 줄을 왕이 깨달은 후에야 왕의 나라가 견고하리이다 (단4:26)

그는 하나님께서 왕을 아주 버리는 것은 아니라고 전하며 이렇게 왕이 밑바닥까지 내려가는 경험을 하는 이유는 오직 하나님만이 온 세상의 통치자라는 것을 깨닫게 하시는 것이며 그것을 깨닫고 나면 왕의 나라는 견고해질 것이라고 전했습니다. 바로 그 깨달음을 얻기 위해서 왕은 하나님의 다루심을 겪어야 하는 것이었습니다.

또한 다니엘은 왕에게 하나님의 심판과 그 목적에 대하여 전하면서 동시에 피할 수 있는 길도 조언하였습니다.

그런즉 왕이여 나의 간하는 것을 받으시고 공의를 행함으로 죄를 속하고 가난한 자를 긍휼히 여김으로 죄악을 속하소서 그리하시면 왕의 평안함이 혹시 장구하리이다 하였느니라 (단4:27)

재앙은 이미 선고된 것이었습니다. 하지만 그 재앙이 왕의 교만으로 인하여 온다는 것을 알고 있는 다니엘은 그 재앙을 피하거나 늦출 수 있는 길을 제시하였습니다. 그것은 죄를 버리는 삶, 공의를 행하는 삶, 가난하고 낮고 약한 자를 불쌍히 여기는 것, 그러한 삶을 통하여 하나님의 긍휼과 자비를 구하는 것이었습니다. 그것은 한 마디로 하나님 앞에서 근신하며 자신을 낮추라는 조언이었습니다.

아마 느부갓네살 왕은 큰 충격을 받았을 것입니다. 다니엘은 지혜로운 사람이었고 신뢰받는 신하였으며 그 이전에도 꿈에 대한 탁월하고 선명한 해석으로 총리의 지위에까지 이른 인물이었기 때문입니다.

아마 느부갓네살 왕은 한 동안은 다니엘의 조언을 받아들여 근신하고 겸손한 삶을 살았던 것 같습니다. 그래서 꿈을 꾼 후에 12개월 동안 재앙은 일어나지 않았습니다.

그러나 그 꿈 사건 이후 아무 일 없이 1년이 지나자 왕은 방심하는 마음을 가지게 된 것 같습니다. 그러다가 어느 날 궁중의 지붕을 거닐며 한껏 기분이 좋아서 자화자찬을 하다가 드디어 예고된 재앙을 겪게 되었던 것입니다.

겸손하지 않은 사람은 한 동안 겸손한 척을 할 수는 있습니다. 그러나 지속적으로 자신을 낮추며 근신하는 삶은 높은 마음을 가지고 있는 사람에게는 너무나 어려운 일입니다. 느부갓네살은 1년 동안은 잘 견뎠지만 어느덧 마음이 풀어지게 되었고 악하고 교만한 말을 뱉다가 실족하고 말았습니다. 상황은 비극으로만 끝나지는 않았습니다. 다니엘이 예고한 대로 느부갓네살은 일정 기간 동안 비참한 상태에 있다가 다시 정신이 회복되었습니다. 그는 왕궁으로 돌아오게 되었습니다.

그 기한이 차매 나 느부갓네살이 하늘을 우러러보았더니 내 총명이 다시 내게로 돌아온지라 이에 내가 지극히 높으신 자에게 감사하며 영생하시는 자를 찬양하고 존경하였노니 그 권세는 영원한 권세요 그 나라는 대대에 이르리로다
땅의 모든 거민을 없는 것 같이 여기시며 하늘의 군사에게든지 땅의 거민에게든지 그는 자기 뜻대로 행하시나니 누가 그의 손을 금하든지 혹시 이르기를 네가 무엇을 하느냐 할 자가 없도다
그 동시에 내 총명이 내게로 돌아왔고 또 내 나라 영광에 대하여도 내 위엄과 광명이 내게로 돌아왔고 또 나의 모사들과 관원들이 내게 조회하니 내가 내 나라에서 다시 세움을 입고 또 지극한 위세가 내게 더하였느니라
그러므로 지금 나 느부갓네살이 하늘의 왕을 찬양하며 칭송하며 존경하노니 그의 일이 다 진실하고 그의 행하심이 의로우시므로 무릇 교만하게 행하는 자를 그가 능히 낮추심이니라 (단4:34-37)

짐승만도 못한 비참한 상황은 끝이 났습니다. 그는 극도의 영화 속에 있다가 최악의 밑바닥 상황까지 떨어졌고 다시 극적으로 회복되어 정상의 위치에 이르게 되었습니다. 그 모든 과정은 그가 겸손을 배우고 모든 것의 주인이 하나님이심을 배우는 과정이었습니다. 모진 풍파를 겪은 후에 그는 말합니다.

나, 느부갓네살은 하나님을 찬송합니다. 그는 진실하고 의로우신 분이시며 교만하게 행하는 자를 낮추시는 분이십니다 (단4:37)

이 한 가지 교훈을 배우기 위해서 그는 7년을 짐승처럼 살았던 것입니다. 그가 애초에 자기가 가진 모든 것으로 인하여 자기를 높이지 않았으면, 높은 마음을 품지만 않았으면 그는 그러한 고통을 겪을 필요가 없었습니다.

느부갓네살이 입으로 잘난 척을 하며 자신을 높이는 바로 그 순간 그의 재앙이 시작되었다는 것을 우리는 기억해야 합니다. 우리가 자신을 높이고 잘난 척을 하는 순간은 어떤 순간인가요? 그것은 바로 재앙이 시작되는 순간입니다.

본문의 메시지는 단순명료합니다. 하나님을 높이지 않으며 스스로를 높이는 자에게는 재앙이 온다는 것입니다. 이 말씀은 느부갓네살에게만 적용되는 것이 아닙니다. 우리도, 모든 사람들도 자신을 높이고 자랑하는 사람들은 재앙이 오게 됩니다. 그것이 당장 올지, 나중에 올지는 모르지만 교만은 재앙과 심판을 끌어당긴다는 사실을 우리는 분명하게 기억해야 합니다.

우리는 살아가면서 자신을 높이고 잘난 척을 하는 이들을 많이 볼 것입니다. 우리는 그러한 이들을 하나님이 결코 기뻐하지 않으시며 그러한 이들에게는 심판이 기다리고 있다는 사실을 기억해야 합니다. 하나님은 모든 것을 보고 계시며 하나님을 높이지 않고 스스로를 높이는 이들을 결코 두고만 보시지 않습니다.

주님을 모르고 진리를 알지 못하는 이방인들은 그러한 자기 자랑의 악에서 벗어날 수가 없습니다. 그들은 하나님을 알지 못하므로 하나님을 예배하고 높이지 않으며 자기 마음대로 살고 자기를 높이는 삶을 살면서 그것이 죄라는 것을 전혀 모르기 때문입니다. 그러므로 그들은 자신을 높이며 그에 따른 재앙이 항상 예정되어 있습니다. 그것은 어쩔 수 없는 일입니다.

그러나 주의 이름을 부르며 하나님을 믿는 신자들까지 자기를 높이고 자랑을 한다면 그것은 어리석은 일입니다. 그러한 이들은 아직 복음에 대해서 잘 모르는 사람들이며 실제적으로 주님을 아는 사람들이 아닙니다. 그들은 주님과 가까이 교제하며 주님의 임재와 풍성함을 누리는 사람이 아닙니다. 왜냐하면 어느 정도의 영감만 있는 사람이면 자신을 높이거나 교만한 말을 할 때 곧 심령이 답답해지고 주님과의 교통이 막혀버리기 때문입니다.

오늘날 자기가 가진 것으로 인하여 하나님께 영광을 돌리지 않고 자기를 높이는 이들은 많이 있습니다. 많은 사람들이 외모의 아름다움으로 인하여, 영리함으로 인하여, 또는 부유함으로 인하여 잘난 척하고 자신을 높입니다. 자기가 대단한 존재인 것처럼 말합니다.

그것은 어리석은 것이며 악한 것입니다. 모든 좋은 것들은 하나님께서 주시는 것이며 그것은 결코 우리 자신에게서 나오는 것이 아닙니다. 우리는 아무 것도 스스로 창조할 수 없습니다. 어떠한 재능도, 능력도 오직 하나님께로부터 옵니다.

그런데 그렇게 하나님으로부터 받은 것을 스스로 만든 것처럼 자랑하며 다른 이들보다 자신을 높게 여긴다면 그것은 하나님을 멸시하는 것입니다. 그것은 하나님의 영광을 빼앗는 것이며 하나님을 진노하게 하는 것입니다.

오늘날 영적으로 감각이 마비된 많은 신자들이 입으로 자신을 높입니다. 간증한다고 하면서도 자신을 은근히 드러내는 이들이 많이 있습니다. 이러한 사람들은 느부갓네살이 자신을 높이다가 당한 일을 기억해야 합니다. 그 때나 지금이나 하나님은 우리의 모든 것을 보고 들으십니다. 많은 이들이 자기에게 속한 것을 자랑합니다. 학벌을 자랑하고 자신의 말 잘함을 자랑하며 집안에 대해서 자랑하고 가족들이나 심지어 친구에 대해서도 자랑합니다. 유명한 사람들과의 친분을 자랑합니다. 어떤 이들은 그러한 자랑거리가 없어서 열등감을 가지고 패배의식을 가지기도 합니다. 친구들이 자랑하는 것을 듣고 상처를 받고 속상해 하기도 합니다.

하지만 기억해야 합니다. 그러한 자랑들은 하나님을 진노하게 하는 것이며 그러한 자랑과 자기 높임들은 재앙을 끌어당기는 것이라는 사실을 말입니다. 그러므로 자랑거리가 없다고 해서 슬퍼할 이유는 없습니다. 바울은 말하기를 그리스도의 십자가 외에는 자랑이 없다고 하였습니다. (갈6:14) 바울은 최고의 가문과 학벌을 가지고 있었지만 진리를 깨달은 이후 주님의 십자가 외에는 아무 것도 자랑하지 않았습니다.

당신의 주변에 어떤 사람이 극도로 자신을 높이고 있다면 당신은 언젠가 그가 멸망하는 것을 볼 것입니다. 자신이 얼마나 옳으며 잘났으며 남들은 자기보다 얼마나 못하며 한심스러운가.. 그러한 이야기를 계속 하고 있는 이들은 언젠가는 멸망할 것입니다.
그러한 이들은 하나님을 대적하는 자들이며 은혜를 거스르는 자들입니다. 그들은 재 밑으로 떨어져 자기 높임의 대가를 처절하게 지불한 후에야 간신히 은혜를 회복할 수 있게 됩니다.

자신을 높이는 사람들 중에서도 영리한 사람이 있고 어리석은 사람이 있습니다. 어리석은 사람들은 드러내고 자신을 높이며 잘난 척을 합니다. 영리한 사람은 은근하게 그럴듯하게 자기를 높입니다. 그러나 그 어느 쪽이든 그들은 멸망과 재앙을 끌어당기고 있는 것입니다. 하나님은 우리의 속 중심을 보시는 분이시기 때문입니다.
부디 기억하십시오. 높은 마음은 하나님을 대적하는 것입니다. 높은 말은 재앙을 불러옵니다. 농담으로도, 꿈속에서라도 자신을 높이거나 드러내지 마십시오. 칭찬받고 인정받는 것을 좋아하지 마십시오. 그것은 세상이 좋아하는 길이지 그리스도인의 길은 아닙니다. 그 길은 겉보기에 그럴듯해 보이지만 결국에는 멸망으로 이끄는 길입니다.

오직 주님을 높이십시오. 모든 것은 오직 주님에게서 옵니다.
영광과 권세와 능력과 부귀 모든 것이 하나님께 있습니다.
그것은 우리의 것이 아니고 주님의 것입니다.
그러므로 오직 그 분께 영광을 돌리며 그 영광을 빼앗지 마십시오.
자신을 낮추며 오직 주님을 높이십시오.

느부갓네살이 자신을 한껏 찬양하는 그 순간에 재앙이 시작되었습니다. 당신은 그렇게 하지 마십시오.
하나님은 우리의 모든 행위를 보고 들으십니다. 그러므로 사람들 앞에서 자신을 높이고 거드름을 피우며 잠깐의 즐거움을 누리다가 많은 고통의 대가를 지불하지 않도록 하십시오.
높은 마음, 높은 말은 재앙을 가져오며 낮은 마음, 낮은 말은 천국의 은총이 임하게 한다는 진리를 우리는 평생 동안 마음속에 간직해야 할 것입니다.

4. 하나님의 임재가 머무는 사람

하나님의 임재가 머무는 사람들이 있습니다. 하나님의 임재를 풍성하게 누리는 사람들이 있습니다.

그들의 비결은 무엇일까요? 그들은 특별하게 하나님이 선택하신 사람일까요? 그래서 그들이 무슨 일을 하든지 그냥 하나님께서 예쁘게 보셔서 임하시는 것일까요? 그것은 일방적인 하나님의 선택일까요? 아니면 그들이 어떤 공통된 특성을 가지고 있는 것일까요? 만일 그렇다면 그 특성이나 조건은 무엇일까요?

하나님이 허락하시는 특별한 은혜, 거절할 수 없는 부르심, 특별한 은총.. 물론 그러한 측면이 있습니다. 하지만 그러한 측면으로만 생각하면 우리는 아무 것도 할 것이 없게 됩니다. 그 모든 것이 하나님의 특별한 은총이라면 사람이 할 일이 없어지는 것입니다. 하나님의 일방적인 은총과 부르심이 있지만 또한 우리는 그러한 부르심과 은총에 합당한 삶을 살아야 합니다.

하나님의 임재와 은혜가 쉽게 임하는 사람이 있습니다. 반대로 전혀 그런 쪽과는 거리가 먼 사람들이 있습니다. 이들은 아무리 기도를 하고 애를 써도 주님의 가까우심을 맛보지 못합니다. 이러한 사람들은 기질에 문제가 있는 것일까요? 아니면 어떤 다른 요소가 있는 것일까요?

은사들에 대해서도 이와 비슷한 의문들이 일어나곤 합니다. 어떤 사람들은 비교적 쉽게 은사들을 경험합니다. 반면에 어떤 이들은 기도하고 사모해도 별로 은사들이 임하지 않습니다.

그 이유들은 무엇일까요? 그 이유들에 대해서 명백하게 바로 이것이다, 라고 말하는 것은 어려운 일입니다. 그러나 지금까지 계속 언급해왔던 낮아짐, 낮은 마음의 자세와 주님의 임하심과는 아주 밀접한 관계가 있음을 이야기할 수 있습니다.

은사에 관한히 나는 후자에 속했습니다. 나는 청년시절부터 열심히 하나님의 임재를 구하였으며 은사들을 경험하기를 원하고 구했습니다. 많이 기도하고 사모하여 구하였으며 기도원에도 많이 가고 금식도 많이 하면서 구하였습니다. 하지만 나는 하나님의 임재를 경험하지 못했으며 은사들도 경험하지 못했습니다. 오랜 시간동안 나는 그저 답답하고 막막한 상태에 있었습니다.

기도원에 가보면 쉽게 방언을 받는 사람들을 많이 보았습니다. 하지만 나에게는 방언이 임하지 않았습니다. 집회를 하는 중에 나의 옆 자리에 앉은 사람도 방언을 하기 시작했고 앞자리에도, 뒷자리에도 방언이 임했지만 나는 하지 못했습니다. 주님의 영이 운행하시는 가운데 나만 쏙 빼놓고 운행하시는 것이 아닌가 생각이 들 정도였습니다.

쉽게 은사를 경험하는 사람들

나는 방언을 하는 모임에 찾아가서 특별하게 기도를 받기도 했습니다. 60년대, 70년대에는 그러한 모임이 많이 있었습니다. 대체로 가정에서 그러한 모임들을 하고 있었습니다. 이러한 모임에서 기도를 받고 은사를 경험하는 이들도 많이 있었습니다. 그러나 모두에게 통하는 기도가 내게는 효과가 없었습니다.

나는 내가 왜 실패를 하고 있는 것인지 궁금했습니다. 겉으로 보기에는 나보다 별로 나아보이지 않는 이들이 쉽게 은사를 받는 것을 보곤 했습니다. 별로 지적으로 보이지 않는 이들, 삶에도 그다지 향기를 느낄 수 없는 이들, 단순하게 보이는 이들이 쉽게 은사들을 경험하는 것을 보곤 했습니다. 젊은 시절, 나는 이들이 부럽기도 했고 질투가 나기도 했습니다. 은사들을 쉽게 경험하는 이들을 보면, 영적으로 깊다거나 인격적으로 성숙한 사람들로 보이지는 않았습니다. 오히려 부족하고 모자라 보이는 사람들이 쉽게 은사와 은총의 세계를 경험하는 것 같았습니다. 아마 그런 경향은 보편적인지도 모릅니다.

그래서 은사를 경시하는 이들은 가르치기를 은사란 믿음이 부족한 사람에게 나타나는 것이며 그들이 믿지 않기 때문에 하나님이 증거를 주시는 것이므로 성숙한 사람들은 은사를 받을 필요가 없다고 하기도 합니다. 나도 그러한 가르침을 많이 받고 듣고 자랐습니다. 하지만 나는 성경에 대한, 주님에 대한 단순한 지식으로는 만족할 수 없었습니다. 아무리 스스로 만족을 하려고 해도 나는 주님의 임재와 은사를 쉽게 경험하고 누리는 이들이 너무나 부러웠습니다.

왜 나는 당시에 실패했을까요? 아마 많은 요인이 있었을 것입니다. 당시에 내가 알지 못하던 많은 것들이 있었습니다. 그러나 그 중에서 가장 중요한 요인은 이것이라고 생각합니다. 은사는 선물이며 하나님의 임재도 선물입니다.
그리고 그것은 잘난 사람들에게 임하는 것이 아닙니다. 물이 높은 곳에서 낮은 곳으로 흐르듯이 은사도 은총도 낮고 상한 심령들에게 임하는 것입니다. 지금 돌이켜 생각해보면 나는 당시에 충분히 낮은 마음의 상태가 아니었다고 느껴집니다. 나는 철저하게 낮아진 자에게 하나님의 은총이 임하고 머무른다는 진리를 충분히 이해하지 못하고 있었습니다.

부족한 이들에게 임하시는 은혜

하나님의 은혜는 잘난 사람들에게 임하시지 않습니다. 오히려 어떤 면에서는 그러한 이들을 비켜가는 것 같습니다. 그들은 하나님 없이도 스스로 잘 해나갈 수 있기 때문입니다. 그러나 하나님 없이 살 수 없는 사람들, 모자라고 부족한 사람들에게 주님은 임하십니다. 주님은 그들을 불쌍히 여기고 가까이 오십니다.
은사와 임재는 성숙의 증표가 아닙니다. 그것은 낮은 자에게, 한심한 자에게 임하는 것입니다.

당시에 나는 아직 마음이 높았습니다. 나는 내 스스로 잘났다고 생각하는 부분이 많이 있었습니다. 그래서 다른 이들에게 은혜가 임하고 나에게 임하지 않는 것에 대해서 원망하는 마음이 있었습니다. 다른 이들에게는 은총을 베푸시고 내게는 베푸시지 않는 것은 공평하지 않다고 생각했습니다. 내가 이렇게 열심히 많이 기도하는데도 주님이 임하시지 않는 것은 억울하다고 생각했습니다. 그것은 나의 마음이 높았기 때문이며 내가 다른 이들보다 못하지 않다고 여기는 교만한 마음이 있었기 때문입니다.

나는 당시에 충분히 절망하지 않았습니다. 충분히 실패하지 않았습니다. 충분히 망가지지 않았습니다. 내가 얼마나 비참하고 끔찍한 존재인지에 대해서 깨달을 만큼 충분히 절망하고 망가지지 않았습니다. 그러한 높은 마음으로 인하여 주님은 나에게 가까이 오시지 못하셨을 것입니다.
내가 지금 알고 있는 것을 그 때 알고 있었다면 얼마나 좋았을까요. 그랬다면 아마 주님의 아름다우신 은총으로 나아가는 데에 많은 시간들을 낭비하지 않았을 것입니다.

많은 어려움과 슬픔과 절망의 순간들을 경험한 지금은 주님의 임재 가운데 가까이 나아가는 데 그다지 어려움을 겪지 않습니다. 잠시만 엎드려도 주님의 거룩하신 향취가 가까이 임하고 아름다움과 거룩한 정적으로 주위가 가득해지는 것을 나는 자주 경험합니다.

그것은 일종의 황홀경과 같은 것입니다. 나는 집회를 인도하면서 기도를 하거나 찬양을 하거나 할 때에도 비슷한 감미로움과 황홀함을 경험하곤 합니다. 그래서 집회에 참석한 이들이 감격과 희열에 사로잡혀서 통곡을 하는 모습을 흔히 접하곤 합니다. 그것은 전달되고 흐르는 측면이 있기 때문입니다.

그 임재와 그 영광의 아름다움을 경험하지 않고 이해하는 것은 불가능합니다. 그 아름다움과 영광의 세계가 너무나 놀랍고 놀랍기 때문에 그것을 알기만 하면 누구나 그의 은총과 영광을 지속적으로 구하게 될 것입니다. 주님이 주시는 선물이 아닌 주님 자신을 구하는 기도, 그의 은총을 구하는 기도는 너무 귀한 기도입니다. 그의 가까운 임재는 우리를 변화시키며 우리의 영혼을 고양시킵니다. 그 은총은 오직 낮은 자, 낮은 심령에게 임하시는 것입니다.

은사도, 좀 더 가깝게 임하시는 깊은 주의 임재도, 오직 낮은 마음의 사람이 얻을 수 있는 것입니다. 아무리 갈망하고 구해도 주님의 가까우심이 없다면 그는 자신의 마음 상태를 돌이켜봐야 합니다. 자신의 마음이 높지는 않은지 점검해보아야 합니다. 점검해서 자신의 마음에 진정한 낮음과 주를 향한 갈망이 있다고 생각되면 계속 인내하며 기다리면 됩니다. 낮은 마음만 있다면 어느 정도 기도의 분량이 쌓일 때 주님은 가까이 오십니다. 낮은 사람, 낮은 마음의 사람들은 쉽게 주님의 은총에 가까이 나아갑니다. 그것은 하나님의 은총이 임하는 사람들의 중요한 특성입니다. 하나님은 높은 사람을 부르시며 사용하는 경우가 거의 없습니다. 주님은 오직 낮은 마음의 사람, 상한 심령의 소유자에게 임하시고 역사하십니다. 대표적인 인물로 다윗을 생각해볼 수 있습니다.

낮은 마음의 사람 다윗

다윗은 예수 그리스도의 가계를 대표하는 위대한 인물입니다. 성경에 많은 하나님의 사람들이 있지만 내 마음에 합한 사람이라 는 하나님의 평가를 받은 사람은 다윗이 유일합니다. (행13:22) 그러나 그렇게 하나님의 인정을 받고 사랑을 받았던 다윗이 부름을 받을 때의 모습은 위대함과는 거리가 멀었습니다. 그는 부족하고 연약한 목동이며 인정받지 못하는 말째 아들에 불과했습니다.

하나님의 사람 사무엘이 하나님의 명령을 받고 하나님이 선택한 사람에게 기름을 붓기 위하여 다윗의 아비 이새에게 찾아갔을 때 다윗은 집에 없었습니다. 이새의 모든 아들들이 사무엘의 초청을 받고 왔을 때 다윗은 그 자리에 없었습니다. 다윗의 형들 일곱이 모두 그 자리에 있었으나 다윗은 그 자리에 없었습니다. 하나님이 선택하신 자를 지정하기 위해서 이새의 모든 아들들을 불렀으나 이새는 막내 아들인 다윗이 혼자 일하도록 내버려두고 그를 부르지 않았습니다.
사무엘은 아들 한 사람, 한 사람을 보면서 이새에게 계속 말했습니다.

이도 여호와께서 택하지 아니하셨느니라 (삼상16:8)

이도 여호와께서 택하지 아니하셨느니라 (삼상16:9)

사무엘이 이새에게 이르되 여호와께서 이들을 택하지 아니하셨느니라 (삼상16:10)

사무엘이 그렇게 이새의 아들 중에서 한 사람을 찾고 있을 때에도 이새는 막내 아들이 거기에 빠진 것을 대수롭게 여기지 않았습니다. 아무도 그것을 이상하게 여기지 않았습니다. 이새도, 다윗의 형들도, 심지어 다윗 자신도 중요한 자리에 자기가 빠졌다는 사실을 전혀 이상하게 여기지 않았습니다. 사무엘이 마지막으로 이새에게 확인하면서 "네 아들들이 다 여기 있느냐?" 확인하자 그제야 이새는 "아, 참.. 한 녀석이 더 있기는 한데요.. 그 놈은 일하고 있는 중인데.." 하면서 심드렁하게 말했습니다. 애초에 다윗은 아버지로부터 아무런 기대를 받지 못한 아들이었습니다.

다윗이 그렇게 가족으로서도 인정받지 못했던 이유는 무엇이었을까요? 상대적으로 뛰어난 형들에 비해서 용모가 빈약했기 때문이었을까요? 아니면 다른 어떤 부족한 부분이 있었을까요? 아무튼 그는 낮은 위치에 있었고 그러한 낮은 자리에 익숙해 있던 사람이었습니다.

한번은 그가 아버지의 심부름으로 형을 찾아간 적이 있었습니다. 형은 이스라엘의 군인으로서 전쟁에 참여하고 있었습니다. 그 때 이스라엘은 적장 골리앗의 위세로 인하여 사기가 떨어지고 두려워하고 있는 중이었습니다. 그 때 다윗은 말합니다.
"저 사람이 하나님과 하나님의 군대를 모욕하는데 왜 가만히 두는 거죠? 저 사람을 죽이면 어떻게 되는 건가요?"

모두가 두려워하고 있을 때 겁 없이 나서는 사람은 다윗뿐이었습니다. 그러나 다윗의 말은 다윗의 형인 엘리압의 분노를 일으켰습니다. 그는 화를 내며 너는 교만하고 완악한 놈이라고 야단을 칩니다. 다윗은 이러한 것에 익숙해져 있는 사람이었습니다.
다윗은 처음부터 잘난 사람이 아니었습니다. 뛰어난 사람이 아니었습니다. 그러나 하나님은 그의 중심을 보시고 그를 부르셨습니다. 부족하고 모자란 자였지만 하나님은 그를 긍휼히 여기시고 은총을 베푸셨습니다. 그리하여 강한 용사가 되게 하셨습니다. 그의 능력은 그 자신의 탁월함이 아니라 하나님의 은총의 결과였습니다. 골리앗을 이긴 것도 그 자신의 능력이 아니라 기름부음을 받은 후에 일어난 것으로 하나님의 능력에 의한 것이었습니다. 그는 원래 낮은 자였으나 그의 낮은 마음을 주님께서 보시고 부르셔서 아름답고 풍성하고 권능 있는 자로 만들어주셨던 것입니다.

다윗은 낮은 마음의 사람이었습니다. 그는 탁월하고 위대하고 뛰어난 사람이 아니라 마음이 여리고 낮은 사람이었습니다. 그는 환란과 어려움이 와도 눈썹하나 까딱하지 않는 강인한 사람이 아니라 그 때마다 하나님 앞에서 울고 불고 기도하면서 주님의 도우심을 갈망하는 사람이었습니다. 그가 강인한 사람이 되고 승리자가 된 것은 그의 기도의 결과이며 주님이 함께 하신 은총의 결과이지 그가 위대한 영웅의 자질을 가지고 태어났기 때문이 아니었습니다.

체면을 차리지 않는 다윗

다윗은 낮은 마음의 사람이었습니다. 그는 낮은 자리를 벗어나 왕이 되었을 때도 거드름을 피우고 잘난 척을 하지 않았습니다.
중심이 진정으로 낮지 않은 사람은 환경이 좋아지면 달라집니다. 금세 사람이 바뀝니다. 자신의 초라했던 과거를 기억하지 않습니다. 그는 자기의 초라한 과거를 부끄럽게 생각하며 드러내지 않습니다. 과거에 어려웠던 시절의 친구를 보아도 우리가 언제 아는 사람이었냐는 식으로 안면을 바꿉니다. 하지만 다윗은 그렇지 않았습니다. 그는 하나님의 법궤를 메고 올라가면서 기쁨으로 춤을 추었습니다. 아래 사람들 앞에서 춤을 추었습니다. 왕으로서 굳이 그렇게 하지 않아도 되었지만 다윗은 즐거움으로, 기쁨으로 하나님을 높이고 기쁘시게 하기를 원했습니다. 그의 행위를 다윗의 아내 미갈은 이해할 수 없었습니다. 그래서 그녀는 다윗을 비난했습니다. 도대체 왕이 아랫사람들 앞에서 창피하게 무슨 짓이냐고 그녀는 항의했습니다.

그녀는 어렸을 때부터 공주로서 편안하게 대접을 받으며 살아왔던 사람이었습니다. 그러므로 위신과 체면을 중요하게 생각했습니다. 하지만 다윗에게 있어서 체면과 같은 것은 없었습니다. 그는 낮은 곳에서 자라난 사람이고 낮은 곳에서 부름을 받은 사람이었습니다. 그리고 그가 높은 위치에 올라왔을 때도 그는 여전히 낮은 마음을 가지고 있었습니다.

마음을 찢는 다윗

다윗의 낮고 겸손한 인격을 잘 보여주는 사건이 밧세바와의 범죄 사건이었습니다. 그는 흠이 없는 사람이 아니었습니다. 하지만 그는 죄를 저지른 후에 이로 인하여 멸망하지 않았습니다. 오히려 철저한 회개를 통하여 더 낮은 사람이 되었고 더욱 더 주님의 긍휼을 의지하는 사람이 되었습니다.

선지자 나단이 와서 그의 죄를 지적했을 때 그의 반응은 인상적인 것이었습니다. 한 나라의 왕이 한 선지자의 지적을 받고 그토록 심하게 엎드려져서 회개한 경우는 없었습니다. 다윗은 어쩌면 죄를 지적하는 선지자를 조용히 제거함으로 그의 악을 감추고 싶은 유혹을 받았을 지도 모릅니다. 이후에 많은 왕들은 그렇게 했습니다. 하지만 다윗은 감히 그럴 수 없었습니다. 그는 하나님 앞에서 용서받고 살아남기 위해서는 오직 한 가지 방법밖에 없음을 잘 알고 있었습니다.

그는 울기 시작했습니다. 그리고 금식을 하기 시작했습니다. 하나님의 긍휼을 구하기 시작했습니다. 그 상황에서 그가 지은 시편 51편은 그의 처절한 회개와 통곡의 기도를 보여줍니다. 처음부터 끝까지 하나님의 긍휼을 구하는 이 시편은 문자 그대로 비탄시였습니다. 그는 침상이 다 젖도록 울고 회개하며 주의 긍휼을 구하였습니다.

주는 제사를 즐겨 아니하시나니 그렇지 않으면 내가 드렸을 것이라 주는 번제를 기뻐 아니하시나이다
하나님의 구하시는 제사는 상한 심령이라 하나님이여 상하고 통회하는 마음을 주께서 멸시치 아니하시리이다 (시51:16-17)

다윗은 장엄한 예배의 형식을 통해서 사죄를 구한 것이 아닙니다. 많은 제물을 드림으로써 용서를 구한 것이 아닙니다. 왕이기 때문에 특별히 봐주시기를 기대한 것이 아닙니다. 그가 주님께 드리는 제물은 그 자신의 상한 심령이었습니다. 상한 심령, 통회하는 마음.. 그는 오직 그것을 통해서만 하나님께 나아갈 수 있음을 알았습니다. 그의 죄로 인하여 하나님의 마음이 아프고 찢기셨으며 그러므로 그가 하나님과의 교제의 회복을 위해서는 오직 자신도 찢기고 상한 마음으로 있어야 함을 알았습니다.

고통의 시간이 흘렀고 그는 죄의 대가로 인하여 많은 아픔을 겪었지만 하나님과의 관계는 회복되었습니다. 하나님은 그를 용서하셨고 그를 떠나지 않으셨습니다. 그리고 계속하여 그에게 긍휼과 은총을 베푸셨습니다. 그는 넘어짐과 실패를 통하여 멸망한 것이 아니라 자신의 비참함을 깨닫고 더욱 더 주님의 의와 긍휼을 갈망하며 연합하는 은총을 얻게 되었습니다.

어떻게 그는 멸망의 순간에 다시 회복되고 철저한 회개를 통하여 다시 일어날 수 있었을까요? 그것은 그가 근본적으로 낮은 사람이었기 때문입니다. 마음이 높은 사람은 회개를 하는 것이 얼마나 힘든지 모릅니다. 그들은 지적을 받을 때 기분나빠합니다. 그들은 변호하는 것을 좋아하며 자신의 잘못을 시인하는 것을 싫어합니다. 그러므로 그들은 더 위험한 상태에 빠지게 되는 것입니다.

그러나 다윗은 낮은 마음, 낮은 심령이었기 때문에 그 위기의 순간을 잘 넘길 수 있었습니다. 주님은 낮은 자, 낮은 마음의 사람에게 항상 긍휼과 은총을 베푸시기 때문입니다.

어렵지 않게 하나님의 임재를 경험하는 사람, 일반적인 그리스도인들에게 잘 알려져 있지 않은 깊은 하나님과의 교제와 은총을 누리는 사람들.. 이러한 이들의 중요한 특성은 그들이 낮은 사람이며 자기를 낮추는 사람이라는 것입니다. 항상 자신을 드러내고 높이는 것을 좋아하며 다른 이들을 비난하며 다른 이들의 연약함을 비웃고 자신의 훌륭함을 나타내고 가르치는 것을 좋아하는 이들은 주님과의 깊은 교제나 은총을 누릴 수 없습니다. 우리는 성경에서도, 현실에서도, 기독교 역사에서도 그 사실을 언제나 확인할 수 있습니다.

자기를 비하하던 프란시스

성 프란시스는 인류의 역사 중에서 가장 주님과 가까웠다는, 그래서 주님의 깊으신 은총을 누렸다는 평을 듣고 있는 사람입니다. 하나님의 사람, 영성인 하면 항상 손에 꼽히는 몇 사람 중의 한 사람입니다. 그의 삶과 자세를 보면 그가 누렸던 주님과의 깊은 교제의 비결이 무엇인지 짐작할 수 있습니다. 그것을 알려주는 인상적인 이야기가 있습니다.

프란시스는 어느 날 레오 형제와 함께 어떤 수도원에 갔는데 기도와 예배를 드리는 중에 자신을 낮추는 고백을 주님께 드리고 싶은 마음이 들었습니다. 그래서 그는 레오 형제에게 말했습니다.

"내가 가르쳐 주는 대로 주님 앞에서 후창을 하여 주십시오. 내가 '프란시스 형제여! 너는 이 세상에서 수많은 악과 죄를 범했으니 마땅히 지옥에 떨어질 자니라' 하고 선창을 하면 형제는 '네가 지옥의 제일 깊은 곳에 빠질 놈인 것은 참으로 사실이니라' 하고 대답하십시오."
그러자 레오 형제는 "예, 알았습니다." 하고 대답을 하였습니다.

프란시스는 소리 내어 말하기를 시작했습니다.
"프란시스야, 너는 이 세상에서 수많은 악과 죄를 범했으니 마땅히 지옥에 떨어질 자니라"
그러자 레오 형제는 후창을 하였습니다.
"하나님께서 당신을 통하여 많은 일을 행하시므로 당신은 천국에 올라가게 될 것입니다."
레오의 말은 당초의 말과 달랐으므로 프란시스는 다시 부탁을 했습니다.

"형제여, 당신은 그렇게 말해서는 안 됩니다. 이제 내가 다시 '프란시스야, 너는 하나님을 거스르고 수많은 악을 행했으니 저주를 받아 마땅한 자이다' 할 테니 형제는 '참으로 너는 저주받는 자들 중에 끼어있는 자이다' 하고 후창을 하십시오."
"예, 알겠습니다."
프란시스는 눈물을 흘리고 깊은 탄식을 하며 다시 시작하였습니다.
"하나님이시여, 저는 많은 악행을 저질렀으므로 당신 앞에서 저주를 받아 마땅한 자입니다."
그러나 이번에도 레오 형제는 다른 대답을 하였습니다.

"프란시스여, 하나님께서는 당신을 복된 자 중에서 복된 자로 만드실 것입니다."
계속하여 레오 형제가 다른 대답을 하자 프란시스는 이상하게 여기며 다시 부탁하였습니다.

"왜 형제는 내가 말하는 대로 하지 않습니까? 이번에는 꼭 말한 대로 하십시오. 내가 '가련한 프란시스야, 하나님이 너를 불쌍히 여기실 것 같으냐? 너는 자비하신 하나님께 많은 죄를 지었으니 자비를 받을 가치조차 없는 자니라' 하고 말할 테니 형제는 '너는 아무런 자비를 얻을 가치가 없는 자니라' 하고 대답하십시오."
그러나 프란시스가 '가련한 프란시스야..' 하고 시작하자마자 레오 형제는 후창을 하였습니다.

"하나님의 자비는 당신의 죄보다 무한히 커서서 당신에게 큰 자비를 베풀 것이며 풍성한 은총으로 당신에게 함께 할 것입니다."
레오 형제의 이러한 대답이 반복되자 프란시스는 마음이 언짢아서 꾸짖듯이 말했습니다.
"왜 형제는 내가 시키는 것과 반대로만 말합니까? 형제가 말한 것은 옳지 않습니다."
그러자 레오 형제는 난처한 듯이 말했습니다.
"죄송합니다, 선생님. 이것은 제가 말하는 것이 아닙니다. 하나님께서 저절로 이렇게 말씀하게 하십니다. 그러므로 저는 이것 외에 달리 말할 수가 없습니다. 그분은 당신을 불쌍히 여기시며 은총을 베푸실 것입니다. 자기를 낮추는 사람은 높아질 것이기 때문입니다."
두 사람은 이러한 대화와 교제를 서로 나누는 가운데 주님의 위로와 은총을 누리며 눈물과 감사로 밤을 지새웠다고 합니다. (성 프란시스의 작은 꽃들, 크리스챤 다이제스트, p.80-82)

이 오래된 이야기는 긍정의 시인과 믿음의 고백이 유행하고 있는 오늘날 이상하고 어색하게 여겨질 지도 모릅니다. 어쩌면 프란시스는 너무 자학적인 마음을 가지고 있는 것이 아닌가 생각할 수도 있을 것입니다. 그러나 프란시스가 하나님과 동행했던 깊은 영성의 사람이었다는 것, 주님께서 그를 사용하셨고 은총을 베푸셨다는 것은 분명한 사실입니다. 그리고 그가 경험했던 주님의 놀라우신 은총은 그가 가지고 있었던 낮은 마음의 자세와 상한 심령과 관련이 있는 것입니다. 주님은 항상 낮은 마음, 상한 심령의 사람들에게 은총과 능력을 베푸시기 때문입니다.

프란시스의 예화는 하나님의 임재가 머무르는 사람의 특성을 보여줍니다. 그들은 잘난 사람들이 아닙니다. 그들은 유능하고 뛰어난 자들이 아닙니다. 그들은 자신을 한없이 부족하고 모자라며 죄인이라고 여기는 사람들입니다. 그들은 주님의 은총이 없이는 잠시도 살 수 없는 사람들입니다. 그들은 그렇게 자신의 부족함을 알기에 눈물로, 낮은 마음으로 언제나 간절하게 주님의 은총을 갈망하게 되며 그러한 낮은 자들에게 주님은 은총을 베푸시는 것입니다.

가장 비참한 자에게 은혜를 베푸심

요한복음 4장에서 우리는 주님께서 사마리아 여인을 만난 장면을 보게 됩니다. 주님이 행로에 곤하셔서 우물곁에 앉으셨을 때 사마리아 여인 하나가 물을 길으러 왔습니다.
그 여인이 주님을 만나게 된 것은 우연이었을까요? 그 여인이 주님의 은총과 위로를 받은 것은 우연이었을까요? 그 여인의 이야기가 성경에 등장한 것도 그저 우연에 불과한 것일까요?
나는 아니라고 생각합니다. 참새 한 마리가 떨어지는 것도 하나님의 허락 없이는 이루어지지 않는 것입니다. 왜 이 마을에서 처음으로 그 여인이 주님의 은총과 위로를 경험하게 되었을까요?
그것은 그 여인이 그 마을에서 가장 한심하고 비참한 사람이기 때문은 아니었을까요? 한낮 한적한 시간에 사람의 낯을 피하여 물을 길러온 여인, 수많은 남편을 두었던 여인, 그리고 지금은 다른 사람의 남자와 동거하고 있는 여인.. 오늘날과 같이 타락한 세대에도 그러한 사람은 욕을 먹을 텐데, 하물며 2천 년 전의 시대에 그 여인이 그 마을에서 어떤 평가를 받고 대접을 받았을지 우리는 충분히 짐작할 수 있을 것입니다.

그런데 그렇게 더럽고 한심하고 비참한 여인에게 주님은 은총을 베푸셨습니다. 그리고 그렇게 그 마을에서 가장 더럽고 한심스러운 여인을 통해서 주님은 그 마을에 영적 부흥이 일어나게 하셨습니다. 많은 이들이 그 여인의 말을 듣고 주님을 믿게 되었던 것입니다. 하나님은 그 마을에서 가장 미약하고 한심한 도구를 사용하셨습니다.

자기가 신앙이 좋고 잘났고 지식이 많다고 여기던 바리새인과 서기관에게 주님은 은총을 베푸시지 않았지만 자기가 얼마나 못되고 한심하고 죄 많은 사람인지, 부끄러운 사람인지 아는 이들에게 주님은 은총을 베푸시며 사용하셨습니다.

우리에게 주님께서 은총을 베푸신다면, 그것은 우리가 부끄럽고 누추하며 한심함과 더러움으로 가득한 사람이기 때문입니다. 그것은 우리가 잘나서가 아닙니다. 자기의 부족함을 아는 자에게, 자기의 부끄러움을 아는 자에게 자기의 무능함을 알고 절망하며 주님 앞에서 낮아지며 엎드러지는 자에게 주님은 함께 하십니다. 주님은 불쌍히 여기시며 은총을 베푸십니다. 은총의 비밀은 낮아짐과 절망과 고통과 눈물에 있는 것이며 결코 위대함이나 뛰어남에서 오는 것이 아닙니다.

주님의 긍휼을 원한다면, 은총을 원한다면 부디 주님 앞에서 낮아지십시오. 아파하시고 절망하십시오. 오직 상한 마음으로 은총을 구하십시오. 분량이 차게 되면 자비가 풍성하신 주님은 당신에게 가까이 임하실 것입니다.

당신에게 임하신 은총이 있다면 그것으로 인하여 자랑하거나 자신을 높이지 마십시오. 당신은 곧 은총을 잃게 되며 영적으로 약해지고 무디어질 것입니다. 주님은 잘난 사람과 함께 있을 수 없으십니다.

부디 주님의 임재가 머무는 사람이 되십시오. 오늘날 이 시대의 교회에 필요한 것은 어떤 테크닉이나 방법이나 돈이나 뛰어난 사상이 아닙니다. 오직 하나님이 함께 하시는 사람, 하나님의 임재가 머무는 사람입니다. 하나님과 가까운 사람, 하나님과의 깊은 교제를 누리고 있는 사람입니다.

그리고 그 은총과 임재의 비결은 오직 낮고 상한 마음입니다. 그 낮고 상한 마음을 언제나 항상 간직하고 유지하십시오. 그렇게 할 때 우리는 조금 씩 조금 씩 더 깊은 주의 은총 속으로, 주님의 임재 속으로 들어가게 될 것입니다.

5. 하나님의 임재가 멀리 있는 사람

앞장에서 이야기한 것처럼, 하나님의 임재가 가까운 사람들이 있습니다. 성경에 있었고 현재에도 있습니다. 이들은 쉽게 하나님의 임재를 경험하고 그 은총을 누립니다. 이들은 하나님의 사랑을 받으며 그의 아름다운 통로가 됩니다.

반면에 하나님의 임재가 멀리 있는 사람들이 있습니다. 이들은 하나님을 믿으면서도 하나님의 임재를 잘 누리지 못합니다. 많이 기도해도 응답을 경험하지 못하며 주님의 친밀하심을 잘 맛보지 못합니다. 아주 어렵게 그 은총을 조금 경험한다고 해도 쉽게 그 은총을 소멸합니다. 이러한 사람들이 아주 많이 있습니다.

죄에도 경중이 있다

무엇이 하나님의 임재를 멀어지게 하는 것일까요? 무엇이 하나님의 은총을 멀어지게 하는 것일까요? 물론 그 정답은 죄입니다. 하나님은 거룩하고 성결하신 분이시므로 온갖 악함과 죄와 더러움은 하나님의 임재와 영광을 멀어지게 합니다. 빛이 올 때 어두움은 사라지고 어두움이 있을 때 빛은 사라지는 것처럼 하나님과 죄는 근본적으로 성분이 다르기 때문에 같이 있을 수 없습니다.

그러나 죄에도 경중이 있습니다. 상대적으로 좀 더 가벼운 죄도 있고 좀 더 무거운 죄도 있습니다. 예를 들어서 세리와 창기들은 죄인들이었습니다. 그러나 주님은 그들을 멀리 하시지 않았습니다. 주님은 그들을 가까이 하셨기 때문에 죄인의 친구라는 비난까지 받으셨습니다. 반면에 바리새인들은 평판도 좋았고 외적으로는 거룩하고 경건하게 보였습니다. 그러나 주님은 그들을 가까이 하시지 않았습니다. 바리새인들 중에서는 아주 소수만이 주님을 영접하고 주님 가까이로 왔습니다.

세리나 창기도 죄인이고 바리새인도 죄인입니다. 그러나 주님은 세리와 창기를 불쌍히 여기셨지만 바리새인은 불쌍히 여기시지 않았습니다. 이것을 볼 때 어떤 죄를 가진 죄인들은 불쌍히 여김을 받지만, 또 어떤 죄들을 가진 죄인들은 불쌍히 여기심을 받지 못한다는 것을 알 수 있습니다. 어떤 죄들은 일반적인 죄들보다 더 엄중한 벌을 받게 됩니다.

드러난 죄와 숨겨진 죄

세리와 창기들의 죄는 드러난 죄였습니다. 그들이 죄를 짓고 있으며 죄인이라는 사실을 누구나 알고 있었습니다. 그러나 바리새인들의 죄는 드러난 죄가 아니었습니다. 사람들은 그들을 죄인이라고 여기지 않았습니다. 바리새인들 자신도 그렇게 생각했습니다. 그들의 속에는 많은 악들이 숨겨져 있었지만 그들은 그것을 감추고 드러내지 않으며 스스로를 의롭게 생각했습니다.

바리새인들의 죄는 위선과 교만이었습니다. 세리와 창기들은 죄인이기는 했지만 자신이 죄인인 것을 잘 알고 있었습니다. 그러나 바리새인들은 자신을 죄인이라고 여기지 않았습니다. 그들이 생각하기를 자신들은 믿음이 좋고 의로운 사람들이었습니다. 그들은 높은 마음을 가지고 있었던 사람들이었습니다.

주님은 바리새인의 그러한 죄들을 엄하게 다루고 정죄하셨습니다. 주님은 드러난 죄에 대해서 불쌍히 여기셨지만 감추어진 죄에 대해서는 엄중히 대하셨습니다. 죄를 감추고 속이는 위선에 대해서 엄중히 대하셨으며 자기를 의롭게 여기는 교만에 대하여 엄중히 대하셨습니다. 주님은 많은 죄인들의 죄를 용서해주셨지만 바리새인과 서기관들에 대해서는 무섭게 책망하셨습니다. 마태복음 23장은 장 전체가 바리새인과 서기관에 대한 심판의 메시지입니다.

이 말씀을 오늘날에 적용하면 이것은 영적 지도자의 위치에 있는 사람들에 대한 심판의 말씀이라고 할 수 있습니다. 그러므로 영적 지도자가 된다는 것은 긍지를 가질 수도 있겠지만 한편으로는 아주 무서운 일이라고 할 수 있습니다.

사람들의 존경을 받고 그것을 기뻐하며 사람들 앞에서 외식하며 자신을 경건한 척하고 꾸미고 스스로를 높이 본다면 그것은 사람의 중심을 보시는 주님의 무서운 심판을 피할 수 없기 때문입니다. 그러므로 영적 지도자로 부름을 받았거나 자신을 그러한 사람으로 여기는 이들은 두려워해야 하며 조심스럽게 자신을 살펴야 합니다.

높은 곳은 지옥과 가깝다

모든 죄들이 하나님의 거룩하신 임재를 소멸하지만 특별하게 하나님의 영을 멀어지게 하는 죄가 있습니다. 그것은 교만입니다. 높아진 마음입니다. 이 죄는 그 어떤 죄보다 하나님의 영을 멀리 떠나시게 합니다. 왜냐하면 이 죄는 스스로를 하나님의 위치에 두는 것이기 때문입니다. 어떠한 자비로운 왕도 쿠데타를 일삼는 부하에게 자비를 베풀지는 않을 것입니다. 그래서는 왕국이 존재할 수가 없기 때문입니다.

인간은 하나님의 피조물이므로 하나님을 높이고 예배하며 경배해야 합니다. 그러나 교만한 이들은 하나님을 높이기 싫어하며 자기 스스로를 높이고 싶어 합니다. 잘난 척을 하고 자기를 드러내고 싶어 합니다. 이들은 자기의 능력을 자랑하고 지식을 자랑하며 자신의 의로움을 자랑하고 높은 위치에 앉고 싶어 합니다. 이들은 비록 자신이 의도하지 않았다고 해도 하나님을 거스르고 대적하고 있는 것입니다. 그러므로 지도자가 되는 것은 무서운 일입니다. 지도자들은 교만의 죄를 짓기가 쉬운 위치에 있기 때문입니다. 지도자들은 높은 위치에 있어서 지시하고 명령하는 습관을 갖게 됩니다.

그러므로 스스로 높은 사람인줄 착각하기 쉽습니다. 낮은 위치에서 봉사하는 직업을 가지고 있는 이들, 예를 들어 쓰레기 청소부나 아파트의 경비와 같은 일을 하는 이들은 지도자들보다 천국에 좀 더 가까울 것입니다. 그러나 항상 높은 곳에서 명령하고 부리는 이들은 좀 더 지옥에 가까울 것입니다. 이들은 아주 조심하지 않으면 하늘의 은총에서 멀어지게 될 것입니다.

일반적인 지도자들보다 종교적, 영적 지도자가 되는 것은 더욱 더 무서운 일입니다. 가르치는 입장에 서게 되는 것은 두려운 일입니다. 거기에는 심판이 있기 때문입니다. 세상의 지도자가 되는 것도 두려운 일이지만 영적 지도자가 되는 것에는 더 무서운 심판이 있습니다. 주님은 당시의 왕이나 권세자들에 대해서 심판을 말씀하시지 않았습니다. 그러나 종교 지도자들에 대해서는 무서운 심판의 메시지를 전하셨습니다.

그것은 종교지도자들은 하나님 앞에서 자신을 높일 수 있기 때문입니다. 사역자가 되면 사람들 앞에서 하나님의 영광을 드러내지 않고 자신의 지혜나 지식이나 의로움을 드러낼 수도 있습니다. 그것은 하나님을 욕되게 하는 일이며 일반적인 죄들보다 엄중히 여김을 받게 되는 것입니다.

일반적인 죄들이 다 무서운 것이며 교만은 더 무서운 죄이지만 특별히 영적 교만은 말로 표현하기 어려울 정도로 무서운 죄입니다. 거기에는 오직 심판과 저주가 있을 뿐입니다. 하나님의 영광을 빼앗아 스스로 누리는 이들에게는 긍휼이 있을 수 없습니다. 그러므로 지도자, 사역자의 위치에 있게 되는 이들은 깨어있어서 자기의 영혼을 지킬 수 있어야 합니다. 사역을 통하여 오직 주님을 드러내고 자신은 쓰레기 더미에 앉아 있어야 합니다. 일생 동안 많은 사역을 하였어도 나중에 자기 영혼이 버림을 받는다면 그보다 더 비극적인 일은 없기 때문입니다.

낮은 마음, 상한 심령이 하나님의 임재와 긍휼을 가져오는 것처럼 높은 마음, 배가 부른 심령은 하나님의 임재를 멀리 떠나게 합니다. 그러한 이들은 잘 기도하지 않으며 또한 급한 일이 생겨서 나름대로 열심히 기도한다고 해도 응답이 멀리 있습니다. 그것은 그들의 중심이 천국의 속성과 맞지 않기 때문입니다. 그러므로 마음이 높은 사람은 하나님의 임재가 아주 멀리 있습니다.

높은 마음의 대표자 사울

높은 마음으로 인하여 하나님께 버림을 받는 성경에 등장하는 대표적인 인물이 사울이라고 할 수 있습니다.
이 사람은 여러 가지 면에서 다윗과 비교됩니다. 이 두 사람은 서로 비슷한 면을 많이 가지고 있었습니다.
사울은 다윗과 같이 이스라엘의 왕이었습니다. 다윗은 두 번째 왕이었고 사울은 첫 번째 왕이었습니다. 사울은 하나님의 선택을 받고 사무엘에 의하여 왕이 되었고 다윗도 역시 하나님의 택하심으로 사무엘로 인하여 왕이 되었습니다.

사울도 용사였고 다윗도 용사였습니다. 사울은 왕이 된 후 길르앗 야베스가 암몬 사람 나하스의 공격으로 인하여 어려움을 겪고 있을 때에 그를 물리침으로 이스라엘 백성의 마음을 얻었습니다. 다윗은 블레셋 장수 골리앗으로 인하여 이스라엘이 두려워하고 있을 때 그를 물리침으로써 이스라엘 백성의 마음을 얻었습니다.

사울도, 다윗도 많은 전쟁에서 승리하여 이름을 떨쳤는데 그 능력의 비결은 성령님의 기름 부으심이었습니다. 사울도, 다윗도 하나님의 신이 임하셨을 때 그 권능에 힘입어서 적들을 물리치고 이스라엘에게 승리와 해방을 주었습니다.

이처럼 이 두 사람은 이스라엘의 첫 번째 왕과 두 번째 왕으로서 많은 면이 비슷했습니다. 그러나 그 두 사람의 시작은 비슷했지만 그 마지막은 엄청나게 달랐습니다. 다윗은 삶의 마지막 순간까지 주님과 동행했지만 사울은 그렇지 않았습니다. 그의 마음은 일찍이 하나님을 떠났으며 하나님께 버림을 받았습니다.

다윗이 하나님의 성전을 건축하려고 한 적이 있었습니다. 그 때 하나님께서는 나단을 보내서 다윗에게 말씀을 전하게 하셨습니다. 하나님은 다윗이 아니라 다윗의 아들이 성전을 건축할 것이라고 하셨습니다. 그러면서 다윗과 다윗의 아들을 축복하셨습니다. 다윗의 아들에게 은총을 약속하시면서 이렇게 말씀하셨습니다.

나는 그 아비가 되고 그는 내 아들이 되리니 저가 만일 죄를 범하면 내가 사람 막대기와 인생 채찍으로 징계하려니와 내가 네 앞에서 폐한 사울에게서 내 은총을 빼앗은 것같이 그에게서는 빼앗지 아니하리라 (삼하7:14-15)

그 말씀은 다윗에게 엄청난 충격을 주는 은총의 메시지였습니다. 다윗은 이 말씀을 받고 감격으로 가득하여 감사기도를 드리게 됩니다. 그러나 이 말씀에서 언급되었듯이 사울은 은총을 빼앗긴 대표적인 사람이었습니다.

하나님께서는 다윗의 아들이 비록 죄를 범한다고 해도 징계는 하겠지만 은총을 빼앗거나 버리지는 않을 것이라고 약속하셨습니다. 그러나 사울은 하나님의 주신 은총을 빼앗기고 버림을 받은 사람이 되었습니다. 한 때 놀라운 하나님의 신과 능력을 받은 사람이었지만 그 마지막은 비참한 상태로 끝이 나고 말았습니다. 도대체 사울의 문제는 무엇이었을까요? 왜 그는 단순한 징계에서 끝난 사람이 아니라 버림을 받은 사람이 되었을까요? 그의 근본적인 문제점은 무엇이었을까요?

표면적인 이유는 사울의 불순종과 거역이었습니다. 사울은 하나님께서 아말렉을 쳐서 멸하라는 말씀에 순종하지 않았습니다. 그는 전쟁에서 승리했지만 하나님께서 진멸하라고 한 아말렉의 양과 소의 가장 기름지고 좋은 것을 멸하지 않았습니다. 그는 가치 없고 낮은 것만을 진멸했습니다. 그의 거역함을 보고 하나님께서는 사무엘에게 말씀하셨습니다.

내가 사울을 세워 왕 삼은 것을 후회하노니 그가 돌이켜서 나를 좇지 아니하며 내 명령을 이루지 아니하였음이니라 하신지라 사무엘이 근심하여 온 밤을 여호와께 부르짖으니라 (삼상15:11)

말씀을 가벼이 여기는 사울

사울은 하나님의 명령을 우습게 여겼습니다. 그가 생각할 때 기름지고 좋은 소와 양을 진멸하는 것은 엄청난 낭비요, 손해였습니다. 그러므로 그는 별로 좋지 않은 제물을 적당히 갖다 바치면 될 것으로 생각했습니다. 그는 순종하는 흉내만 낸 것입니다. 게다가 그는 양심과 영의 감각이 아주 마비되어서 자기가 무엇을 잘못했는지, 자신의 문제점이 무엇인지 전혀 인식하지 못하고 있었습니다. 그가 하나님을 경외하지 않고 함부로 대하고 있다는 사실을 그는 전혀 의식하지 않았습니다. 자기의 행위가 하나님을 진노케 하고 있다는 사실도 전혀 이해하지 못했습니다. 그가 지금 비록 왕으로 있다고 해도 그 자리는 영원한 자리가 아니며 하나님은 그를 폐하실 수 있다는 것을 그는 전혀 생각하지 않았습니다.

사무엘은 근심으로 인하여 밤을 새워 부르짖고 기도했지만 막상 당사자인 사울은 아무런 걱정도 없이 태평한 마음으로 있었습니다.
사무엘은 사울을 만나러 아침에 일찍이 일어나 그에게로 갔습니다. 그런데 그는 자리에 없었습니다. 게다가 그의 행동은 더욱 더 어처구니가 없는 것이었습니다.

사무엘이 사울을 만나려고 아침에 일찍이 일어났더니 혹이 사무엘에게 고하여 가로되 사울이 갈멜에 이르러 자기를 위하여 기념비를 세우고 돌이켜 행하여 길갈로 내려갔다 하는지라 (삼상15:12)

사울은 무척 기분이 좋은 상태에 있었습니다. 그는 자기를 높이기 위하여 기념비를 세웠습니다. 전쟁의 승리가 하나님의 은혜에 있는 것이 아니라 자신의 능력과 지혜에 있다고 생각했습니다. 그러므로 그는 자신의 공을 기념하기 위해서 비석을 세웠습니다. 사무엘이 그를 뒤쫓아가서 간신히 그를 만나자 그는 의기양양하게 말했습니다.

원컨대 당신은 여호와께 복을 받으소서 내가 여호와의 명령을 행하였나이다 (삼상15:13)

기가 막힌 사무엘은 그에게 따졌습니다.

그러면 내 귀에 들어오는 이 양의 소리와 내게 들리는 소의 소리는 어찜이 니이까 (삼상15:14)

여전히 사울은 태연하게 대답합니다.

그것은 무리가 아말렉 사람에게서 끌어온 것인데 백성이 당신의 하나님 여호와께 제사하려 하여 양과 소의 가장 좋은 것을 남김이요 그 외의 것은 우리가 진멸하였나이다 (삼상15:15)

물론 사울의 그 말은 그럴듯하게 들러댄 말입니다. 그는 제사에 아무런 관심이 없었습니다. 말이 도무지 통하지 않자 사무엘은 간밤에 하나님께서 직접 말씀하신 것을 전하겠다고 합니다.

가만히 계시옵소서 간밤에 여호와께서 내게 이르신 것을 왕에게 말하리이다 가로되 말씀하소서
사무엘이 가로되 왕이 스스로 작게 여길 그때에 이스라엘 지파의 머리가 되지 아니하셨나이까 여호와께서 왕에게 기름을 부어 이스라엘 왕을 삼으시고 또 왕을 길로 보내시며 이르시기를 가서 죄인 아말렉 사람을 진멸하되 다 없어지기까지 치라 하셨거늘 어찌하여 왕이 여호와의 목소리를 청종치 아니하고 탈취하기에만 급하여 여호와의 악하게 여기시는 것을 행하였나이까 (삼상15:16-19)

그러나 사울은 여전히 정신을 차리지 않았습니다. 그는 계속하여 변명을 늘어놓았습니다.

나는 실로 여호와의 목소리를 청종하여 여호와께서 보내신 길로 가서 아말렉 왕 아각을 끌어 왔고 아말렉 사람을 진멸하였으나 다만 백성이 그 마땅히 멸할 것 중에서 가장 좋은 것으로 길갈에서 당신의 하나님 여호와께 제사하려고 양과 소를 취하였나이다 (삼상15:20-21)

그는 오직 진정으로 하나님의 말씀에 순복했을 뿐이라고 강변합니다. 그런데 다만 백성들이 하나님께 제사를 드리기 위해서 좋은 것을 남겼을 뿐이라는 것입니다. 그는 사람의 마음 깊은 중심을 보시는 하나님과 그의 선지자 사무엘을 철저히 무시하고 있었습니다. 사무엘은 이어서 말합니다.

여호와께서 번제와 다른 제사를 그 목소리 순종하는 것을 좋아하심같이 좋아하시겠나이까 순종이 제사보다 낫고 듣는 것이 수양의 기름보다 나으니 이는 거역하는 것은 사술의 죄와 같고 완고한 것은 사신 우상에게 절하는 죄와 같음이라 왕이 여호와의 말씀을 버렸으므로 여호와께서도 왕을 버려 왕이 되지 못하게 하셨나이다 (삼상15:22-23)

이 말에 비로소 사울은 정신이 번쩍 듭니다. 그러나 그가 정신이 든 것은 순종이 제사보다 낫다는 그 메시지보다 그가 왕좌에서 쫓겨날 것이라는 말 때문이었습니다. 그 때야 사울은 사무엘에게 용서를 구합니다. 그는 왕위를 포기하고 싶은 마음은 전혀 없었기 때문입니다.

내가 범죄하였나이다.. 청하오니 지금 내 죄를 사하고 나와 함께 돌아가서 나로 여호와께 경배하게 하소서 (삼상15:24-25)

단순히 그의 말을 들으면 그가 진정으로 뉘우치고 있는 것 같이 보입니다. 그러나 그는 진정으로 회개하는 것이 아니었습니다. 사무엘은 그의 말을 거절하였습니다. 그는 이미 하나님의 명령을 받았기 때문입니다.

나는 왕과 함께 돌아가지 아니하리니 이는 왕이 여호와의 말씀을 버렸으므로 여호와께서 왕을 버려 이스라엘 왕이 되지 못하게 하셨음이니이다 (삼상15:26)

그러나 사울은 거부하는 사무엘을 붙들고 늘어지면서 계속 간청합니다. 내가 범죄하였을지라도 청하옵나니 내 백성의 장로들의 앞과 이스라엘의 앞에서 나를 높이사 나와 함께 돌아가서 나로 당신의 하나님 여호와께 경배하게 하소서 (삼상15:30)

체면과 지위를 중시하는 사울

사울은 계속 사무엘에게 간청하기를 여호와께 경배하게 해달라고 합니다. 그러나 그렇게 요구하는 그의 동기는 금방 드러납니다. 그는 자신이 잘못했다고 하더라도 사무엘이 이스라엘과 이스라엘의 장로들 앞에서 그를 높여주기를 바라는 것입니다.
그의 목적은 오직 사람들에게 계속하여 높임을 받고 왕의 위치에 있는 것이었지 하나님께 신령과 진정으로 경배하는 것에는 아무 관심이 없었습니다. 사무엘이 자기를 버리고 가버리면 자기 체면이 뭐가 되냐, 자기의 왕위가 위태로워지지 않느냐.. 그의 마음속에는 오직 그것밖에 없었던 것입니다. 그는 자기의 행위와 죄에 대해서 대수롭게 여기지 않았습니다.

사무엘은 결국 사울의 강권을 따라 사울을 따라가서 그가 하나님께 경배하도록 합니다. 그러나 사무엘의 마음은 이미 사울을 떠납니다. 그는 사울의 중심이 하나님께 향하지 않는 것을 이미 잘 알고 있었습니다.

> 사무엘이 죽는 날까지 사울을 다시 가서 보지 아니하였으니 이는 그가 사울을 위하여 슬퍼함이었고 여호와께서는 사울로 이스라엘 왕 삼으신 것을 후회하셨더라 (삼상15:35)

사무엘에게 있어서 사울은 아들과 같은 존재였을 것입니다. 그는 자신이 하나님의 명령을 따라 세웠던 순박한 시골 청년 사울이 점차 늠름하고 강한 용사가 되어 이스라엘을 구원하는 왕의 역할을 하는 것을 보고 마음이 뿌듯했을 것입니다. 그러나 또한 그 사울이 이렇게 망가지고 완악해진 모습을 보면서 그는 아비의 마음으로 아프고 슬펐던 것입니다. 하나님의 마음을 가진 사무엘도 사울로 인하여 마음 아파했으며 하나님도 사울을 세우신 것을 후회하셨습니다.
도대체 왜 이렇게 되었을까요? 사울의 문제는 도대체 어디에 있는 것일까요? 그것은 사무엘의 말에서 나타납니다.

> 왕이 스스로 작게 여길 그 때에 이스라엘 지파의 머리가 되지 아니하셨나이까 (삼상15:17)

사무엘의 말과 같이 사울은 스스로 낮고 부족하다고 여길 때에 하나님으로부터 부름을 받았습니다. 그는 처음부터 높은 마음을 가지고 있는 사람이 아니었습니다. 그는 위대한 꿈과 비전을 가지고 있는 사람이 아니었습니다.

사울이 사무엘을 만나고 왕으로 기름부음을 받게 된 사건의 시작도 아주 사소하고 어처구니없는 상황으로 시작되었습니다. 그는 원대한 꿈을 가지고 집을 나선 것이 아니라 잃어버린 암나귀를 찾으러 집을 나선 것이었습니다. 그가 여행길에 오른 이유는 그저 단순히 암나귀가 집을 나갔기 때문입니다. 그는 나귀를 찾으러 갔지 왕이 되려고 나간 것이 아니었습니다. 암나귀가 집에 얌전히 있었다면 사울도 역시 집에서 얌전하게 잘 살고 있었을 것입니다.

물론 암나귀가 갑자기 가출을 해버린 그러한 사소한 사건의 배후에도 하나님이 계십니다. 암나귀가 집을 나가게 된 것도 하나님의 인도하심과 배려가 있었던 것입니다. 그리고 그 사소한 사건으로부터 시작해서 사울은 사무엘을 만나고 하나님의 메시지를 받게 되었으며 왕으로 기름부음을 받게 되었습니다.
그것은 절대적으로 하나님의 은총으로 인한 것이었습니다. 사울의 믿음이나 마음이 위대해서가 아닙니다.

그의 마음속에 가득한 것은 암나귀에 대한 생각뿐이었지 출세나 성공이나 위대함에 대한 것은 없었습니다. 사무엘은 그를 만나자 사울이 전혀 예상하지 못했던 놀라운 말을 합니다.

사흘 전에 잃은 네 암나귀들을 염려하지 말라 찾았느니라 온 이스라엘의 사모하는 자가 누구냐 너와 네 아비의 온 집이 아니냐 (삼상9:20)

그 말은 사울에게 있어서 엄청난 말이었습니다. 그러나 사울은 그 말을 믿지 않았습니다.

사울이 대답하여 가로되 나는 이스라엘 지파의 가장 작은 지파 베냐민 사람이 아니오며 나의 가족은 베냐민 지파 모든 가족 중에 가장 미약하지 아니하니이까 당신이 어찌하여 내게 이같이 말씀하시나이까 (삼상9:21)

자신은 출신도, 가문도 별로 대단치 않고 부족한 사람일 뿐이다.. 그것이 당시 사울의 인식이었습니다. 그는 자신이 왕의 자격이 있다고는 결코 조금도 생각하지 않았습니다. 비록 이스라엘의 영적 지도자인 사무엘의 말이라고 해도 자기는 그렇게 대단한 사람이 아니라는 것이 사울의 생각이었습니다.

그렇게 자기는 부족하며 아무 것도 아니라는 인식.. 바로 그러한 마음 때문에 하나님께서는 그를 부르셨습니다.

사무엘의 말을 믿지 않는 사울에게 사무엘은 여러 가지 표적을 예고하였습니다. 그리고 사무엘의 말은 다 이루어졌습니다. 사무엘의 말대로 사울은 예언을 하며 하나님의 영에 사로잡히기도 했습니다.

사울은 차츰 사무엘의 말이 사실이며 자기에게 일어나는 일들이 실제라는 것을 알게 되었습니다. 자기가 왕이 된다는 것은 꿈이 아니었습니다! 하지만 그가 왕으로 뽑히는 순간에도 그는 소심증을 벗어나지 못했습니다. 제비뽑기로 인하여 왕으로 선택이 된 그를 찾을 때 그는 행구 사이에 숨어있었습니다.

그중에서 기스의 아들 사울이 뽑혔으나 그를 찾아도 만나지 못한지라 그러므로 그들이 또 여호와께 묻되 그 사람이 여기 왔나이까 여호와께서 대답하시되 그가 행구 사이에 숨었느니라 그들이 달려가서 거기서 데려오매..
(삼상10:21-23)

왕으로 선출되는 자리에서 숨어버린 사람은 역사적으로 사울이 유일할 것입니다. 그는 마지못해 그 자리에 나아오기는 했지만 여전히 자기는 자격이 없다고 생각했고 부족하다고 생각했으며 자기에게 일어나는 그 모든 일들이 두렵기만 했던 것입니다.

그렇게 자신이 없고 부족했던 사울을 하나님께서는 부르셨습니다. 하나님께서는 그렇게 자신을 낮게 보는 사람, 부족하다고, 무능하다고 여기는 사람을 부르십니다. 그것이 영적 지도자의 길이며 세상의 지도자와 다른 하나님의 사람의 특성입니다.

세상의 지도자는 강하고 위대하고 유능한 사람이 되며 세상은 그러한 사람을 찾습니다. 그러나 하나님의 부르시는 방식은 세상과 다릅니다. 하나님은 지극히 미약하고 부족한 자를 선택하고 부르셔서 오직 하나님만 의뢰하고 하나님의 은총과 능력에 의지해서 일하게 하기를 원하십니다.

자신이 잘났다고 여기는 사람, 자신이 대단한 존재라고 여기는 사람은 하나님의 부름을 받을 수가 없습니다. 하나님의 쓰임을 받을 수가 없습니다. 하나님은 그러한 자들이 티끌까지 낮아지기를 기다리십니다.

사울은 자신을 낮게 여김으로서 하나님의 선택을 받고 이스라엘의 첫 번째 왕이 되었습니다. 하지만 그의 낮은 마음은 오래 가지 않았습니다. 그의 순진함과 순수함은 오래 가지 않았습니다.

왕이 되고 권세를 얻고 모든 사람들이 그 앞에서 무릎을 꿇고 머리를 숙이며 전쟁에서 승리가 계속되면서 그의 마음은 높아져 갔습니다. 그는 자신을 대단한 존재로 여기기 시작했습니다. 사람들에게서 받는 사랑과 존경을 당연한 것으로 여기기 시작했습니다. 그렇게 마음이 높아지면서 그의 강퍅함과 불순종과 완악함은 시작되었습니다. 그러한 사울에게 사무엘은 말하는 것입니다.

> 왕이 스스로 작게 여길 그때에 이스라엘 지파의 머리가 되지 아니하셨나이까 (삼상15:17)

스스로 낮게 여길 때 하나님은 그를 부르셨습니다. 하나님은 그의 주인이 되시고 인도자가 되셨습니다. 그러나 그가 높아지고 하나님 앞에 경배하지 않고 자신을 드러내며 높일 때 하나님은 더 이상 그와 함께 하시지 않았습니다. 누구든지 낮은 마음을 유지할 수 없다면 하나님도 그와 함께 하실 수 없는 것입니다. 사울이 사무엘과 헤어진 이후, 그는 점점 더 마음이 높아지고 완악해졌습니다. 그는 더 이상 아무도 두려워하지 않았습니다. 오직 자기만이 자기 인생의 주인이고 왕이었습니다. 하나님께서 사무엘에게 다른 왕을 기름 부어 세우라고 말씀하셨을 때 사무엘은 대답했습니다.

내가 어찌 갈 수 있으리이까 사울이 들으면 나를 죽이리이다 (삼상16:2)

사무엘은 이제 사울이 자기에게도 함부로 대할 것을 알고 있었습니다. 만약 사무엘이 사울의 입장에 선다면 사울은 사무엘에게 잘 대해줄 것입니다. 그러나 사울의 입장에서 불리한 일을 한다면 사울은 사무엘을 해할 것입니다. 사무엘은 그것을 잘 알고 있었습니다.

사울은 선지자의 말을 듣는 사람이 아니었습니다. 그는 선지자든 누구든, 자기에게 유리한 말을 해주는 이의 말을 들었습니다. 그러나 그를 불쾌하게 하거나 비위를 건드리거나 하면 그는 상대방이 누구이든 가만두지 않았습니다.

부담스러운 사람들

곁에 있으면 부담스럽게 느껴지는 사람이 있습니다. 편하게 느껴지는 사람도 있지만 또한 불편하게 느껴지는 사람이 있습니다. 무슨 말을 해도 편하게 할 수 있는 사람이 있고 무슨 말을 잘못하면 삐치지 않을까, 상처받지 않을까 싶어서 말하는 것이 아주 조심스러운 사람이 있습니다.

그러한 사람들의 특성은 마음이 높다는 것입니다. 그러한 이들은 자기를 기분 좋게 하고 비위를 맞추어주면 좋아하지만 자기를 건드리면 용서하지 않습니다. 언제 화를 내고 상처를 받으며 이를 갈지 모릅니다.

그들에게는 죄를 지적하려고 해도 예의를 갖추고 비위를 맞춰주면서 회개하도록 열심히 설득해야 합니다. 하나님으로부터 온 권고라고 해도 이들은 비위를 건드리면 듣지 않습니다. 이들은 다른 사람들이 사랑이 없으며 자기를 이해해주지 않는다고 불평합니다. 마음이 높은 사람들은 항상 이런 식으로 자기중심적으로만 생각합니다.

사울이 바로 그런 사람이었습니다. 사무엘은 사울에게 아무리 경고를 하고 하나님의 말씀을 전해도 소용이 없다는 것을 알고 있었습니다.
사울의 문제점은 그의 높아짐에 있었습니다. 그는 낮은 마음으로 있었을 때 하나님의 부르심을 받았으나 거듭되는 성공으로 인하여 마음이 높아져버렸습니다. 그러자 하나님은 그를 떠나셨습니다.

하나님의 신이 그에게서 떠났을 때 그것은 비극의 시작이었습니다. 하나님의 신의 떠났다는 것은 단순히 그가 영적인 능력을 잃어버렸다는 것을 넘어서는 것이었습니다.

여호와의 신이 사울에게서 떠나고 여호와의 부리신 악신이 그를 번뇌케 한지라 (삼상16:14)

영계에는 공백이 없다

그 후부터 악한 영들이 그를 사로잡기 시작했습니다. 영적인 세계에서는 공백이 없습니다. 깊은 은혜에 들어간 사람이 그 은혜를 유지하지 못할 때 다른 영들이 그를 사로잡게 됩니다. 은혜를 받은 자가 높은 마음을 가지게 되면 그에게 임했던 하나님의 영이 떠나고 사악한 영들이 찾아오게 됩니다. 그것은 재앙의 시작입니다.
이후 사울의 증상은 더욱 더 심각해졌습니다. 다윗이 골리앗을 죽이고 블레셋과의 전쟁에서 혁혁한 전과를 세우자, 그리고 이스라엘의 백성들이 다윗을 높이자 질투와 증오에 사로잡힙니다.

여인들이 뛰놀며 창화하여 가로되 사울의 죽인 자는 천천이요 다윗은 만만이로다 한지라 사울이 이 말에 불쾌하여 심히 노하여 가로되 (삼상18:7-8)

사울은 얼마 전까지 골리앗으로 인하여 이스라엘이 위기 가운데 있었다는 사실을 잊어버렸습니다. 그는 오직 다윗에 대한 질투와 시기로만 가득했습니다. 다윗이 첫 번째고 사울이 두 번째라는 것을 그는 결코 용납할 수 없었습니다. 그는 오직 자기가 최고이며 첫 번째가 되어야 했습니다. 왕이 되는 것을 극도로 두려워하던 그가 이제는 왕위를 지키기 위해서 증오와 복수심에 사로잡히게 되었습니다.

그는 다윗을 여러 번 죽이려고 시도했습니다. 다윗이 달아나자 전 군대를 동원해서 그를 죽이려는 시도를 했습니다. 심지어 다윗을 돕는다고 하나님의 제사장들까지 죽였습니다. 그리고도 그는 가책이 없었습니다. 그는 극도의 분노와 질투심으로 인하여 제 정신이 아니었습니다. 그는 이제 하나님의 도구가 아니라 하나님을 대적하고 하나님께 속한 자를 죽이려는 도구가 되었습니다.

그는 자신이 왕이 된 과정을 다윗도 똑같이 거쳤을 것이라는 사실을 알았을 것입니다. 자신도 무명의 사람이었으나 하나님의 부르심을 통해서 기름부음을 받고 왕의 자리에 오르게 되었습니다. 이미 사무엘에게도 들었으므로 그는 하나님이 자기를 떠나 다윗에게 기름을 부었다는 사실을 알고 있었을 것입니다. 사실 그는 다윗이 왕으로 기름부음을 받았다는 것, 그가 왕이 되리라는 것을 마음속으로는 알고 있었습니다.

보라 나는 네가 반드시 왕이 될 것을 알고 이스라엘 나라가 네 손에 견고히 설 것을 아노니 그런즉 너는 내 후손을 끊지 아니하며 내 아비의 집에서 내 이름을 멸하지 아니할 것을 이제 여호와로 내게 맹세하라 (삼상24:20-21)

하지만 그렇게 알고 있었으면서도 그는 여전히 다윗을 죽이려고 하였습니다. 하나님의 뜻이 어디에 있든지 그것은 그의 관심 밖이었습니다. 그의 마음은 하나님보다도 높은 곳에 있었습니다. 하나님이 자기의 원하는 대로 해주면 그는 하나님께 경배했습니다. 그러나 하나님이라도 자신이 원하는 대로 해주지 않으면 그는 하나님에 대해서도 대적했으며 원망하고 불평했습니다.

이것은 오늘날의 많은 신자들도 행하고 있는 일입니다. 많은 신자들이 하나님을 자기 마음대로 조종하려고 하며 자기 뜻대로 해주지 않으면 분노하고 원망합니다. 이러한 증상은 근본적으로 하나의 근원을 가지고 있는데 그것은 곧 높은 마음입니다. 즉 자기 자신이 모든 것의 중심이 되는 왕의 자리에 앉아있는 것입니다.

이런 이들은 평소에는, 상황이 잘 되어 갈 때는 신앙이 아주 좋은 것처럼 보이지만 어려운 상황을 겪게 되면 원망하고 불평하며 자기 연민에 빠지고 하나님을 대적하는 것입니다. 사울의 문제는 높은 마음에 있었습니다. 그의 마음이 높아졌기 때문에 그는 하나님을 거역했고 그 명령을 가볍게 여겼으며 사무엘의 경고에도 눈썹하나 까딱하지 않았습니다. 그는 경배를 드리는 흉내를 냈을 뿐입니다.

높은 마음이 있었기 때문에 그는 다른 이들이 자기보다 잘 나고 칭찬을 듣고 성공을 하며 자기의 위치를 위협하는 것을 견딜 수 없었습니다. 높은 마음이 있었기 때문에 그는 체면을 중요시했습니다. 높은 마음이 있었기 때문에 그는 시기와 분노와 상대를 제거하고자 하는 충동에 사로잡혔습니다. 높은 마음으로 인하여 그의 마지막 삶은 거의 광기로 가득한 나날들이었습니다. 그렇게 마지막의 순간을 폭주기관차처럼 달리다가 그는 그렇게 인생을 끝내고 말았습니다.

다윗과 사울의 차이

사울, 그는 높은 마음의 사람이었습니다. 그는 그러한 면에서 다윗과 근본적으로 달랐습니다. 다윗은 낮은 마음의 사람이었습니다. 그는 대부분의 삶을 낮은 마음으로 살았습니다. 목동의 시절에도 그의 마음은 낮았고 야인으로 떠돌 때도 그는 낮은 마음을 가지고 있었으며 심지어 왕이 되었을 때, 모든 사람들의 사랑과 존경을 받을 때도 그의 마음은 낮은 상태에 있었습니다.

그가 잠시 넘어졌을 때도 있었지만, 잠깐 높은 마음의 상태에 있어서 죄를 지을 때도 있었지만 그는 곧 낮은 마음으로 돌아와서 눈물과 참회와 통곡으로 그 영혼을 회복할 수 있었습니다. 눈물, 참회.. 이것은 사울의 사전에는 없는 말이었습니다. 사울은 근본적으로 높은 마음의 소유자였습니다. 그는 아주 잠깐 낮은 마음을 가지고 있었지만 나머지 인생 대부분의 세월을 높은 마음으로 지냈습니다. 그리고 그렇게 높은 마음의 상태에서 죽었습니다.

다윗도 사울도 시작하는 시점에서는 비슷했습니다. 두 사람 다 부족하고 연약한 사람들이었으며 자신들은 아무 것도 아닌 존재라고 여겼습니다. 그러나 그들의 시작은 비슷했지만 끝은 엄청나게 달랐습니다. 다윗은 낮은 마음을 끝까지 유지하고 죽을 때까지 그 마음을 지켰습니다. 잠시 넘어졌지만 다시 낮음으로 일어섰습니다. 사울은 잠깐 낮은 상태에 있었지만 대부분의 삶을 높은 마음을 가지고 살았습니다. 그는 그 낮은 마음을 유지하지 못했습니다.

바로 그것이 두 사람의 결정적인 차이였습니다. 그리고 바로 그 간단한 차이로 인하여 한 사람은 하나님의 마음에 합한 사람이 되었고 주님이 오시는 통로가 되었으며 다른 사람은 하나님의 대적자가 되었습니다. 오늘날도 이것은 마찬가지입니다. 낮은 마음의 사람은 하나님의 은총과 사랑을 입으며 하나님께서는 그와 동행하시며 사용하십니다. 또한 높은 마음의 사람은 하나님의 대적자가 되어 하나님께 속한 사람들을 공격하고 괴롭히는 도구가 됩니다.

오늘날 우리에게도 똑같은 선택의 길이 있습니다. 높은 마음의 사람이 될 수도 있고 낮은 마음의 사람이 될 수도 있습니다.
높은 마음의 사람이 되느냐? 낮은 마음의 사람이 되느냐? 이것은 우리가 하나님의 사람, 은총의 사람, 천국의 사람이 되는가, 아니면 하나님을 대적하는 사람, 지옥의 사람이 되느냐 하는 것을 결정짓는 가장 근원적인 요소입니다.

낮아짐은 하나님의 임재를 가까이 오게 하며 높아짐은 하나님의 임재를 멀어지게 합니다. 성경에서, 역사에서, 그리고 현실에서 우리는 언제나 이 진리를 확인할 수 있을 것입니다.

6. 낮아짐과 열등감은 다르다

낮은 마음과 비슷하게 보이지만 다른 것들이 있습니다. 열등감이나 비굴함과 같은 것들입니다. 그것은 이 책에서 말하고 있는 낮은 마음, 상한 마음과 같지 않은 것입니다. 그것은 다른 근원을 가지고 있습니다. 열등감을 가지고 있는 사람들이 있습니다. 이들은 자신감이 부족하며 부정적이고 소극적입니다. 이들은 자신이 무능하고 부족한 사람이라고 생각합니다. 얼핏 보기에 이러한 열등의식과 낮은 마음은 비슷하게 보일지 모릅니다.

열등감은 사람을 의식하는 것

그러나 이 두 가지는 의식의 대상에 있어서 근원적인 차이가 있습니다. 열등감은 기본적으로 사람을 의식하는 것입니다. 다른 사람을 의식하고 다른 사람들과 자신을 비교하는 것입니다. 그리하여 자신이 다른 이들보다 부족하다고 여기는 것입니다. 그 열등감의 근원은 사람에 대한 지나친 의식이며 사람에 대한 비교의식이라고 할 수 있습니다.
그러므로 열등감을 가지고 있는 이들은 자신보다 낮게 여겨지는 사람들 앞에서 기가 죽습니다. 왜냐하면 자신이 그들보다 못하기 때문입니다. 반면에 이러한 사람들은 상대적으로 자신보다 못하다고 여겨지는 이들 앞에서는 당당하며 교만한 태도를 보여주기도 합니다. 그러므로 열등의식을 가지고 있는 이들은 동시에 우월감도 어느 정도 가지고 있습니다. 열등감이나 우월감이나 그 근원은 같은 비교의식입니다. 그것은 사람을 의식하는 것이며 다른 사람과 자신을 비교하는 것입니다.

열등감은 비굴한 자세와 비슷한 것입니다. 열등감을 가지고 있는 이들은 잘나고 높은 위치에 있는 사람들 앞에서 비굴해지는 경향이 있습니다. 그러한 사람들에게 기대려는 자세도 가지고 있습니다.

또한 이러한 사람들은 높은 사람들 앞에서 비굴하지만 낮고 별 볼일 없어 보이는 사람들 앞에서는 강퍅하며 함부로 대하는 경향이 있습니다. 그러므로 어떤 면에서 열등감을 가지고 있는 이들, 비굴함을 가지고 있는 이들은 상대에 따라 교만해지기도 하고 강퍅해지기도 하는 것입니다. 그것은 그러한 의식들이 하나님을 향한 것이 아니라 사람을 향한 것이기 때문입니다.

낮은 마음은 하나님을 의식하는 것

낮은 마음은 다른 근원을 가지고 있습니다. 그것은 사람을 바라보고 사람을 의식하는 것이 아닙니다. 남들보다 내가 조금 못나고 부족하다는, 그러한 의식이 아닙니다. 그것은 높으신 하나님을 의식하는 것이며 전능하신 그 분 아래서 자신을 낮추는 것입니다.

낮은 마음은 모든 만물이 하나님으로부터 왔으며 모든 선함과 능력과 아름다움과 거룩함과 생명의 근원이 주님에게 있고 자신에게는 아무 것도 없음을 인식하는 것입니다. 그러므로 주님의 온전하심과 자신의 무력함에 대해서 인식하고 주님의 긍휼을 의지하는 것입니다. 그것이 낮은 마음입니다. 그것은 남과 비교해서 내가 외모가 조금 떨어지고 지성이 조금 떨어지며 학벌이 떨어진다든지 하는 그런 차원과는 근원이 전혀 같지 않은 것입니다.

하나님을 항상 의식하는 이들은 하나님께 가까이 나아갈수록 점점 더 낮은 마음을 가지게 될 것입니다. 하나님의 시선, 주님의 시선이 항상 가까이 계시고 자신을 지켜보고 있다는 사실을 인식하게 될 때 하나님 앞에서, 주 앞에서 자신을 드러내고 높이고 강퍅하게 말 할 수 있는 사람은 없을 것이기 때문입니다. 그러므로 모든 높은 마음과 강퍅한 자세는 하나님의 임재를 인식하지 않으며 주님의 임재와 멀리 떨어져 살기 때문에 생기는 것입니다.

산속에서 호랑이가 없을 때 토끼가 왕 노릇을 한다는 말이 있는 것처럼, 열등감이나 비굴함을 가지고 있는 이들은 만만한 사람들 앞에서는 높은 자세를 보여줍니다. 약한 사람 앞에서는 함부로 대하지만 강자 앞에서는 벌벌 떨며 아부하고 두려워합니다. 이러한 이들은 영이 어두워서 보이는 것을 의지하며 보이지 않는 주님을 의식하고 의지하지 않습니다. 그들의 의식은 항상 하늘이 아닌 땅을 바라보고 있기 때문입니다.

그러나 낮은 마음의 사람들은 비굴하거나 약한 모습을 보이지 않습니다. 그들은 약한 사람들이 아닙니다. 이들은 다른 사람들과 자신을 비교하며 열등감을 갖거나 비굴한 마음을 갖는 사람들이 아닙니다. 이들은 전능하신 주님 앞에서 자신을 낮추는 것입니다.

겸손하지만 담대한 다윗

다윗은 낮은 마음의 사람이었습니다. 그러나 그는 결코 약한 사람이 아니었습니다. 그는 하나님 앞에서 낮은 마음을 가지고 한탄하고 기도하고 울며 주님의 긍휼을 간구했던 사람이었지만 사람 앞에서는 약하지 않았습니다.

블레셋의 장수 골리앗이 이스라엘 전체를 벌벌 떨게 하였을 때 다윗은 결코 그를 두려워하지 않았습니다. 전투 경험도 없는, 무술을 배운 적도 없는 시골 목동 출신의 초라한 젊은이가 말하기를 "이 할례 없는 블레셋 사람이 누구관대 사시는 하나님의 군대를 모욕하느냐" 고 하였습니다. (삼상17:26)

골리앗은 막강한 전투력과 혁혁한 전공을 자랑하는 한 시대를 풍미하는 장군이었습니다. 그에 비하면 다윗의 전투 경험이란 맹수에게서 양을 보호하는 정도의 일뿐이었으며 무술 연습이라고 한다면 시냇가에서 돌멩이를 던지는 일뿐이었습니다.

그러나 그러한 다윗이 보았을 때 골리앗은 막강한 전사가 아니라 할례 받지 않은, 하나님을 알지 못하는 한 군인에 불과했습니다. 그에게는 하나님 앞에서 하나님을 모르는 사람이 하나님을 모욕하고 있는 것으로만 보였습니다.

다윗의 그러한 담대한 시각은 그가 평소에 하나님을 아주 가깝게 느꼈기 때문에 형성된 것입니다. 그처럼 다윗은 하나님 앞에서 자신을 낮추는 사람이었지만 외적으로 대단해 보이는 사람 앞에서 약해지거나 비굴해지는 사람은 아니었습니다.

다윗은 사울이 그를 불러서 골리앗과의 싸움에 대해서 격려하며 갑옷을 주었을 때도 그것을 거절했습니다. 그의 무기는 커다란 창이나 예리한 칼이나 견고한 갑옷과 같은 것이 아니라 하나님의 임재와 능력이었기 때문입니다.

그의 싸우는 방식은 물리적인 방법이 아니었습니다. 세상의 방식이 아니었습니다. 오늘날 어떤 사람들은 학벌이나 돈이나 유력한 후원자를 자신의 힘이나 무기로 삼지만 어떤 사람은 오직 하나님을 신뢰하며 그 앞에서 순복하는 것을 자기의 무기로 삼습니다. 다윗은 후자에 속한 사람이었습니다. 그는 골리앗 앞에서도, 사울 앞에서도 의연했으며 비굴하지 않고 당당했습니다.

약자에게 인자한 다윗

그는 강자 앞에서 의연하고 강했지만 약한 사람들 앞에서는 한없이 부드럽고 선한 사람이었습니다. 그는 긍휼을 아는 사람이었습니다. 그랬기 때문에 그의 주변에는 환난 당한 자, 빚진 자, 원통한 자들이 모였습니다.

환난당한 모든 자와 빚진 자와 마음이 원통한 자가 다 그에게로 모였고 그는 그 장관이 되었는데 그와 함께 한 자가 사백 명 가량이었더라 (삼상 22:2)

약하고 부족한 사람들이 그에게 왔을 때 다윗은 결코 그들을 물리치지 않았습니다. 자기 혼자 몸을 건사하기도 어려운 상황이었고 많은 사람들이 함께 움직이는 것은 더욱 더 위험한 일이었으나 다윗은 그에게로 피하여 도움을 요청하는 자들을 거절하지 않았습니다. 그는 이렇게 말하곤 했습니다.

두려워 말고 내게 있으라 내 생명을 찾는 자가 네 생명도 찾는 자니 네가 나와 함께 있으면 보전하리라 하니라 (삼상22:23)

이처럼 마음이 낮은 사람은 하나님을 갈망하고 그 앞에서 살며 그의 은총을 구하는 사람이지 결코 약한 사람이 아닙니다. 그러한 이들은 하나님 앞에서 낮으며 강자 앞에서 의연하며 연약한 자 앞에서 부드럽고 따뜻합니다. 그러한 이들은 결코 약한 자들을 압제하지 않습니다.

약자에게 잔인한 사람들

마음이 높은 사람들은 그 반대입니다. 이들은 강자 앞에서 약하며 비굴하며 아부합니다. 반면에 약한 자 앞에서 아주 잔인하며 압제합니다. 다윗의 형들이 그러한 사람들이었습니다. 다윗의 맏형 엘리압은 다윗이 골리앗에 대하여 말하는 것을 보고 화를 내었습니다.

장형 엘리압이 다윗의 사람들에게 하는 말을 들은지라 그가 다윗에게 노를 발하여 가로되 네가 어찌하여 이리로 내려왔느냐 들에 있는 몇 양을 뉘게 맡겼느냐 나는 네 교만과 네 마음의 완악함을 아노니 네가 전쟁을 구경하러 왔도다 (삼상17:28)

그것은 실로 우스운 일이었습니다. 엘리압은 골리앗이 큰 소리를 치면서 이스라엘을 위협하고 있을 때 한 마디도 대응할 엄두를 내지 못하던 사람이었습니다. 그런데 그런 사람이 자기 동생이 담대한 말을 할 때 격려하기는커녕 오히려 화를 내며 꾸짖었던 것입니다. 이는 강자 앞에서 비굴하고 약자 앞에서 강한 사람의 전형적인 모습이라고 할 수 있을 것입니다. 사울의 행동도 그와 비슷한 것이었습니다. 사울도 골리앗이 위협을 하고 있을 때는 감히 싸울 엄두를 내지 않았습니다. 그도 강자 앞에서 침묵을 지켰습니다. 하지만 막상 다윗이 그를 물리치고 인기를 끌자 다윗에 대하여 분노하며 그를 제거하기 위한 치열한 공격을 시작하였습니다. 강자인 골리앗 앞에서 잠잠하고 비교적 약해보이는 다윗에 대해서는 치열하게 공격하고 괴롭히는 것, 이러한 행동들은 하나님을 의식하지 않고 사람만을 의식하는 이들의 보편적인 모습이라고 할 수 있을 것입니다.

낮은 자에게 자비로우신 주님

낮은 마음의 사람은 주님의 마음과 통하는 면이 있습니다. 주님도 하나님 앞에서 자신을 낮추셨습니다. 그리고 죽기까지 복종하셨습니다. 그러나 주님은 세상의 강한 자들 앞에서는 의연하고 꿋꿋하셨습니다. 권세를 가지고 있는 바리새인들 앞에서, 대제사장 앞에서, 헤롯 왕 앞에서 총독인 빌라도 앞에서 주님은 의연하셨습니다. 심문을 받는 주님보다 오히려 심문을 하던 빌라도가 벌벌 떨었습니다.

그러나 그 주님은 약자들 앞에서 부드럽고 따뜻하셨습니다. 그분은 버림받은 이들, 연약한 사람들을 결코 외면하지 않으셨습니다. 그들을 불쌍히 여기고 도와주셨습니다.

예수께서 나오사 큰 무리를 보시고 그 목자 없는 양 같음을 인하여 불쌍히 여기사 이에 여러 가지로 가르치시더라 (막6:34)

주님은 낮은 마음을 가진 자의 삶을 보여주셨으며 낮은 마음, 상한 심령을 가진 이들을 불쌍히 여기셨습니다. 낮은 마음은 주님과 교류할 수 있는 귀한 마음인 것이며 열등감이나 비굴함이나 사람을 바라보고 의지하는 마음과는 같지 않은 것입니다.
오늘날 세상에는 열등감을 가지고 있는 사람들이 많이 있습니다. 비굴한 마음을 가지고 있는 이들이 많이 있습니다. 그러나 하나님 앞에서 낮은 마음을 가지고 있는 이들은 많지 않습니다. 그러므로 주님의 은총과 긍휼을 얻지 못하고 사람의 눈치를 보며 사람의 종이 되곤 하는 것입니다.
우리는 열등감이 아닌 낮은 마음의 사람이 되어야 합니다. 열등감은 세상에 속한 것이지만 낮은 마음은 천국에 속한 것이며 하늘의 은총이 임하는 통로인 것입니다. 우리는 사람을 의지하지 않으며 다른 이와 우리를 비교하지 않으며 오직 간절한 심령으로 주님을 구하는 사람이 되어야 합니다. 그렇게 낮고 갈망하는 마음으로 주를 구할 때 주님이 임하시고 은총을 베풀어주실 것입니다.
부디 하나님을 향해서 낮고 상한 마음을 가지십시오. 강한 사람 앞에서 의연하고 약한 사람들 앞에서 부드럽고 따뜻한 사람이 되십시오. 그것이 주님의 모습이며 또한 낮은 마음을 가진 이들의 모습입니다. 그러한 이들에게 주님은 함께하시며 하늘에 속한 아름답고 놀라운 은총들을 풍성하게 베풀어주실 것입니다. 할렐루야.

2부 높아짐의 시작과 타락

높은 마음은 이 시대의 보편적인 현상입니다.
어디에서나 높은 마음을 가진 이들을 볼 수 있습니다.
어디에서나 교만한 언행을 발견할 수 있습니다.
그러므로 사람들은 높은 마음과 높은 자세에 익숙하며
그것이 얼마나 치명적인 악인지 잘 느끼지 못합니다.
높아짐으로 인하여 많은 악이 일어났으며
많은 재앙이 시작되었습니다.
그러나 인간은 처음부터 높은 마음을
가지고 태어난 것은 아닙니다.
그 시작과 근원을 이해할 때
우리는 처방과 회복의 길로
나아갈 수 있게 될 것입니다.

1. 우주 첫 번째의 죄

온 세상에서, 아니 온 우주 안에서 가장 처음으로 시작된 죄는 무엇일까요? '그것은 선악과를 먹지 말라는 하나님의 말씀을 거역한 죄이다.' 대부분 이렇게 대답할 것입니다.

물론 그 대답은 맞습니다. 인간의 첫 번째 죄는 먹지 말라고 금하신 금단의 열매를 따먹고 하나님의 명령을 어긴 것입니다. 그것은 단순한 한 행위의 죄가 아니고 하나님과의 관계를 결정하는 중대한 문제였기에 이 죄는 인류의 영적 죽음과 타락을 가져온 중대한 범죄였습니다.

하지만 이 죄는 인류에게 있어서는 첫 번째 죄가 맞지만 모든 죄 중에서, 모든 대상에게 있어서 첫 번째 죄라고 할 수는 없습니다. 다시 말하면 인간이 선악과를 먹은 죄를 짓기 이전에도 죄는 존재했다는 것입니다. 선악과를 먹은 것은 두 번째 죄였습니다. 첫 번째의 죄는 아니었습니다.

아담의 범죄 이전에 죄가 있었다

아담과 하와가 죄를 지은 것은 그들이 스스로 지은 것이 아닙니다. 유혹을 받아서 지은 것입니다. 그들이 죄를 짓기 전에 먼저 죄를 짓도록 유혹한 존재가 있었던 것입니다. 그러므로 첫 번째 범죄자는 그 유혹을 한 자이지 유혹을 받은 자가 아닌 것은 명백한 사실입니다.

인간의 타락 사건이 기록된 창세기 3장은 이렇게 시작됩니다.

여호와 하나님의 지으신 들짐승 중에 뱀이 가장 간교하더라 (창3:1)

모든 생물들은 각자 다르게 지어졌으므로 각자마다 주어진 특징들이 있을 것입니다. 그러나 여기서 기록된 '간교함'은 단순한 특성이나 약점 정도로 볼 수 있는 것이 아닙니다. 그것은 그 이상의 것입니다.

뱀은 그 간교함으로 여자에게 다가가서 여자를 유혹했습니다. 유혹하면서 하나님의 말씀을 왜곡하여 전달했고 하나님을 비방했으며 여자와 하나님과의 관계가 깨어지도록 이끌었습니다. 여자 뿐 아니라 그 여자를 통하여 남자도, 그리고 결과적으로 온 인류를 하나님에게서 멀어지게 했습니다.

이러한 엄청난 행동을 한 뱀을 그저 단순히 성질이 간교한 존재라고만 여길 수 있을까요? 그의 행위는 관계의 파괴를 가져왔으며 인류를 영적 사망으로 이끌었습니다. 이것은 아주 중대한 도발행위이며 범죄입니다. 이것은 사람이 지은 죄보다 훨씬 더 무서운 범죄입니다. 속임을 당한 존재보다 속이는 존재가 더 악한 것은 당연한 일입니다.

여자의 죄보다 뱀의 죄가 더 크다

하나님은 여자에게 왜 먹지 말라고 한 과실을 먹었느냐고 물으셨습니다. 그리고 아담에게 왜 과실을 먹었느냐고 물으셨습니다. 그러나 뱀에게는 왜 그렇게 했느냐고 묻지 않으셨습니다. 뱀에게는 바로 심판의 메시지를 선포하셨습니다. 그것은 여자와 아담은 속임을 받고 죄를 지었으나 뱀은 처음부터 의도적으로 죄를 지었기 때문입니다. 하나님께서는 뱀을 처음부터 악한 존재로 여기시고 다루셨습니다.

뱀은 타락한 사단, 악한 영의 모습을 우리에게 보여줍니다. 그러므로 분명한 것은 아담이 죄를 짓기 전에 먼저 뱀의 죄가 있었고 사단의 타락이 있었다는 사실입니다. 사람이 타락하기 전에 먼저 사단이 타락했고 타락한 사단은 사람을 꾀어서 자기의 수하에 넣기를 원했습니다. 그러므로 온 우주에 있어서 첫 번째의 범죄는 사람의 죄가 아니고 사단의 범죄인 것입니다. 그렇다면 그의 죄는 무엇일까요? 그는 어떤 죄를 지었을까요? 우주 첫 번째의 죄는 과연 어떠한 것일까요?

사단의 죄에 대해서 성경은 명백하게 말씀하고 있지는 않습니다. 그러나 그의 타락에 대한 암시를 우리는 성경 여기저기에서 발견할 수 있습니다.
욥기를 보면 욥이 고난을 겪는 가운데 세 친구가 찾아와서 격렬한 논쟁을 벌인 후에 마지막에 하나님이 직접 말씀하시는 장면이 나옵니다. 욥이 계속 자기의 의로움을 강변하자 하나님께서 '네가 그렇게 온전한 존재이냐?' 를 물으시며 천지 창조의 장면을 언급하십니다.

때에 여호와께서 폭풍 가운데로서 욥에게 말씀하여 가라사대 무지한 말로 이치를 어둡게 하는 자가 누구냐 너는 대장부처럼 허리를 묶고 내가 네게 묻는 것을 대답할찌니라
내가 땅의 기초를 놓을 때에 네가 어디 있었느냐 네가 깨달아 알았거든 말할찌니라 누가 그 도량을 정하였었는지, 누가 그 준승을 그 위에 띄웠었는지 네가 아느냐 그 주초는 무엇 위에 세웠으며 그 모퉁이돌은 누가 놓았었느냐 (욥38:1-6)

물론 이 대답에 욥은 한 마디도 대답을 할 수가 없었습니다. 친구들과의 논쟁에서는 그가 더 지혜롭기 때문에 여러 가지 말로 친구들의 말에 대해서 반박을 하고 공격을 하기도 했지만 지금 하나님께서 묻는 말씀은 인간이 대답할 수 있는 성질의 것이 아니기 때문입니다. 하나님께서 땅의 기초를 놓을 때에, 땅의 모퉁이돌을 놓을 때에 네가 어디에 있었느냐고 물으시는데, 욥은 그 시간에 태어나지도 않았을 테니 감히 대답을 할 수가 없는 것입니다. 아니, 욥뿐 아니라 인간 중에서 그 누구도 대

답을 할 수가 없습니다. 그 때는 세상이 창조되는 시작이니 당연히 아무도 없는 때이기 때문입니다. 그런데 이 장면에서 의미심장한 말씀이 이어서 등장합니다.

하늘의 존재들

그때에 새벽 별들이 함께 노래하며 하나님의 아들들이 다 기쁘게 소리하였었느니라 (욥38:7)

아직 지구가 생기기 전에, 땅이 만들어지기 전에, 인간들이 만들어지기 전에, 당시 창조 시에 존재하는 이들이 있었습니다. 그들은 새벽별이며 하나님의 아들들입니다. 여기서 새벽별은 문자 그대로 하늘의 별이라고 할 수는 없습니다. 하늘의 별들은 아직 만들어지지도 않았고 또 인격적인 존재가 아니기 때문에 노래를 할 수 없을 테니까요.
여기서 새벽별과 하나님의 아들들은 천사의 존재를 의미하는 것입니다. 여기서 천사들은 인간이 창조되기 전에 이미 존재하고 있었음을 알 수 있습니다. 그리고 그 천사들 중에 일부가 타락했는데 그 존재가 바로 사단이며 마귀입니다.

하늘에 전쟁이 있으니 미가엘과 그의 사자들이 용으로 더불어 싸울새 용과 그의 사자들도 싸우나 이기지 못하여 다시 하늘에서 저희의 있을 곳을 얻지 못한지라 큰 용이 내어 쫓기니 옛 뱀 곧 마귀라고도 하고 사단이라고도 하는 온 천하를 꾀는 자라 땅으로 내어 쫓기니 그의 사자들도 저와 함께 내어 쫓기니라 (계12:7-9)

하늘의 전쟁은 영계에 있는 천사들과 마귀들의 싸움을 말합니다. 여기서 큰 용이며 옛 뱀인 마귀는 온 천하를 꾀고 유혹하는 자로서 하나님편에 있는 천사들과 전쟁을 벌입니다. 이 전쟁이 있었던 시기는 언제일까요? 여기에는 다양한 신학적 견해들이 있지만 분명한 것은 하늘에 영적 전쟁이 있으며 하나님을 따르는 천사들과 하나님을 대적하는 존재인 마귀가 서로 격렬하게 싸운다는 것입니다.

이 싸움은 천사장과 그의 사자들, 그리고 마귀와 그의 사자들 간의 싸움입니다. 이 전쟁은 곧 타락하지 않은 천사들과 타락한 천사들 간의 싸움이라고 할 수 있습니다. 마귀는 처음부터 타락한 존재가 아니라 나중에 타락하여 하나님을 대적하는 존재가 되었습니다.

그러므로 온 우주에서 첫 번째의 범죄는 곧 마귀의 타락이며 마귀의 범죄라고 할 수 있는 것입니다. 그는 왜 타락했을까요? 그는 어떤 죄를 지었을까요? 첫 번째의 범죄는 어떠한 성격을 가지고 있는 것일까요? 성경은 그 모습을 인상적으로 묘사하고 있습니다.

인자야 두로 왕을 위하여 애가를 지어 그에게 이르기를 주 여호와의 말씀에 **너는 완전한 인이었고 지혜가 충족하며 온전히 아름다웠도다** 네가 옛적에 하나님의 동산 에덴에 있어서 각종 보석 곧 홍보석과 황보석과 금강석과 황옥과 홍마노와 창옥과 청보석과 남보석과 홍옥과 황금으로 단장하였음이여
네가 지음을 받던 날에 너를 위하여 소고와 비파가 예비되었었도다 너는 기름 부음을 받은 덮는 그룹임이여 내가 너를 세우매 네가 하나님의 성산에 있어서 화광석 사이에 왕래하였었도다
네가 지음을 받던 날로부터 네 모든 길에 완전하더니 마침내 불의가 드러났도다 네 무역이 풍성하므로 네 가운데 강포가 가득하여 네가 범죄하였도다 너 덮는 그룹아 그러므로 내가 너를 더럽게 여겨 하나님의 산에서 쫓아내었고 화광석 사이에서 멸하였도다

네가 아름다우므로 마음이 교만하였으며 네가 영화로우므로 네 지혜를 더럽혔음이여 내가 너를 땅에 던져 열왕 앞에 두어 그들의 구경거리가 되게 하였도다 (겔28:12-17)

표면적으로 이 말씀은 두로 왕을 향한 메시지입니다. 그러나 이 말씀을 보면 인간에 대한 메시지라고 보기에는 너무나 엄청난 묘사들이 등장합니다. 인간 중에 어느 누가 '완전한 존재'이며 지혜가 완전하며 아름다움이 완전하겠습니까.
게다가 그가 옛적에 에덴 동산에 있어서 온갖 보석으로 치장하였다는 것, 기름부음을 받았으며 하나님의 성산에 왕래하였다는 묘사를 보면 그가 인간이 아닌 것은 분명한 것입니다. 이 말씀은 악한 왕인 두로와 그 배후에 있어서 그를 지배하고 있는 사단, 마귀에 대한 말씀입니다.

이 존재는 기름부음을 받은 덮는 그룹이었습니다. 그는 지음을 받던 날에 모든 길에서 완전하였습니다. 그러나 그는 마침내 불의가 드러났으며 범죄 하게 되었습니다. 그리하여 하나님의 산에서 쫓겨나게 되었으며 땅에 던짐을 받게 되었습니다. 이 내용은 바로 위에 언급된 계시록 12장의 내용과 일치합니다. 하늘의 전쟁에서 마귀가 패하여 하늘에서 땅으로 쫓겨나게 되었던 것입니다. 그는 어떤 범죄를 지은 것일까요? 본문은 간단하게 그 죄에 대해서 이야기합니다.

네가 아름다웠으므로 마음이 교만하였으며 네가 영화로우므로 네 지혜를 더럽혔음이여 내가 너를 땅에 던져 열왕 앞에 두어 그들의 구경거리가 되게 하였도다 (겔28:17)

마귀의 범죄는 곧 교만이었습니다. 그는 자신이 아름답고 지혜롭게 지음을 받았으므로 스스로 높은 마음을 가졌습니다. 그는 지음을 받던 날에 온갖 사랑과 은총을 입었습니다. 그러나 그는 그렇게 그에게 주어진 은총과 영화로 인하여 높은 마음을 갖게 되었습니다. 마귀는 타락하여 마귀가 되었지만 원래는 천사였습니다. 그러나 아무리 아름다운 천사라고 하더라도 지음을 받은 피조물에 불과합니다.

그에게 은총과 영광이 주어졌다고 하더라도 그것은 그가 스스로 만든 것이 아니라 받은 것에 불과한 것이었습니다. 그러므로 그는 자기에게 주어진 은혜와 영화와 아름다움을 자랑하고 높일 것이 아니라 하나님의 은혜에 감사하고 낮은 마음을 가져야 하는 것이었습니다.

그러나 그는 스스로 높은 마음을 취했습니다. 그는 스스로를 높이기를 원했습니다. 그는 교만한 마음을 가지고 하나님을 대적하게 되었고 그 결과 그는 그가 원하는 것과 반대로 하나님의 성산에서, 하늘에서 쫓겨나게 되었습니다. 사람이든 천사든 어떤 존재이든지 간에 무릇 높아지기를 원하는 자는 낮아지게 되는 것입니다. 이사야서 14장의 메시지도 천사가 마귀가 되는 과정, 첫 번째 범죄의 상황을 잘 보여줍니다.

**너 아침의 아들 계명성이여 어찌 그리 하늘에서 떨어졌으며 너 열국을 엎은 자여 어찌 그리 땅에 찍혔는고
네가 네 마음에 이르기를 내가 하늘에 올라 하나님의 뭇 별 위에 나의 보좌를 높이리라 내가 북극 집회의 산 위에 좌정하리라 가장 높은 구름에 올라 지극히 높은 자와 비기리라 하도다 그러나 이제 네가 음부 곧 구덩이의 맨 밑에 빠치우리로다 (사14:12-15)**

이 말씀도 직접적으로는 바벨론 왕에 대한 메시지지만 인간을 넘어서는 이 묘사는 바벨론 왕과 함께 그 배후에 있는 존재를 언급한다고 할 수 있습니다. 이 존재, 이 아름다운 존재는 계명성, 즉 새벽별이라고 불렸습니다. 그는 하늘에 있는 존재였으며 영화롭고 아름다운 존재였지

만 결국 하늘에서 떨어져 음부 맨 구덩이에 빠치우게 되었습니다. 그 이유는 무엇일까요? 본문은 그 죄의 근원을 잘 보여줍니다.

네가 네 마음에 이르기를 내가 하늘에 올라 하나님의 뭇 별 위에 나의 보좌를 높이리라 내가 북극 집회의 산 위에 좌정하리라 가장 높은 구름에 올라 지극히 높은 자와 비기리라 하도다 (사14:13-14)

높은 곳에 오르려다 떨어짐

그는 가장 높은 곳에 오르고자 하였습니다. 그는 하나님의 뭇 별, 즉 모든 천사들 위에 올라가고자 하였습니다. 그는 지극히 높은 자와 같은 위치에 있기를 원했습니다. 그는 스스로 하나님이 되고자 한 것입니다. 그리고 그 결과 높은 하늘에 오르기는커녕 가장 낮은 곳, 비참한 곳으로 떨어지게 되었습니다.

마귀는 높은 마음을 품다가 결국은 멸망하게 되었습니다. 그는 온전하게 창조되었으나 스스로 높은 위치를 추구하는 바람에 타락하고 말았습니다. 그리하여 그는 하늘에서 쫓겨나 땅으로 내려와 땅을 지배하고 차지하려고 유혹하는 존재가 되었습니다.

그러므로 인간이 범죄하기 전에 먼저 죄가 있었고 타락이 있었던 것입니다. 그 죄는 마귀가 지은 죄였고 그 죄의 내용은 교만이었습니다. 높은 마음을 품은 것이었습니다.
그러므로 온 우주 안에 있는 모든 죄 중에서 첫 번째 죄는 바로 높은 마음, 교만인 것입니다. 그것은 모든 죄 중에서 가장 기본적이며 근원적인 것입니다. 거기에서부터 모든 죄와 악이 시작되었습니다.
하나님은 창조의 근원이시며 마귀는 죄와 타락의 근원입니다. 그리고 그 죄의 시작, 그 죄의 근원은 곧 교만입니다. 이것으로 온 우주와 영계에 전쟁이 생겼고 세상의 타락과 멸망과 모든 혼란이 시작되었습니다.

위치를 벗어나는 것이 교만이다

교만이란 무엇일까요? 간단히 정의하자면 그것은 피조물이 그 위치를 떠난 것입니다. 천사들도, 인간들도 하나님이 지으신 피조물입니다. 그리고 피조물은 피조물의 위치를 지켜야 합니다. 자기를 지으신 이에게 순종하며 그를 영화롭게 해야 합니다. 그러나 피조물이 그 위치를 벗어나서 스스로 하나님과 같이 높아지려는 것, 스스로 창조주인양, 주인인양 하는 것, 그것이 바로 교만이며 자기 위치를 버리는 것입니다. 성경은 말합니다.

또 자기 지위를 지키지 아니하고 자기 처소를 떠난 천사들을 큰 날의 심판까지 영원한 결박으로 흑암에 가두셨으며 (유1:6)

이 말씀에도 다양한 해석들이 있습니다. 이 천사들은 어떤 특정한 종류의 존재들인지, 이들이 흑암에 가두어진 상태는 어떤 상태인지.. 등등에 대한 여러 해석들이 있습니다.
다만 분명한 것은 자기의 지위를 버리고 위치에 맞지 않는 행동을 한 천사들이 있었다는 것입니다. 그리고 그들은 심판을 피할 수 없다는 사실입니다.

교만이란, 높아진 마음이란 피조물에게 주어진 지위, 위치를 버리고 하나님에게 도전하는 행위입니다. 낮은 위치에 있어야 할 존재가 스스로 높아지려고 도전하며 거역하는 행위입니다. 그러므로 그것은 가장 근원적인 죄입니다. 그리고 거기에는 심판이 있습니다.

정답은 아주 단순하고 분명합니다. 사람이 죄를 짓기 전에 먼저 죄가 있었습니다. 먼저 범죄자가 있었습니다.

그 범죄자는 마귀입니다. 그리고 그 범죄는 교만입니다. 온 세상에, 온 우주에 첫 번째 죄가 시작되었습니다. 그 죄는 바로 교만입니다. 높아짐입니다. 이 죄로 인하여 온 우주의 혼란이, 온 세상의 혼란이 시작되었습니다.

이 첫 번째의 죄, 첫 번째의 문제를 분명하게 인식하는 것이 필요하고 중요합니다. 왜냐하면 정확한 문제의 진단이 있을 때 또한 치유와 회복도 가능한 것이기 때문입니다.

2. 지옥의 중심 원리

온 우주에 있었던 첫 번째 범죄는 높아짐, 교만의 죄였습니다. 그것은 첫 번째의 죄이면서 모든 죄의 근원과 중심이 되었습니다. 마귀는 자신을 스스로 높여 하나님과 같이 되려고 했지만 그 결과 오히려 가장 밑바닥으로, 지옥으로 떨어지게 되었습니다. 높은 곳으로 오르려다가 가장 비참한 낮은 곳으로 떨어지게 된 것입니다. 하나님으로부터 받은 지혜와 아름다움으로 인하여, 영화로 인하여 교만한 마음을 품다가 그는 멸망의 자리로 떨어지고 말았습니다. 주님은 말씀하셨습니다.

무릇 자기를 높이는 자는 낮아지고 자기를 낮추는 자는 높아지리라 (눅 14:11)

주님은 반복하여 이 말씀을 가르치셨습니다. 주님은 높임을 받는 것을 좋아하는 서기관과 바리새인들에 대하여 말씀하셨습니다.

이에 예수께서 무리와 제자들에게 말씀하여 가라사대 서기관들과 바리새인들이 모세의 자리에 앉았으니 그러므로 무엇이든지 저희의 말하는 바는 행하고 지키되 저희의 하는 행위는 본받지 말라 저희는 말만 하고 행치 아니하며 또 무거운 짐을 묶어 사람의 어깨에 지우되 자기는 이것을 한 손가락으로도 움직이려 하지 아니하며 저희 모든 행위를 사람에게 보이고자 하여 하나니 곧 그 차는 경문을 넓게 하며 옷술을 크게 하고 잔치의 상석과 회당의 상좌와 시장에서 문안 받는 것과 사람에게 랍비라 칭함을 받는 것을 좋아하느니라 (마23:1-7)

주님은 바리새인과 서기관들의 성향에 대해서 말씀하셨습니다. 그들은 높은 자리에 앉는 것을 좋아하며 사람들에게 존경받는 것을 즐기며 사람들에게 자신들을 영적으로 보이게 하고 싶어 합니다. 그러나 주님은 그렇게 자기를 높이는 성향에 대해서 경고하셨습니다.

그러나 너희는 랍비라 칭함을 받지 말라 너희 선생은 하나이요 너희는 다 형제니라 땅에 있는 자를 아비라 하지 말라 너희 아버지는 하나이시니 곧 하늘에 계신 자시니라 또한 지도자라 칭함을 받지 말라 너희 지도자는 하나이니 곧 그리스도니라 (마23:8-10)

오늘날 누구나 다른 이들에게 칭찬과 존경을 받는 것을 좋아합니다. 그것을 즐겁게 여기며 성공이라고 생각합니다. 하지만 주님은 그렇게 존경받고 인정받는 것을 금하셨습니다. 왜냐하면 오직 높임을 받을 분은 주님뿐이시기 때문입니다. 주님은 거듭 말씀하셨습니다.

너희 중에 큰 자는 너희를 섬기는 자가 되어야 하리라 누구든지 자기를 높이는 자는 낮아지고 누구든지 자기를 낮추는 자는 높아지리라 (마23:11-12)

제자들의 논쟁

주님은 가버나움에 이르러 어느 집에 도착하자 제자들에게 "너희가 노중에서 서로 토론한 것이 무엇이냐" 하고 물으셨습니다. 그러나 제자들은 대답하지 못하고 잠잠하였는데 이는 그들이 노중에서 누가 크냐하고 서로 논쟁을 하였기 때문입니다. 그러자 주님은 이들에게 말씀하셨습니다.

아무든지 첫째가 되고자 하면 뭇사람의 끝이 되며 뭇사람을 섬기는 자가 되어야 하리라 (막9:35)

그리고 어린아이 하나를 데려다가 그들 가운데 세우시고 안으시며 말씀하셨습니다.

누구든지 내 이름으로 이런 어린아이 하나를 영접하면 곧 나를 영접함이요 누구든지 나를 영접하면 나를 영접함이 아니요 나를 보내신 이를 영접함이니라 (막9:37)

높아지기를 원하며 높은 사람이 되고자 하는 사람은 권세를 얻고 높은 위치에서 거드름을 피우며 남에게 명령하는 것을 좋아할 것입니다. 그들은 남들이 자기에게 쩔쩔매는 것을 즐거워할 것입니다.
이러한 이들은 낮은 위치에 있는 사람이나 어린아이와 같은 약한 존재를 가벼이 여기며 함부로 대할 것입니다. 그러나 주님은 이렇게 약하고 낮은 이들을 오히려 소중하게 여겨야 하며 그것이 곧 주님을 대우하며 사랑하는 것이라고 가르치셨습니다.
제자들은 그 말씀을 이해하지 못했지만 주님은 거듭하여 반복적으로 이 말씀을 가르치셨습니다. 그것은 주님이 전하시는 중심적인 메시지의 한 부분이었습니다.

잔치의 비유를 통하여 영적 원리를 가르치심

주님은 잔치의 비유를 통하여 중요한 영적 원리를 가르치셨습니다. 그것은 단순히 겸손한 자세나 예의에 대한 메시지 이상의 것을 포함하는 가르침이었습니다.

청함을 받은 사람들의 상좌 택함을 보시고 저희에게 비유로 말씀하여 가라사대 (눅14:7)

주님은 어떤 집에 초청을 받은 사람들이 상좌, 높은 자리를 선택하는 것을 보셨습니다. 대부분의 사람들은 높임 받기를 원하며 남들이 자신을 알아주는 것을 좋아합니다. 초청받은 곳에서 가장 좋은 곳에 앉을 때 그들은 기뻐합니다. 그렇지 않고 구석진 곳에 자리 배정을 받는다면 그들은 몹시 기분이 상해할 것입니다. 주님은 사람들의 이러한 성향이 잘못된 것이라고 지적하셨습니다.

당시에 주님의 제자들도 그러했지만 오늘날의 그리스도인이라고 자처하는 이들 중에서도 높아지기를 원하며 높은 자리에 앉는 것을 기뻐하는 이들이 많이 있습니다. 이들은 아직 천국과 지옥의 중심 원리에 대해서 충분히 알지 못하고 있는 것입니다. 그러한 삶의 자세가 얼마나 위험한 것이며 자신의 상태가 얼마나 위험한 위치에 있는지 그들은 잘 이해하지 못하고 있는 것입니다. 이러한 자들에게 주님은 말씀하셨습니다.

네가 누구에게나 혼인 잔치에 청함을 받았을 때에 상좌에 앉지 말라 그렇지 않으면 너보다 더 높은 사람이 청함을 받은 경우에 너와 저를 청한 자가 와서 너더러 이 사람에게 자리를 내어 주라 하리니 그 때에 네가 부끄러워 말석으로 가게 되리라
청함을 받았을 때에 차라리 가서 말석에 앉으라 그러면 너를 청한 자가 와서 너더러 벗이여 올라 앉으라 하리니 그 때에야 함께 앉은 모든 사람 앞에 영광이 있으리라 무릇 자기를 높이는 자는 낮아지고 자기를 낮추는 자는 높아지리라 (눅14:8-11)

주님은 비유를 통해서 말씀하셨습니다. 혼인 잔치에 청함을 받게 되면 높은 자리에 앉지 말라고, 그러면 오히려 가장 끝자리에 가게 될 것이라고.. 그러므로 먼저 말석, 가장 끝자리에 가서 앉으라고 하셨습니다. 그 때에 청한 자가 와서 높은 자리에 올려주면 그때에 올라가라고.. 그리고 이 말씀을 덧붙이셨습니다. 자기를 높이는 자는 낮아질 것이며 자기를 낮추는 자는 높아질 것이라고.

주님의 이 비유는 단순한 윤리적 교훈을 넘어서는 중요한 가르침입니다. 주님은 이 메시지에서 참된 주권자에 대해서 말씀하시고 있습니다. 사람을 높이는 것, 그리고 낮추는 것은 주인에게 달려 있는 것입니다. 사람을 초대한 주인에게 달려있는 것입니다.

혼인 잔치의 주인

그 주인은 누구입니까? 혼인 잔치를 베풀고 사람들을 초대한 그 주인은 누구입니까? 오직 그 주인에 의해서 높은 자리와 낮은 자리가 결정될 것이라고 하셨습니다. 스스로 주인인 것처럼 자리를 멋대로 배정하려고 하면 그는 가장 낮은 곳으로 가게 될 것이라고 하셨습니다.

주님은 천국에 대해서 말씀하실 때 흔히 혼인 잔치에 비유를 하셨습니다.

천국은 마치 자기 아들을 위하여 혼인 잔치를 베푼 어떤 임금과 같으니 (마22:2)

혼인 잔치는 천국의 아름다움과 풍성함을 묘사해주는 아름다운 비유입니다.
그 종들을 보내어 그 청한 사람들을 혼인 잔치에 오라 하였더니 오기를 싫어하거늘 (마22:3)

그러므로 혼인 잔치에 초대를 받는 것은 곧 천국에 초대를 받는 것과 같은 것입니다. 유명한 열 처녀의 비유도 천국을 상징하는 혼인 잔치에 관한 메시지입니다.

그 때에 천국은 마치 등을 들고 신랑을 맞으러 나간 열 처녀와 같다 하리니 그 중에 다섯은 미련하고 다섯은 슬기 있는지라 (마25:1-2)

혼인 잔치에 초청을 받은 자들 중에 일부는 슬기로웠지만 일부는 미련하였습니다. 그리하여 그들은 기름을 준비하지 않고 있다가 혼인 잔치에 들어가지 못하게 되었습니다.

저희가 사러 간 동안에 신랑이 오므로 예비하였던 자들은 함께 혼인 잔치에 들어가고 문은 닫힌지라 (마25:10)

이와 같이 혼인 잔치는 천국과 주님의 오심과 관련되어 많이 등장하는 비유요 가르침입니다. 그렇다면 이 혼인 잔치를 베풀고 잔치에 초대하는 그 주인은 누구입니까? 그분은 바로 하나님이십니다. 그분만이 잔치에서 자리를 배정하고 사람을 높이거나 낮출 수 있습니다. 주님은 영원한 심판대에서 하나님의 판단 기준을 말씀하시고 있는 것입니다.

무릇 자기를 높이는 자는 낮아지고 자기를 낮추는 자는 높아지리라 (눅 14:11)

혼인 잔치에서 망신을 당하는 이들

자기를 낮추어 부족하고 악하고 작은 자라고 여기는 이들은 혼인 잔치에서, 영원한 심판대에서 하나님의 긍휼을 입게 될 것입니다. 자기를 높여서 자신을 대단한 존재라고 여기는 이들은 혼인 잔치에서 꾸짖음과 낮춤을 겪게 될 것입니다.

혼인 잔치에서 망신을 당하는 이들은 누구입니까? 그들은 높은 마음을 가진 사람들입니다. 그들은 당연히 상좌에 앉게 될 것이라고 여기는 사람들입니다. 하지만 그들은 혼인 잔치의 주인공들이 될 수 없을 것입니다. 높은 마음을 가지고 거들먹거리는 이들이 있으면 잔치는 엉망이 될 것이기 때문입니다.

하늘의 심판대에서 꾸짖음을 받게 된 이들은 높은 마음을 가진 이들이었습니다. 마태복음 25장에 등장하는 양과 염소의 심판에서 염소로 판정된 이들은 자신이 당연히 지옥에 속하고 염소에 속한 자라고 여기던 이들이 아닙니다. 그들은 자신이 주님께 속하고 당연히 천국의 주인공들이 되리라고 여기고 믿던 사람들이었습니다. 그들은 주인의 선포에 대하여 깜짝 놀라서 외쳤습니다.

"주여, 도대체 언제입니까? 우리가 언제 주님의 주리신 것이나 목마르신 것이나 병드신 것을 보고 공양하지 않았다는 말입니까? 주님이 그러셨다면 우리는 당장 가서 주님을 공양하였을 것입니다." 하고 그들은 강변하였습니다. 그러나 주님은 말씀하셨습니다.

이 지극히 작은 자 하나에게 하지 아니한 것이 곧 내게 하지 아니한 것이니라 (마25:45)

그들은 높은 위치에 있는 사람을 우대했습니다. 권세 있는 자들에게는 잘 대해주었습니다. 그러므로 그들은 낮은 자, 작은 자, 부족한 자들을 잘 대해주는 것이 주님을 모시는 것이라는 말씀을 이해할 수 없었습니다. 그들의 마음은 항상 높은 곳에 있었기 때문입니다. 그들은 강하고 높은 사람들에게는 아주 친절한 사람들이었습니다. 그러나 그들은 가난하고 약하고 부족한 사람들에게는 아주 잔인하고 매정한 사람들이었습니다. 그들은 그러한 자신들의 태도가 천국을 거스르는 것이며 주님을 거스르는 것이라는 사실을 전혀 알지 못했습니다.

그들은 높은 마음을 가지고 있었습니다. 잔치 자리에서 자신은 당연히 상석에 앉을 것이라고 생각했습니다. 천국의 잔치에서 자신은 당연히 많은 인정을 받고 상급을 받으며 충성된 종이라고 칭찬을 받을 것이라고 생각했습니다. 그러나 그들의 확신은 깨어지고 말았습니다.
마태복음 7장의 심판에 대한 메시지도 이와 비슷한 내용을 함축하고 있습니다.

아름다운 열매를 맺지 아니하는 나무마다 찍혀 불에 던지우느니라 이러므로 그의 열매로 그들을 알리라 나더러 주여 주여 하는 자마다 천국에 다 들어갈 것이 아니요 다만 하늘에 계신 내 아버지의 뜻대로 행하는 자라야 들어가리라
그날에 많은 사람이 나더러 이르되 주여 주여 우리가 주의 이름으로 선지자 노릇하며 주의 이름으로 귀신을 쫓아내며 주의 이름으로 많은 권능을 행치 아니하였나이까 하리니
그때에 내가 저희에게 밝히 말하되 내가 너희를 도무지 알지 못하니 불법을 행하는 자들아 내게서 떠나가라 하리라 (마7:19-23)

확신은 있으나 열매가 없는 사람들

여기서 주님의 꾸짖음을 받던 이들은 확신이 가득한 사람들이었습니다. 그들은 수시로 주의 이름을 부르던 자들이었습니다.
그들은 자신의 믿음이 훌륭하다고 생각했습니다. 자신이 혼인 잔치에

서 당연히 상석에 앉을 것이라고, 주인의 특별한 은총을 받을 것이라고 믿었습니다. 그들은 주인의 판정에 대해서 깜짝 놀랐습니다. 놀라서 그들은 말했습니다.

"주님.. 우리는 주님의 이름으로 선지자 노릇을 했습니다. 가르치고 회개를 시켰습니다. 그리고 능력을 행했고 귀신을 쫓아냈습니다. 이것이 다 주의 이름으로 한 것입니다!"

하지만 그들은 아름다운 열매를 맺는 사람들이 아니었습니다. 그들에게서는 주님에 속한 사람의 낮음과 아름다움과 천국의 실상이 흘러오지 않았습니다. 주님에 속한, 주님과 관계된 아무런 냄새도 열매도 없으면서 그들은 확신을 가지고 있었습니다. 주님은 그들에게 말씀하셨습니다.
"내가 너희를 도무지 알지 못하니.."

주님께 속한 사람은 주님의 마음을 가지고 있습니다. 주님의 성품을 가지고 있습니다. 주님의 열매를 가지고 있습니다. 비록 미약하더라도 그러한 향기가 납니다. 하지만 이들은 그러한 사람들이 아니었습니다. 그들은 높은 마음의 사람들이었습니다. 그들은 자신을 대단한 존재로 보았습니다. 능력 있는 존재로 보았습니다. 그러나 주님의 열매, 주님의 향기, 주님의 실상을 가지고 있지 않다면 외적 행위로 인한 그러한 확신은 안전한 것이 아닙니다. 그들은 혼인 잔치의 높은 자리를 탐내었지만 쫓겨남을 받는 부류의 사람들이었습니다. 높은 마음 때문에, 그들은 혼인 잔치에서 떨어진 것입니다.

낮은 마음은 혼인 잔치의 중심

낮은 마음은 천국에 이를 수 있는, 혼인 잔치에 참여할 수 있는 중요하고 놀라운 요건입니다. 이것은 천국에 참여하는 원리입니다. 이것은 천국을 향하는 자들의 자세를 보여주고 있는 것입니다.
누가 나는 천국에 들어갈 자격이 있다고 할 수 있습니까? 누가 나는 가장 높은 자리에서 많은 상급을 받게 될 것이라고 할 수 있겠습니까? 누가 나는 믿음이 좋으니 하나님이 칭찬하시고 알아줄 것이라고 말할 수 있겠습니까? 그렇게 확신하고 있는 이들의 영원한 운명은 위험할 수도 있습니다. 적어도 이 말씀에 의할 것 같으면 말입니다.

자신이 주님에게 속한 자로서의 인격과 삶, 열매가 없으면서 함부로 확신을 가지는 것은 위험한 일입니다. 모태 신앙이라고 해서, 봉사를 많이 한다고 해서 확신을 가지는 것은 위험한 일입니다. 중요한 것은 낮은 마음을 가지는 것이며 주님의 인격과 열매를 나타내는 것입니다.
주님은 말씀하십니다.

청함을 받았을 때에 차라리 가서 말석에 앉으라 그러면 너를 청한 자가 와서 너더러 벗이여 올라앉으라 하리니 (눅14:10)

다른 곳에서는 조금 더 분명하고 구체적으로 종의 자세를 말씀하셨습니다.

명한 대로 하였다고 종에게 사례하겠느냐 이와 같이 너희도 명령 받은 것을 다 행한 후에 이르기를 우리는 무익한 종이라 우리가 하여야 할 일을 한 것뿐이라 할찌니라 (눅17:9-10)

최선을 다하여 순종하고 주인의 일을 한 후에 종이 해야 할 말은 "저는 무익한 종입니다. 저는 마땅히 해야 할 일을 한 것뿐입니다."라고 말하는 것입니다. 그것이 잔치에서 말석에 앉는 행위인 것입니다.

2부 높아짐의 시작과 타락

그렇게 할 때 그를 청한 주인은 말씀하시는 것입니다.
"벗이여 올라앉으라"
왜냐하면 잔치를 배설한 주인, 천국을 만드신 주님은 낮은 자를 사랑하시는 분이기 때문입니다. 낮은 마음을 가지고 있는 자를 찾으시는 분이기 때문입니다. 주님은 그러한 자들을 위하여, 자신을 하찮게 여기는 자들을 위하여 잔치를 배설하셨던 것입니다.

탕자와 잔치

아버지의 품을 떠나 방황하던 탕자가 있었습니다. 그는 방황을 거듭하다가 자기가 찾았던 행복이 바깥세상에는 없다는 것을 깨달았습니다. 그리하여 그는 아버지가 기다리시는 집으로 돌아가기로 결정했습니다. 그는 집으로 가서 아버지에게 말했습니다.
"아버지. 저는 하늘과 아버지께 죄를 지었습니다. 저는 아들이라고 불릴 자격도 없는 놈입니다. 저를 품꾼의 하나로 여겨주십시오."
그러나 아버지는 그를 안고 말했습니다.
"자, 이제 잔치를 시작하자."

탕자가 잘 한 것은 하나도 없었습니다. 그가 한 것은 멋대로 살고 허랑방탕하고 재산을 탕진한 것 밖에 없었습니다. 그러나 그는 한 가지, 아주 중요한 것을 배웠습니다. 자신은 아무 가치가 없고 아무 자격도 없는 존재라는 것을 말입니다. 그래서 그는" 저는 나쁩니다. 저는 못됐습니다. 저는 아무 것도 아닙니다."하고 고백하였습니다. 그런데 예상도 하지 못하던 잔치가 시작되었습니다. 못난 사람이 자신의 못남을 깨달았는데 잔치가 시작된 것입니다. 자기 예상과 전혀 다르게 그는 잔치의 주인공이 되었습니다. 반면에 집안에 있던 모범생은 잔치를 경험할 수 없었습니다. 그는 화를 내면서 말했습니다.

내가 여러 해 아버지를 섬겨 명을 어김이 없거늘 내게는 염소 새끼라도 주어 나와 내 벗으로 즐기게 하신 일이 없더니 (눅15:29)

외적인 모범생의 분노

그는 모범생이었습니다. 그는 자신이 아버지의 명을 어기지 않는다고 생각했습니다. 하지만 그가 순종한 것은 외형적인 행위뿐이었습니다. 그는 열심히 일을 하고 외적으로는 순종하는 듯이 보였지만 아버지의 마음에 대해서는 전혀 알지도 못했고 관심도 없었습니다.

그는 아버지가 동생을 잃고 애타고 있는 마음을 전혀 이해하지 못했으며 돌아온 동생으로 인하여 기뻐하는 아버지의 마음도 전혀 이해하지 못했습니다. 그는 단지 자신을 알아주지 않는 아버지에 대해서 화가 난 것뿐입니다.

그는 자신이 잔치 자리의 주인공이 되기에 합당하다고 생각했습니다. 자신이 잔치의 상좌에 앉는 것이 당연하다고 생각했습니다. 그러나 그러한 자신을 아버지가 몰라주고 전혀 자격도 없고 한심스러운 동생을 위하여 잔치를 베푼다고 생각하니 화가 났던 것입니다.

그는 외적으로는 모범생이고 신앙심이 깊은 듯이 보였지만 전형적인 높은 마음의 사람이었습니다. 그는 자신을 대단한 존재로 여기는 사람이었습니다. 그러한 사람은 하늘나라의 잔치에서 상좌를 얻을 수 없는 것입니다.

이 비유는 주님께서 세리와 죄인을 가까이 하는 것을 바리새인과 서기관들이 원망하는 것을 보고 말씀하신 내용이었습니다. 이 비유에서 동생은 세리와 죄인을 의미하며 형은 바리새인과 서기관들을 가리키는 것입니다. 주님은 죄를 많이 지었지만 자신이 죄인임을 알고 낮은 자세를 가지는 사람이, 외적으로 경건하고 신앙적이며 자신이 의롭다고 생각하는 사람보다 천국의 잔치에서 대접을 받을 것이라는 진리를 그들에게 가르치시고 있는 것입니다.

자신을 낮추는 자는 잔치의 주인공으로 대접을 받게 될 것입니다. 그러나 자신을 높이는 자는, 높은 위치를 탐하는 자는 낮아지게 되고 아래로 떨어지게 될 것입니다.
마귀가 행한 일이 바로 그런 것이었습니다. 그는 위대함과 지혜와 능력과 아름다움을 충만하게 받았습니다. 그는 마음이 높아졌습니다. 그래서 더 높은 자리, 가장 높은 자리를 얻고자 했습니다. 그리고 그 결과 음부의 가장 밑바닥에 떨어지게 되었습니다.

그러나 이제 네가 음부 곧 구덩이의 맨 밑에 빠치우리로다 (사14:15)

자기를 높이는 자는 낮아집니다. 가장 높은 곳은 어디입니까? 하늘입니다. 하나님이 계신 곳입니다. 가장 낮은 곳은 어디입니까? 그곳은 음부입니다. 지옥입니다.
원리는 간단합니다. 자신을 낮추는 자는 하늘과 천국에 합당한 자입니다. 자신을 높이는 자, 자신을 대단하게 여기는 자는 지옥에 속한 자이며 지옥의 영으로 사는 자들입니다. 그렇게 마귀는 하늘에서 쫓겨났고 땅으로 떨어졌고 음부로 떨어졌습니다.
하늘에서는 낮은 자들이 완전한 행복을 누리며 살고 있습니다. 천사장 미가엘과 다른 사자들은 여전히 하나님께 충성하고 그 영광을 경배하며 낮은 마음으로 살고 있습니다. 그러나 높은 마음을 가지고 있는 마귀와 그의 사자들은 여전히 이를 갈면서 증오와 원망과 두려움 속에서 삽니다.

분노하여 세상을 꾀는 마귀

자, 그렇게 높은 마음으로 인하여 하늘에서 떨어진 마귀들은 이제 어떻게 하고 있을까요? 무엇을 하고 있을까요?
그들은 하늘에서 자기의 위치를 잃고 쫓겨나게 되자 크게 분노하였습니다. 죄를 짓고 잘못을 한 후에 그것을 반성하는 사람도 있습니다. 다윗처럼 말입니다.

그러나 자신이 잘못해서 벌을 받는 것이 당연함에도 불구하고 억울해하고 이를 갈며 분노하는 이들이 있습니다. 마귀가 바로 그러한 자입니다. 그는 자기가 받은 벌에 대해서만 분노하고 이를 갈면서 복수할 것을, 화풀이를 할 대상을 찾고 있는 것입니다.
그는 하늘에서 쫓겨나서 땅으로 떨어졌습니다. 그는 땅에서 먹이거리를 찾기를 원했습니다. 하늘에서는 떨어졌지만 이 땅에서는 여전히 높은 자리를 얻고 싶었습니다. 그는 이 땅을 자기 소유로 하고 싶었습니다.

천사가 타락하여 마귀가 되었을 때 그의 모든 지혜와 아름다움은 사라져버렸을까요? 하나님은 그에게 주셨던 모든 것들을 다 빼앗으셨을까요? 부분적으로 그렇게 되었을 것입니다.
그러나 하나님께서는 섭리 가운데 마귀에게 주어진 능력을 내버려두셨습니다. 그래서 그는 전보다는 못하겠지만 여전히 많은 지혜와 능력을 가지고 있습니다. 그 능력과 지혜를 가지고 그는 땅에 내려갔습니다. 온 세상을 꾀기 위해서, 그래서 자기의 소유로 만들기 위해서 그는 쫓겨난 땅에서 희생자를 찾았습니다. 그는 아담의 아내인 하와에게 접근했습니다. 첫 사람 아담과 그의 아내인 하와를 유혹할 때 세상의 모든 것을 그의 발아래 둘 수 있다는 것을 그는 알았습니다.

그는 우주 안에서 첫 번째 죄인 교만의 죄를 지어서 첫 번째 범죄자가 되었고 이제 두 번째 범죄자를 만들기 위해 그의 지혜와 아름다움을 사용하려고 하였습니다. 그는 그렇게 시도해서 유혹에 성공했고 마침내 이 세상의 신이라고 불리게 되었습니다. (고후4:4) 그리고 그의 유혹과 작전은 지금도 여전히 계속되고 있습니다. 그 때나 지금이나 언제까지나 똑같은 전략으로 말입니다.

마귀는 지옥에 속한 자이고 지옥은 높아지기를 원하는 이들이 가는 곳입니다. 그러므로 마귀는 사람을 높아지게 만들어서 그 영혼을 사로잡아 지옥으로 끌고 가려는 작전과 유혹을 계속 반복합니다. 주님은 말씀을 통하여 수없이 가르치시고 말씀하시고 경고하셨지만 이 간단한 유혹을 통해서 오늘도 수많은 영혼들은 넘어지고 타락하고 있습니다. 그것을 볼 수 있다면, 깨달을 수 있다면 우리의 영혼은 좀 더 안전하게 지켜질 수 있을 것입니다.

3. 두 번째의 죄

마귀는 높은 마음을 품고 하나님과 같이 되려고 하다가 하늘에서 쫓겨났습니다. 그는 음부에 떨어지게 되었습니다. 그는 지옥에 속한 자가 되었습니다.

그는 하늘에서 떨어진 후 하나님이 지으신 세상으로 와서 그 세상을 혼란시키고 자기의 것으로 만들기로 작정하였습니다. 마귀는 심판의 판결을 이미 받은 상태이지만 아직 최후의 심판은 이루어지지 않았기 때문에 아직 어느 정도 자유롭게 활동할 수 있었습니다. 그래서 그는 하나님이 지으신 인간을 미혹하여 죄를 짓도록 유도했습니다.

그것은 하나님이 금하신 선악과를 따먹도록 유도하는 것이었습니다. 그것은 두 번째 범죄이면서 인류로서는 처음으로 짓는 죄였습니다. 첫 번째의 죄나 두 번째의 죄나 그 성격은 같은 것입니다. 그것은 자기 스스로를 높이고 하나님을 거역하는 것이었습니다.

하나님과 같이 되라고 유혹함

마귀가 여자에게 다가가서 그녀를 유혹한 방식은 '저 과실을 먹으면 하나님과 같이 될 수 있다'는 설득이었습니다. 그 생각은 어디에서 시작된 것일까요? 그것은 바로 마귀 자신에게서 시작된 것이었습니다. 그는 내가 하늘에 올라 하나님의 뭇 별 위에 나의 보좌를 높이리라, 가장 높은 구름에 올라 지극히 높은 자와 비기리라 (사14:13-14) 하는 꿈을 품었습니다. 바로 자신이 품었던 생각과 꿈을 그는 여인에게 그대로 전달하였습니다.

어떤 강렬한 꿈과 야망을 가진 이는 그 꿈과 야망을 다른 이들에게 효과적으로 전달할 수 있습니다. 그것이 좋은 꿈이든 나쁜 꿈이든 간에 말입니다. 그러한 이들의 이야기를 듣다보면 청중들도 같이 그 꿈에 물들게 됩니다.

그렇게 스스로 높아지는 것이 마귀의 꿈이었습니다. 그는 우주에서 가장 높은 존재가 되고 싶었습니다. 그는 최고의 위치에 서기를 원했습니다. 그의 이야기를 듣고 있다가 여인은 역시 같은 꿈을 꾸게 되었습니다. 스스로 높아지고 하나님과 같이 지혜롭게 되는 것은 멋진 일인 것 같다는 마음이 생기게 되었습니다.

어떤 존재에게 영향을 받고 상대방이 가지고 있는 비전과 꿈을 같이 가지게 된다는 것은 아주 두려운 일이기도 합니다. 중요한 것은 꿈을 가지는 것이 아니라 그 꿈의 내용이 어떤 것이냐 하는 것입니다. 그 꿈이 자기를 높이고 즐겁게 하는 것이냐, 아니면 하나님을 높이고 하나님을 기쁘시게 하는 것이냐 그것을 분별해야 합니다. 왜냐하면 아무리 멋있어 보이는 꿈이라도 그것이 하나님을 드러내지 않고 자신을 드러내기 위한 것이라면 그러한 꿈은 오히려 재앙이 될 수 있기 때문입니다.

여인은 결국 유혹에 넘어가서 선악과를 따먹었습니다. 그것은 단순한 하나의 행위가 아니었습니다. 중요한 것은 그가 하나님의 명령을 거역하였으며 자신도 하나님과 같이 되고 싶다는 높은 마음을 받아들였다는 사실입니다.
그녀는 질서와 순종의 세계에서 무질서와 불순종의 세계에 들어가게 되었습니다. 무질서란 모두가 스스로 머리가 되는 것을 말합니다. 그것은 모든 파괴의 시작입니다.

선악과는 스스로 머리가 되는 것

선악과의 문제는 곧 누가 머리이냐 하는 문제입니다. 우리의 주인은 누구인가, 우리의 머리는 나인가? 하나님인가? 하는 것입니다. 인생은 내 것인가, 하나님의 것인가를 결정하는 것입니다. 아담과 하와는 마귀의 꼬임을 받아서 선악과를 먹었습니다. 그것은 자기 스스로 머리가 되기로 작정하였다는 것입니다. 그들은 하나님의 명령과 통제에서 벗어나 스스로 주인이 되고 자유인이 되기로 결정하였습니다.

비록 속아서 그렇게 결정한 것이지만 그러나 그렇게 동의하고 결정한 것은 분명한 것입니다. 피조물인 인간이 하나님을 거절하고 스스로 머리가 되었습니다. 더 이상 하나님이 필요 없고 이제 자기 스스로 생각하고 스스로 결정하는 머리가 되겠다고 선언하였습니다. 그리고 그것이 죽음과 멸망의 시작이었습니다.

건강한 사람은 머리가 온 몸을 통제합니다. 머리가 명령할 때 손과 발이 움직입니다. 머리가 어디로 가라고 하면 몸이 순종해서 걸어갑니다. 그러나 머리에 이상이 생겨서 몸을 통제할 수 없다면 몸 전체는 혼란에 빠지게 됩니다. 손과 발이 제 멋대로 움직입니다. 온 몸이 따로 따로 움직입니다. 그것은 몸 전체의 혼돈입니다.
인간은 선악과를 먹고 자신이 머리가 되었습니다. 더 이상 하나님의 명령을 따르지 않고 자기 하고 싶은 대로 하게 되었습니다. 무엇을 먹고 어떻게 살고 누구와 결혼하고, 그 모든 것들을 각자가 자기 마음에 내키는 대로 하게 되었습니다.

모든 지체들이 서로 투쟁하기 시작했습니다. 손도, 발도, 입도, 눈도.. 다 같이 머리를 부정하였기 때문에 지체됨을 상실하고 서로에 대한 투쟁이 시작되었습니다. 그렇게 모든 존재에 대한 만인의 투쟁이 시작되었고 전쟁과 혼란이 시작되었습니다. 인간이 참된 머리이신 하나님을 거절하자 모든 재앙이 시작되었습니다. 성경의 진리는 분명합니다.

그러나 나는 너희가 알기를 원하노니 각 남자의 머리는 그리스도요 여자의 머리는 남자요 그리스도의 머리는 하나님이시라 (고전11:3)

인간의 머리는 하나님이십니다. 인간의 근원은 하나님입니다. 인간은 하나님을 머리의 위치에 두어야 바르게 살 수 있습니다. 스스로 머리가 되어 멋대로 사는 것이 죄의 근원입니다.
인간은 누구나 "오, 하나님. 당신은 나의 머리가 되십니다. 당신은 나의 주인입니다. 저의 길을 인도해주십시오. 제가 어떻게 살아야하겠습니까?" 하고 고백해야 합니다.

기도하면서 우리는 사무엘이 하나님께 말했던 것처럼 그렇게 말해야 합니다." 오, 주님.. 말씀하옵소서. 주의 종이 듣겠습니다."
이것이 인간이 가져야할 당연한 자세입니다. 하지만 인간은 당연히 가져야 할 삶의 자세를 버리고 스스로 왕이 되었습니다. 그것이 선악과를 먹은 사건의 의미입니다.

사람들은 흔히 범죄.. 하면 살인이나 도둑질이나 간음과 같은 죄들을 생각합니다. 그러나 그러한 죄들보다 가장 근본적인 죄는 사람이 높아지는 것이며 스스로 머리가 되는 것입니다. 거기에서 모든 죄가 따라오기 때문입니다.
이스라엘이 사사나 강력한 지도자를 따라 머리되신 하나님을 잘 섬기고 있을 때 그들은 자유와 풍성함을 누렸습니다. 그러나 머리이신 하나님을 떠나 그들이 제멋대로 살 때 그들은 항상 굴욕과 수치와 고통 속에 있게 되었습니다. 머리가 없는 것, 각자가 머리가 되는 것, 제 멋대로 사는 것.. 바로 그것이 사람이 짓는 가장 근원적인 죄가 되는 것입니다.

멋대로 사는 것이 악의 시작이다

사사기 19장에 보면 이스라엘에 어처구니없는 사건이 일어납니다. 이 사건의 내용을 보면 온갖 종류의 악이 다 나옵니다. 간음, 폭력, 강간 살인, 시체 절단.. 마치 범죄 종합 세트와 같습니다. 이 사건이 하도 기가 막혀서 이스라엘 전체가 모여 이 일을 행한 지파를 징벌하기로 하고 치열한 동족상잔의 전쟁이 일어나게 됩니다. 그런데 이 어처구니없는 사건이 기술되는 서두에 의미심장한 언급이 나타납니다.

이스라엘에 왕이 없을 그때에.. (삿19:1)

이 말씀은 당시 사람들의 영적 상태를 한 마디로 보여주는 것입니다. 사사기 시대의 영적 암흑 상황은 왕이 없어서 모든 사람들이 제멋대로 행하는 것에 있음을 보여주는 것입니다. 사사기는 마지막 구절도 이렇게 마무리하고 있습니다.

그 때에 이스라엘에 왕이 없으므로 사람이 각각 그 소견에 옳은 대로 행하였더라 (삿21:25)

이것은 악의 근원이 무엇인지, 어디에서 시작되는지를 잘 보여주는 것입니다. 참된 머리를 모시고 있지 않은 이들, 스스로 머리가 되어 각각 그 소견에 옳은 대로 행하는 이들은 어두움과 혼란에 빠질 수밖에 없는 것입니다. 로마서는 하나님 없이 제멋대로 사는 이들의 삶의 모습을 보여주고 있습니다.

하나님을 알되 하나님으로 영화롭게도 아니하며 감사치도 아니하고 오히려 그 생각이 허망하여지며 미련한 마음이 어두워졌나니 스스로 지혜 있다 하나 우준하게 되어 썩어지지 아니하는 하나님의 영광을 썩어질 사람과 금수와 버러지 형상의 우상으로 바꾸었느니라 그러므로 하나님께서 저희를 마음의 정욕대로 더러움에 내어버려두사 저희 몸을 서로 욕되게 하셨으니
(롬1:21-24)

이들은 하나님을 알지만 그를 높이지도 않고 머리로 인정하지도 않았습니다. 대신에 우상을 만들어서 이를 숭배하고 경배하였습니다. 그러므로 하나님께서는 이들을 그 더러운 상태로 내어버려두셨습니다. 마음의 정욕이 일어나서 엉망이 되는 것을 그냥 내버려두셨습니다. 가장 무서운 범죄는 하나님 없이 제멋대로 사는 것이며 가장 무서운 형벌은 하나님께서 사람을 간섭하지 않고 그냥 내버려두시는 것입니다. 그렇게 내버려두실 때 사람은 영적 무정부 상태에서 온갖 죄를 계속하여 짓게 되며 재앙과 저주가 시작되는 것입니다.

또한 저희가 마음에 하나님 두기를 싫어하매 하나님께서 저희를 그 상실한 마음대로 내어버려두사 합당치 못한 일을 하게 하셨으니
곧 모든 불의, 추악, 탐욕, 악의가 가득한 자요 시기, 살인, 분쟁, 사기, 악독이 가득한 자요 수군수군하는 자요 비방하는 자요 하나님의 미워하시는 자요 능욕하는 자요 교만한 자요 자랑하는 자요 악을 도모하는 자요 부모를 거역하는 자요 우매한 자요 배약하는 자요 무정한 자요 무자비한 자라
(롬1:28-31)

이와 같이 온갖 종류의 악이 나열되어 있습니다. 이것들은 오늘날에도 여전히 행해지는 악들입니다. 그리고 그 모든 악의 근원은 하나님을 머리로 삼지 않고 제멋대로 사는 것에서 시작되는 것이며 하나님의 인도

와 보호를 받지 못하고 버려진 상태로 있는 것입니다.
이 모든 문제가 어디에서 시작되었을까요? 인간이 높아져서 하나님을 거절하고 선악과를 먹었고 스스로 왕이 되고 머리가 되어 멋대로 살기 시작한 데서 온 것입니다.

높은 마음을 품어 연결이 끊어짐

선악과는 하나님으로부터 독립된 삶입니다. 생명나무는 하나님과 연결된 삶입니다. 선악과는 스스로 머리가 된 삶이며 생명나무의 삶은 하나님을 주로, 머리로 모시고 항상 그 안에서 사는 삶입니다. 선악과의 삶은 하나님과의 연결이 끊어진 삶을 의미합니다. 거기에서 모든 재앙이 시작되었습니다.

왜 하나님과의 연결이 끊어졌을까요? 그것은 높은 마음을 품었기 때문입니다. 주인이고 머리이신 하나님을 버리고 스스로 주인이 되고 스스로 머리가 되었기 때문에 하나님으로부터 떨어졌습니다. 마귀는 하나님을 대적하여 높은 곳으로 오르려다가 밑으로 떨어졌습니다. 밑으로 떨어졌다는 것은 하늘에서 쫓겨났다는 것이며 곧 하나님과의 교제와 연결이 끊어졌다는 것을 의미합니다. 밑으로 떨어졌다는 말이나 연결이 끊어졌다는 말은 같은 내용을 다르게 표현한 것입니다.
인류의 조상이 선악과를 먹고 그 악이 유전되었으므로 이제 아담에게서 태어난 모든 사람들은 본능적으로 자기가 머리의 역할을 합니다. 하나님과 단절되어 자기가 주인이며 머리인 상태에서 태어납니다. 그리하여 모든 것을 제 마음대로, 제 뜻대로 하려고 합니다. 이것이 바로 선악과의 후유증이며 유전입니다.

이러므로 한 사람으로 말미암아 죄가 세상에 들어오고 죄로 말미암아 사망

이 왔나니 이와 같이 모든 사람이 죄를 지었으므로 사망이 모든 사람에게 이르렀느니라 (롬5:12)

아담이 지은 죄, 그리고 모든 사람이 지은 그 죄는 바로 하나님을 거절하고 스스로 왕이 된 죄입니다. 스스로 인생의 주인이 된 죄입니다. 피조물이 피조물의 위치를 버리고 하나님이 되고자하는 죄입니다. 그것은 낮은 위치에 있어야 할 자들이 높은 마음을 가지는 데에서부터 시작되었습니다.

이제 갓 태어난 아가들은 아주 사랑스럽습니다. 이들은 얼굴도 조그마하고 손도, 발도, 손가락도.. 모든 것이 조그맣고 귀엽고 사랑스럽습니다. 웃는 것이나 우는 것이나 하품을 하는 것이나 다 신기하고 귀엽고 아름답습니다.
그러나 이 사랑스러운 아가들도 자라가면서 점점 자기의 성질이 나타나는 것을 볼 수 있을 것입니다. 돌만 되어도 자기 성질이 나타나기 시작합니다. 무엇이든지 제 뜻대로 되지 않으면 화를 냅니다. 자기 고집이 있고 성질이 있습니다. 자기가 주인입니다. 자기가 머리입니다. 인간은 어쩔 수 없이 선악과를 먹은 상태에서 태어나는 것입니다.

누구나 그렇게 태어납니다. 태어날 때부터 자기 성질이 있고 자기 취향이 있습니다. 그리고 그것을 버리려고 하지 않습니다. 자기 맘대로 하고 싶은 성향을 가지고 태어납니다. 자기를 건드리면 화를 냅니다. 비위를 맞추어주면 좋아합니다. 그렇게 누구나 스스로 인생의 주인으로 태어납니다. 인생의 많은 실패, 환란, 연단을 거치기 전까지 인간은 굴복을 모르고 제멋대로 합니다. 그것이 선악과의 후유증입니다.
마귀는 여인을 속였습니다. 그는 하나님과 같이 될 수 있다고 하면서 그녀에게 장밋빛 희망을 나누어 주었습니다. 그녀는 그의 말을 믿었습니다. 마귀의 말을 따랐습니다. 그녀는 선악과를 먹었습니다. 그녀는 지혜와 아름다움과 풍성한 행복이 올 것으로 믿고 선악과를 먹었습니다. 그것은 단순한 하나의 행위가 아니라 온 인류에게 영향을 미치는 중대한 계약인 것을 그녀는 몰랐습니다. 하지만 그녀는 자기도 모르는 사이에 그 계약서에 도장을 찍고 말았습니다. 하지만 그것은 사기 계약이었습니다. 마귀는 계약의 결과에 따른 제반 위험성을 말하지 않았습니다. 오직 좋은 일만 있을 것이라고 속였습니다.

급속도로 퍼지는 재앙들

그녀가 선악과를 먹고 남편에게도 주어서 먹게 한 이후, 얼마 가지 않아서 재앙들이 일어나기 시작했습니다.
그들 사이에 두려움이 임했습니다. 그들은 하나님의 음성이 두려워지기 시작했습니다. 하나님과의 친밀한 교제는 끝이 났습니다. 두려워진 그들은 수치심에서 몸을 가리기 시작했습니다. 그래도 두려움은 사라지지 않았습니다.

부부의 친밀했던 관계는 서로에 대한 정죄와 책임 전가로 싸늘해지기 시작했습니다. 얼마 후에 하와는 아기를 낳았고 아담은 그녀의 고통을 보면서 공포에 떨었습니다.
다시 아기가 나왔고 둘 사이에 긴장이 있었습니다. 그리고 살인이 일어났습니다. 악은 급속도로 퍼졌습니다. 아담도, 하와도 삶이 무섭고 불안하고 힘들고 고통스러웠습니다. 그 모든 것이 선악과를 먹고 하나님을 버리고 스스로 머리가 된 것에서 시작된 일이었습니다.
온 우주에서 첫 번째 일어난 범죄는 사단의 반역이며 그것은 높아짐을 원하는 것에서 시작되었습니다.
인류 첫 번째, 우주에서 두 번째 일어난 범죄인 선악과 사건도 근본 동기는 같은 것이었습니다. 그것은 높아지고 싶은 속성에서 일어났습니다. 하나님과 같이 되려는 마음에서 일어났습니다. 거기에서 모든 재앙과 파괴가 시작되었던 것입니다.

이 사실을 분명히 기억하십시오. 높아짐으로 인하여 인류는 멸망하기 시작했습니다. 높아짐으로 인하여 사람들은 하나님에게서 멀어지고 그 풍성한 은총을 잃어버리게 되었습니다.

높아짐은 모든 악의 시작입니다. 모든 죄의 시작입니다. 그것은 가장 무서운 악입니다. 스스로를 높이며 자기 마음대로 사는 것은 가장 무서운 악입니다.

오직 하나님만이 높임을 받으셔야 합니다. 우리는 모두 낮은 곳에서 그분만을 높이며 경배하고 순종해야 합니다. 그래야 우리는 죄에서, 악에서, 마귀에게서, 지옥에게서 벗어날 수 있습니다. 이 진리가 선명해질 때 우리는 진정한 해방과 자유를 누릴 수 있게 될 것입니다.

4. 높은 마음에서 나오는 여러 가지 악들

높아짐, 교만은 모든 악의 시작이며 뿌리입니다. 세상에는 거짓, 음란, 더러움, 미움, 분노, 사악함 등 수많은 종류의 악들이 있지만 교만과 관련되지 않은 악은 없습니다. 낮아짐, 겸손함이 모든 아름다움과 선의 시작이며 뿌리인 것과 같이 교만은 모든 죄의 근원이며 지옥의 모든 악들을 끌어당기게 됩니다.

그러므로 교만한 사람이냐, 겸손한 사람이냐 하는 것은 그가 지옥의 사람이냐, 천국의 사람이냐를 보여주는 기준이 되는 것입니다. 주님과 가까이 실제적으로 교제하는 사람은 근본적으로 교만해지는 것이 불가능합니다. 그리고 교만한 사람은 결코 주를 가까이 알고 교제할 수가 없습니다. 빛과 어두움이 섞일 수 없는 것처럼 주의 영과 교만한 영은 전혀 다른 근원, 전혀 다른 뿌리를 가지고 있기 때문입니다.

높은 마음에서 다른 악들이 파생된다

높은 마음은 모든 악에 생기를 공급합니다. 모든 악들은 기본적으로 높은 마음, 교만이라는 토양에 의해서만 그 생명을 유지할 수 있습니다. 낮은 마음이 일어나면 악들은 순식간에 생명을 잃고 무너지게 됩니다. 아침 햇살에 안개가 사라지듯이 악들은 낮은 마음이 일어날 때 사라집니다. 높은 마음이 있어야 모든 악들은 힘을 얻게 됩니다.

모든 악에는 높은 마음이 스며들어 있습니다. 높은 마음은 모든 악의 근원으로서 그것은 생명을 가지고 있어서 수많은 다른 악들을 연쇄반응으로 일어나게 하기 때문입니다. 그러므로 어떤 사람이 높은 마음을 가지게 되면 그는 그 상태에서 머물러 있지 않습니다. 그에게서는 시간이 갈수록 온갖 종류의 악들이 지속적으로 나타나게 됩니다. 높은 마음은 각종 악들을 연속적으로 일으키기 때문입니다.

강퍅함과 완악함

높은 마음은 마음을 돌같이 굳어지게 합니다. 마음이 굳어져서 완악하고 강퍅해지게 됩니다. 마음이 굳어지는 것은 많은 악들을 대표하는 것입니다.

또 새 영을 너희 속에 두고 새 마음을 너희에게 주되 너희 육신에서 굳은 마음을 제거하고 부드러운 마음을 줄 것이며 (겔36:26)

이 말씀은 신약에 임하실 성령에 대한 약속의 말씀입니다. 성령께서 우리에게 임하셔서 새 마음을 주시기 전에는 우리의 마음이 죄로 타락하여 굳은 마음의 상태라고 하십니다. 성령께서 우리 안에 임하실 때 우리의 마음이 부드럽게 될 것이라고 합니다. 이것은 죄의 근본적인 상태가 마음이 굳고 완악한 모습인 것을 보여주는 것입니다.

주의 영이 임했을 때 주어지는 부드러운 마음은 많은 아름다운 마음을 일으킵니다. 친절함, 따뜻함, 불쌍히 여김 등의 많은 아름다움들이 부드러운 마음과 관련이 있습니다. 반대로 굳은 마음, 강퍅한 마음은 많은 악한 모습과 연관됩니다.

진리를 거절함

높은 마음은 완악하고 굳은 마음을 일으키는데 그것은 믿음을 빼앗아 가며 깨닫지 못하게 합니다. 그러므로 높은 마음을 가진 이들은 복음을 거절합니다. 복음을 듣는다고 다 믿는 것이 아닙니다. 설명을 듣는다고 해서 다 깨닫는 것이 아닙니다. 씨를 뿌린다고 해서 다 열매가 되는 것은 아닙니다. 많은 씨앗들이 심겨지지 못하고 버려집니다.

아무나 천국 말씀을 듣고 깨닫지 못할 때는 악한 자가 와서 그 마음에 뿌리운 것을 빼앗나니 이는 곧 길가에 뿌리운 자요 (마13:19)

왜 이들은 복음을 들어도 깨닫지 못하는 것일까요? 왜 그들은 씨앗을 마음에 심지 않고 거절하는 것일까요? 그것은 길가가 씨앗을 받아들이기에는 너무 표면이 단단한 것처럼 그들의 마음이 굳고 완악해서 그 마음속에 다른 사람들의 말이나 사상을 받아들이지 않기 때문입니다.
교만한 사람은 완악하며 남의 말을 잘 듣지 않습니다. 그들의 귀는 듣는 데에 둔합니다. 겉으로 듣는 척 해도 속으로는 듣지 않습니다. 이들은 강퍅함으로 복음을 거절합니다. 주님은 이들에 대해서 말씀하셨습니다.

이사야의 예언이 저희에게 이루었으니 일렀으되 너희가 듣기는 들어도 깨닫지 못할 것이요 보기는 보아도 알지 못하리라 이 백성들의 마음이 완악하여져서 그 귀는 듣기에 둔하고 눈은 감았으니 이는 눈으로 보고 귀로 듣고 마음으로 깨달아 돌이켜 내게 고침을 받을까 두려워함이라 하였느니라 (마13:14-15)

완악한 이들은 복음을 듣지 못하며 깨닫지 못합니다. 복음은 귀로 듣는 것이 아니라 마음으로 듣는 것인데 그들의 마음이 바르지 않기 때문입니다. 이러한 이들은 권능과 기적을 많이 보고 경험해도 여전히 믿지 않습니다. 권능과 기적을 경험했다고 누구나 다 믿음을 가지게 되는 것은 아닙니다. 어떤 이들은 믿지만 어떤 이들은 믿지 않습니다. 믿음을 갖느냐, 갖지 않느냐 하는 것은 무엇을 보고 무엇을 겪었느냐에 달려있지 않고 그 사람의 마음 상태에 달려 있는 것입니다.

예수께서 권능을 가장 많이 베푸신 고을들이 회개치 아니하므로 그 때에 책망하시되 화가 있을찐저 고라신아 화가 있을찐저 벳새다야 너희에게서 행한 모든 권능을 두로와 시돈에서 행하였더면 저희가 벌써 베옷을 입고 재에 앉아 회개하였으리라 내가 너희에게 이르노니 심판 날에 두로와 시돈이 너희보다 견디기 쉬우리라 (마11:20-22)

왜 그들은 복음을 거절하였을까요? 왜 주님을 통하여 나타나는 능력과 역사들을 보고도 회개하지 않았을까요? 주님의 다음 말씀은 그 이유를 보여줍니다.

가버나움아 네가 하늘에까지 높아지겠느냐 음부에까지 낮아지리라 네게서 행한 모든 권능을 소돔에서 행하였더면 그 성이 오늘날까지 있었으리라 내가 너희에게 이르노니 심판 날에 소돔 땅이 너보다 견디기 쉬우리라 하시니라 (마11:23-24)

완악한 마음은 복음을 받을 수 없다

그들이 주님을 받아들이지 않은 한 가지 이유는 그들이 완악했기 때문이며 높은 마음을 가지고 있었기 때문입니다. 그들은 하늘에까지 높아지려는 마귀의 마음을 가지고 있었습니다. 그러나 그 결과 마귀가 그렇게 된 것처럼 음부에까지 낮아질 것이라고 주님은 말씀하십니다. 마귀든지 사람이든지 무릇 높아지려고 하는 자들은 음부에까지 낮아지고 떨어지게 되는 것입니다. 높은 마음은 그대로 지옥문과 같은 것입니다. 주님은 이어서 말씀하셨습니다.

그 때에 예수께서 대답하여 가라사대 천지의 주재이신 아버지여 이것을 지혜롭고 슬기 있는 자들에게는 숨기시고 어린 아이들에게는 나타내심을 감사하나이다 옳소이다 이렇게 된 것이 아버지의 뜻이니이다 (마11:25-26)

주님은 완악한 고을, 완악한 사람들로 인하여 분노하셨으나 또한 반대로 어린 아이 같은 작은 자들이 복음을 받아들이는 것을 보고 기뻐하셨습니다. 똑똑하고 영리하고 지혜로운 이들은 다 높은 마음을 가지고 완악한 심령으로 주님을 거절했지만 어리석고 부족하고 모자란 이들은 주님을 영접하고 따르고 있었습니다. 주님은 이들을 보시고 기뻐하셨습니다. 이처럼 복음은 오직 마음이 낮은 자들만이 받아들일 수 있는 것입니다.

주님이 부활하신 후에 일부의 제자들은 그 소식을 듣고도 믿지 않았습니다. 그러자 주님은 나타나셔서 그들을 꾸짖으셨습니다.

그 후에 열한 제자가 음식 먹을 때에 예수께서 저희에게 나타나사 저희의 믿음 없는 것과 마음이 완악한 것을 꾸짖으시니 이는 자기의 살아난 것을 본 자들의 말을 믿지 아니함일러라 (막16:14)

이 제자들은 주님과 복음 자체를 거부할 정도로 완악한 마음을 가지고 있었던 것은 아닙니다. 그러나 그들도 어느 정도의 완악함을 가지고 있었습니다.

여기서 분명한 것은 완악한 마음은 믿음을 갖는 데에 치명적인 방해가 된다는 사실입니다. 주님은 그것을 경고하셨습니다. 어떤 이들은 쉽게 말씀이 믿어집니다. 어떤 이들은 자꾸 의심이 생기고 증거를 요구하고 또 요구하며 그래도 의심합니다.

그 차이는 무엇일까요? 그것은 마음의 완악함의 정도에 달려 있는 것입니다.

어린 아이 같은 이들은 쉽게 주님과 주님의 말씀을 받아들입니다. 그러나 마음이 굳고 완악한 이들은 말씀을 받기도 믿기도 어렵습니다.

완악한 이들은 변명할 수 없다

구원을 받지 못하는 이들은 복음을 깨닫지 못한 사람들입니다. 이들은 복음에 대해서 들어본 적이 없거나 아니면 복음을 들었지만 복음을 거절한 사람들입니다.

첫 번째의 경우, 복음을 들어본 적이 없어서 구원을 받지 못하는 사람은 억울하다고 할 수 있을 것입니다. 그러므로 그리스도인들은 주님의 인도 가운데서 열심히 복음을 증거 해야 합니다. 그러나 두 번째의 경우는 복음을 들었으나 스스로 거절한 것이기 때문에 억울하지 않습니다. 복음을 받아들이지 않은 것은 본인의 책임이기 때문입니다. 복음을 들었으나 거절한 것은 그들의 마음이 완악하기 때문입니다. 그러므로 그들은 핑계를 댈 수 없습니다.

그들의 경우에 복음을 전달하는 사람의 책임이 전혀 없다고 할 수는 없습니다. 그러나 그보다 더 중요한 것은 복음을 받는 이들의 마음 상태입니다. 오늘날의 그리스도인들이 잘못된 행동을 하기 때문에 복음을 거절한다고 하는 이들도 있습니다. 그러나 그것은 거절의 타당한 이유가 될 수는 없습니다. 환경이나 조건이 사람을 만들고 사람의 반응을 만드는 것은 아닙니다. 오직 그 사람의 마음 상태가 그 사람의 반응과 행동을 만듭니다. 하나님께 속한 사람, 낮은 마음의 사람들은 비록 허술하게 복음을 전달받는다 하더라도 그 마음에 믿음의 역사가 일어나게 됩니다.

어떤 사람이 잘못을 했을 때 그것을 보고 모든 사람이 다 같이 분노하는 것은 아닙니다. 그리고 분노가 정당화되는 것도 아닙니다. 예를 들어서 사회 지도층 인사가 어떤 잘못을 했다고 해서 모든 사람들이 다 지독한 증오심에 사로잡히는 것은 아닙니다. 세상이 썩었다고 화가 잔뜩 나서 차를 마구 몰아 무작위로 여러 사람들을 다치게 하고 경찰에 구속된 사람이 뉴스에 난 적도 있습니다. 하지만 그러한 행동이 합리화될 수는 없습니다. 그리고 모든 사람이 다 그런 식으로 반응을 하는 것은 아닙니다.

어떤 나쁜 일이 있어도 그에 대한 반응에는 개인 차이가 있습니다. 조금 분노하는 이도 있고 많이 분노하는 이도 있으며 또한 불쌍히 여기는 이들도 있습니다. 그것은 개인의 마음과 성향에 따라 다른 것입니다. 완악한 사람의 반응과 부드러운 사람의 반응은 다릅니다. 높은 마음을 가진 사람과 낮은 마음을 가진 사람의 반응은 다릅니다.

부모가 나쁘다고 해서 다 불효자가 되는 것은 아닙니다. 효도를 하는 사람은 부모가 나빠도 효도하고 불효를 하는 사람은 부모가 선해도 불효를 합니다. 그것은 환경이 만드는 것이 아니라 각자의 마음 상태에 달려있는 것입니다.

모든 문제는 오직 자기 마음 안에 있습니다. 세상에 많은 암세포가 있어도 자기 안에 암세포가 없으면 암에 걸리지 않습니다. 오직 자기 안에 암세포가 있는 사람만 암에 걸립니다. 모든 문제는 자기 안에 있습니다.

복음을 거절하고 깨닫지 못하는 것은 마음이 완악하기 때문입니다. 마음이 높기 때문입니다. 그러므로 그들은 심판을 두려워하지 않으며 경고를 무시합니다. 그것은 그들의 마음이 강퍅하기 때문입니다. 이들은 자기 한계에 부딪치고 깊은 절망의 나락에 떨어지기 전까지 말씀을 받아들이지 않습니다.
완악함이 많은 이들은 거룩한 이름을 훼방하며 저주하기까지 합니다. 그들이 무지로 인하여 그렇게 행동하는 것이 아닙니다. 완악하고 마음이 지극히 높기 때문에 그러한 행동을 하는 것입니다.

복음을 거절하는 것, 지옥에 가는 것.. 그것은 무지로 인한 것이 아니라 강퍅함 때문입니다. 결국 높은 마음으로 인하여 사람들은 지옥에 가게 되는 것입니다. 마귀가 높은 마음으로 인하여 음부에 떨어졌듯이 높은 마음을 가지고 있는 이들의 최후는 그렇게 비극으로 끝나게 됩니다. 다만 아직 이 세상에 살고 있을 동안에는 완악한 마음이 낮아질 가능성은 누구에게나 있습니다.

쉽게 혈기가 일어남

높은 마음은 마음을 굳어지게 합니다. 강퍅하게 만들어 복음을 깨닫지 못하게 합니다. 그리하여 하나님과 더욱 더 멀어지게 합니다. 또한 그 외에도 수많은 악들이 일어나게 합니다.

높은 마음은 혈기를 일으킵니다. 사소한 일에도 분노와 짜증이 일어나게 합니다. 그것은 마음이 굳고 강퍅하기 때문입니다. 부드러운 마음은 미소를 짓기 쉽지만 굳고 경직된 마음은 혈기를 일으키기 쉽습니다.
마음이 낮은 사람은 쉽게 화를 내지 않지만 마음이 높은 사람은 아무 것도 아닌 일에도 화를 냅니다. 마음이 높기 때문에 자기의 계획대로 일이 풀리지 않거나 자존심이 손상되거나 하면 쉽게 화를 내고 폭발합니다. 높은 마음이 있는 곳에는 반드시 혈기가 나타나게 됩니다.

높은 지위를 갈망함

높은 마음은 남들보다 높아지기를 갈망함으로 높은 지위를 탐하는 마음을 일으킵니다. 높은 자리에서 남들에게 명령하고 지배하는 것을 즐기는 것입니다. 이것은 주님께서 가르치신 것처럼 지옥의 중심적인 경향이기도 합니다. 천국은 서로 섬기기를 원하지만 지옥은 남을 지배하고 다스리는 것을 원하는 것입니다.

그러므로 이 세상에는 서로 권세를 얻으려고 애쓰는 다툼이 끊이지 않습니다. 복음의 진리가 선명하게 드러나고 적용되지 않으면 믿는 이들의 세계에서도 높은 자리에 대한 다툼이 일어나게 됩니다. 그것은 높은 마음에서 일어나는 것으로 지옥을 확산시키는 것입니다. 교회나 믿는 이들의 모임에서 서로 높은 자리를 얻기 위하여 다툼이 일어난다면 거기에는 주님의 영광과 임재가 나타날 수 없습니다.

시기, 질투, 비난, 싸움

높은 마음은 높아짐에 대한 갈망을 일으키며 같은 갈망을 가진 이들과의 경쟁과 다툼을 일으킵니다. 그러므로 서로에 대한 시기와 질투와 비난이 끊이지 않습니다.
높은 마음이 있는 곳에는 자연히 싸움이 일어나고 미움이 일어나며 비난과 판단과 정죄와 모든 악들이 일어나게 됩니다. 하나의 악은 다른 악을 일으키며 그것은 끝없는 연쇄반응을 일으킵니다. 마치 핵폭탄이 끝없는 연쇄 폭발을 통해서 엄청난 재앙을 일으키듯이 높은 마음은 각종 악과 재앙을 일으킵니다.
높은 마음은 하나님을 거절하게 하고 자기를 높이게 하며 다른 이들을 미워하는 마음을 일으킵니다. 원망 불평을 일으킵니다.

높은 마음에는 악한 생명이 있다

높은 마음은 모든 악의 기본입니다. 기본 토대입니다. 높은 마음에는 모든 악들이 점점 더 드러나고 따라오게 됩니다. 누구든지 일단 높은 마음을 가지게 되면 시간이 흐를수록 그는 점점 더 많은 죄를 짓게 됩니다. 높은 마음은 악한 생명을 가지고 있어서 계속적으로 다른 악을 생산하기 때문입니다.

높은 마음은 완악함을 일으킵니다. 분노를 일으킵니다. 불순종을 일으킵니다. 자존심을 일으킵니다. 반성하지 않고 변명하는 마음을 일으킵니다. 원망하는 마음을 일으킵니다. 판단하고 정죄하는 마음을 일으킵니다. 시기하고 질투하는 마음을 일으킵니다. 쉽게 억울함을 품고 잊지 않으며 오래 동안 용서하지 않고 증오하는 마음을 일으킵니다. 거스르고 대적하는 마음을 일으킵니다.

높은 마음은 주의 임재를 멀어지게 하고 영을 병들게 하고 육을 강하게 하므로 온갖 육신적인 죄가 따라옵니다. 간음과 정욕과 온갖 방탕함의 죄들이 따라옵니다.

높은 마음은 지옥의 모든 에너지를 끌어당기는 것입니다. 그것은 지옥의 영들과 기본적으로 파장이 맞습니다. 그러므로 이들은 지옥에서 벗어나기 어렵습니다. 높은 마음을 가지고 있는 이들은 그들이 비록 신자를 자처하고 입으로 성경의 진리를 말한다고 해도 그 마음과 심령은 지옥의 세계에서 벗어나기 어렵습니다. 천국의 영, 천국의 기쁨을 경험하고 누리려면 오직 높은 마음, 높은 생각을 버리고 어린아이처럼 낮아져야 합니다.

높은 마음은 지옥의 모든 재앙을 가져옵니다. 그것은 체질이 아니고 성격이 아닙니다. 그것은 악이며 잘못된 것입니다. 빨리 깨닫고 거기에서 벗어나는 길만이 영혼이 살 수 있는 길이며 모든 재앙에서 벗어나는 길입니다.

당신의 안에 그러한 높은 마음의 요소가 조금이라도 있다면 부디 주의하십시오. 그리고 벗어나기를 힘쓰십시오. 그래야 당신은 살아날 수 있습니다.

부디 높은 마음을 버리고 낮은 마음을 품고 주님 앞에 엎드리십시오. 그렇게 할 때 당신은 많은 죄들과 온갖 악의 증상에서 벗어나게 될 것입니다. 높은 마음이 사라지면 모든 지옥도 재앙도 같이 사라지게 됩니다. 마귀는 높은 마음이 없을 때 아무 것도 할 수 없기 때문입니다.

5. 세상의 중심 사상

모든 사상은 두 가지의 근원을 가지고 있습니다. 모든 영들은 두 가지의 성향을 가지고 있습니다. 하나는 천국에서 온 것입니다. 하나는 지옥에서 온 것입니다. 하나는 하나님으로부터 온 것입니다. 하나는 마귀로부터 온 것입니다. 하나는 낮아짐의 영이며 낮아지게 하는 사상입니다. 하나는 높아짐의 영이며 높아지게 하고 높아짐을 추구하는 사상입니다. 한 영들은 천국의 빛과 은총이 임하게 하며 한 영들은 지옥의 어두움과 재앙이 오게 합니다.

이 두 영들 가운데는 전쟁이 있습니다. 천국에 속한 자들과 지옥에 속한 자들의 전쟁이 있습니다. 천국에 속한 영들과 지옥에 속한 영들의 전쟁이 있습니다. 천국의 지배를 받는 이들과 지옥의 지배를 받는 이들과의 전쟁이 있습니다.

세상의 배후에 마귀가 있음

그러나 근본적으로 이 세상은 마귀에게 속한 것이며 마귀의 사상이 훨씬 더 보편적이라는 것을 알아야 합니다. 우리가 구원을 받는다는 것은 마귀로부터, 이 세상으로부터, 이 세상의 영들과 사상으로부터 벗어나고 자유롭게 되는 것을 말합니다.

세상은 변화될 수 없습니다. 세상의 배후에는 세상의 주인인 마귀가 있습니다. 우리가 구원의 대상으로, 복음 전파의 대상으로 삼는 것은 세상에 사는 죄인들이지 세상 자체가 아닙니다.

성경은 말합니다.

이 세상이나 세상에 있는 것들을 사랑치 말라 누구든지 세상을 사랑하면 아버지의 사랑이 그 속에 있지 아니하니 이는 세상에 있는 모든 것이 육신의 정욕과 안목의 정욕과 이생의 자랑이니 다 아버지께로 좇아 온 것이 아니요 세상으로 좇아 온 것이라 (요일2:15-16)

자녀들아 너희는 하나님께 속하였고 또 저희를 이기었나니 이는 너희 안에 계신 이가 세상에 있는 이보다 크심이라 저희는 세상에 속한 고로 세상에 속한 말을 하매 세상이 저희 말을 듣느니라 (요일4:4-5)

'너희 안에 계신 이'는 믿는 자의 심령 안에 거하시는 그리스도를 말하는 것입니다. '세상에 있는 이'는 사단, 마귀를 말합니다. 근본적으로 세상의 배후에서 세상을 조종하고 있는 존재는 마귀입니다. 그는 첫 사람 아담에게서 세상을 넘겨받아 세상의 배후에서 정치, 경제, 문화, 교육, 사상 등 모든 분야에서 영향력을 행사하고 있습니다.

마귀가 또 예수를 이끌고 올라가서 순식간에 천하 만국을 보이며 가로되 이 모든 권세와 그 영광을 내가 네게 주리라 이것은 내게 넘겨 준 것이므로 나의 원하는 자에게 주노라 (눅4:5-6)

마귀는 주님을 유혹하면서 이 세상이 자기의 것이라고, 넘겨받은 것이라고 당당하게 말하였습니다. 주님은 마귀의 제안을 거절하셨으나 그 말 자체를 거짓말이라고 부정하시지는 않으셨습니다.
그것은 아담이 마귀의 제안을 받아들임으로써 그에게 모든 권리를 빼앗겼기 때문입니다.
그러므로 마귀는 지금 세상을 지배하고 조종하고 있습니다. 그의 사상을 계속하여 세상에 주입하고 있으며 여전히 세상에 영향력을 행사합니다.

주님께서 십자가를 지시고 아담의 죄 문제를 해결하셨으므로 그를 믿고 주님께 속한 자들은 마귀의 권세로부터 벗어날 수 있습니다. 그러나 주님께 속하지 않은 세상 사람들은 여전히 마귀의 지배하에 있습니다. 그러므로 그리스도인의 중요한 임무는 세상의 배후에 있는 마귀들의 세력을 제어하고 부수며 그 안에서 고통을 겪고 있는 하나님의 백성들을 일으키고 깨워서 구원시키는 것입니다.

오늘날 이 세상은 지옥과 같습니다. 천국은 주님께 속하고 주를 따르는 이들 가운데 부분적으로 나타납니다. 그러나 대다수의 사람들, 복음과 구원을 알지 못하는 이들은 여전히 세상과 마귀의 수하에서 속고 있으며 종노릇을 하고 있는 것입니다.

어떤 이들은 주님이 이 세상에 오셨기 때문에 더 이상 마귀가 세상의 왕이 아니라고 생각합니다. '하늘에는 하나님께 영광이요, 땅에서는 평화' 라고 생각합니다. 하지만 그것은 정확한 이해가 아닙니다. '지극히 높은 곳, 하늘'에는 하나님께 영광이라는 것이 맞지만 '땅에서는 평화'가 아닙니다. '땅에서는 기뻐하심을 입은 자들 중에 평화' 입니다. (눅 2:14) 그러므로 하나님의 기뻐하심을 입고 주님께 속한 자들 외에는 여전히 이 땅에 평화는 없습니다. 대다수의 사람들에게 마귀는 여전히 주인인 것입니다.

지옥의 중심사상

마귀가 이 세상에 계속 주입하고 있는 사상은 무엇일까요? 그 답은 아주 간단합니다. 그는 높은 곳에 오르려다가 떨어진 자입니다. 그는 언제나 높아지기를 원하는 자입니다. 그것이 그의 본성입니다. 그러므로 그가 세상을 지옥으로 만드는 방법은 오직 한 가지입니다. 그것은 모든 이들을 높음을 추구하는 자로 만드는 것입니다.

어떤 이들은 지옥이 어떤 곳인지 궁금해 합니다. 지옥은 어떠한 상태인지 궁금해 합니다. 그것을 알기는 어렵지 않습니다. 지옥을 보려면 이 세상을 보면 됩니다. 이 세상의 모든 곳에서 지옥을 발견할 수 있습니다. 지옥이라고 하면 사람들은 예수님이 말씀하신 것처럼 항상 타오르는 불이 있으며 구더기도 죽지 않는 무서운 곳을 연상할 것입니다. 그것은 심판이 이루어진 상태의 지옥입니다. 그것은 지옥의 결과입니다. 그러나 지옥의 속성과 상태는 지금 우리가 사는 이 세상에서도 충분히 볼 수 있습니다.

지옥의 중심사상은 높아지는 것입니다. 지옥의 특성은 높아지려는 것입니다. 지옥은 높아짐을 사랑하고 추구하며 모두가 서로 높아지려고 싸우는 곳입니다. 지옥에 속한 사람들은 모두가 서로 높아지려고 싸웁니다. 지옥이 지배하는 세상은 오직 높아짐을 가르칩니다. 정치도 경제도 교육도, 그 모든 것에서도 높아짐을 가르칩니다. 어디에서나 서로 높아지기 위한 경쟁과 싸움이 있습니다. 정치에도 경제에도 문화에도 교육에도 높아지기 위한 전쟁이 있습니다. 그것이 지옥으로부터 오는 모든 것의 특징입니다.

격투기와 같은 지옥

지옥은 격투기와 같은 속성을 가지고 있습니다. 격투기에서 선수들은 서로 상대방을 제압하기 위하여 때리고 파괴하려고 애를 씁니다. 거기에서 승자는 영광을 얻고 패자는 비참해지는 것 같이 보입니다. 그러나 사실 거기에는 진정한 승자란 없습니다. 많이 때리는 자는 이기고 적게 때리는 자는 집니다. 그러나 많이 때려서 이기든 조금 때려서 지든 어차피 그들은 파괴와 죽임에 동참하는 자들입니다. 이기는 자도 행복하지 않고 지는 자도 행복하지 않습니다.

모든 이들이 챔피언을 이기려고 노력합니다. 1등외에는 다 불행합니다. 2등도 1등이 되기 전까지는 패배자이며 불행합니다. 그러나 1등인 챔피언도 역시 행복하지 않습니다. 그는 두려움에 사로잡힙니다. 그는 자기가 가지고 있는 1등의 자리를 빼앗기지 않을까 두려워합니다. 그도 언젠가는 패배할 것입니다. 그러나 패배하지 않더라도 오래 1등의 자리에 있다고 하더라도 하나님이 지으신 다른 존재를 공격하고 파괴하는 일을 하는 이들은 결코 행복하지 않습니다.

세상의 모든 이들은 격투기와 비슷한 싸움을 하고 있습니다. 그것이 지옥의 특징입니다. 모든 이들이 서로를 향해서 싸우고 경쟁합니다. 다른 이들을 쓰러뜨려야 자기가 살 수 있다고 생각합니다. 그것이 지옥의 구조이며 높아짐을 추구하는 이들의 구조입니다. 지옥은 근본적으로 높아짐을 서로 쟁취하는 구조입니다. 1등도, 2등도, 꼴찌도 아무도 행복하지 않습니다. 꼴찌는 패배감을, 2등은 아쉬움을, 1등은 두려움을 얻습니다. 그 세계에서 나오지 않는 한 지옥적인 세상의 구조에서는 아무도 행복할 수 없습니다.

경쟁이 없는 천국

천국은 그렇지 않습니다. 거기에는 경쟁이 없습니다. 거기에는 1등과 2등과 꼴찌가 없습니다. 하나님은 모든 이들을 필요에 따라 적당하게 지으셨기 때문입니다. 그러므로 천국에 속한 사람은 모두가 1등입니다. 손은 자기 사명을 감당하고 발은 자기의 사명을 감당합니다. 모두가 다 자기의 부르심과 사명에 따라 좋아하는 것을 하면서 다른 지체를 섬깁니다. 거기에는 충성의 차이는 있을 수 있지만 사람의 우열이란 있을 수 없습니다. 그러므로 거기에는 비교의식이나 경쟁이 없습니다. 오직 서로 돕고 기뻐하며 감사하는 것뿐입니다. 그러므로 천국의 체제는 모든 이들이 다 승리자입니다. 우수한 사람과 열등한 사람이란 없습니다. 그것은 지으신 하나님을 무시하는 것입니다. 그러므로 모든 이들은 각자가 가지고 있는 장점으로 다른 이를 섬기며 서로의 사명을 발견하고 발전할 수 있도록 돕습니다.

경쟁과 싸움을 일으키는 마귀

그러나 세상의 배후에서 역사하는 마귀는 그러한 체제를 용납하지 않습니다. 그래서는 영혼을 파괴할 수가 없기 때문입니다. 그러므로 그는 '최고가 되고 싶다'는 욕망을 불어넣습니다. '내가 최고가 되어야 한다'는 마음을 일으킵니다. 다른 이들보다 우월해야 한다는 사상을 불어넣습니다. 그래야만 그의 왕국이 유지될 수 있기 때문입니다. 모든 이들을 경쟁하도록 싸우도록 만들어야만 그는 세상의 왕 노릇을 계속 할 수 있습니다.

그래서 그는 서로 싸우도록 만듭니다. 손은 발이 더럽다고 비난하도록 시킵니다. 입은 손이 말을 하지 못한다고 어리석다고 비난하도록 부추깁니다. 외부 기관은 내부 기관을 소극적이고 비겁하다고 욕하고 내부 기관은 외부 기관을 천박하다고 비난하도록 시킵니다. 모든 지체들이 서로 자기의 강점을 가지고 다른 지체를 비난할 때 마귀의 왕국은 굳건해집니다.

이러한 전쟁과 경쟁이 가능하게 하는 원동력이 높아짐을 향한 갈망입니다. 그래서 마귀는 사람들에게 비전과 이상을 심어주는 것을 좋아합니다. 모두가 1등을 하고 세계적인 존재가 되고 만인이 우러르는 위치에 서는 것을 갈망하도록 도전합니다. 그렇게 모두가 높은 곳을 앙망할 때 마귀는 효과적으로 그들을 지배할 수 있기 때문입니다.

민주주의는 성경적인 것이 아니다

이 시대의 정치 제도인 민주주의가 성경적이고 옳은 것이라고 여기는 이들이 많이 있습니다. 하지만 그것은 성경적인 제도가 아닙니다. 그렇다고 다른 좋은 제도가 있는 것은 아닙니다. 어차피 세상의 정치에는 소망이 없습니다. 우리 주 예수 그리스도 외에는 세상에 아무런 소망이 없습니다.

민주주의의 중심은 사람입니다. 국민이, 사람이 주인 되는 것입니다. 다수가 머리가 되는 것입니다. 하지만 성경에는 다수가 옳다는 사상이 없습니다. 다수결로 한다면 여호수아와 갈렙은 돌에 맞아 죽었을 것입니다. 10:2라는 과반수가 넘는 압도적인 표차로 그들은 선거에서 졌을 것입니다. 다수는 진리를 향하지 않습니다. 성경에는 숫자가 중요하지 않고 하나님의 뜻이 중요합니다. 하나님의 뜻에만 진리가 있고 생명이 있습니다. 아무리 숫자가 많아도 그들이 하나님의 뜻에 합당하지 않다면 그들은 옳지 않은 것입니다. 아무리 소수라고 해도 그들이 하나님을 향하고 있고 하나님의 뜻 가운데 있다면 그들은 옳은 것입니다.

성경은 구원이 숫자에 있지 않고 하나님께 있는 것을 보여줍니다. 하나님은 그분께 속한 소수의 사람들을 통해서 구원을 이루셨습니다. 중요한 것은 숫자가 아니고 하나님의 마음에 합한 사람입니다. 성경의 사상은 다수를 좇는 세상의 사상과 민주주의와 다릅니다.

이 세상 문화의 영향을 받을수록, 교육을 많이 받을수록 사람의 마음은 높아집니다. 그것은 그 문화의 배후에, 그 사상의 배후에 어두움의 영들이 있기 때문입니다. 그 영들과 그 사상들은 오직 인간을 높이는 데에 목적을 두고 있습니다. 그래야만 인간의 영혼을 사로잡아 지옥으로 이끌 수 있기 때문입니다.

한 여행가의 경험

세상 문화의 영향을 적게 받은 자연적인 상태에 있는 사람들일수록 비교적 순수합니다. 그러한 이들은 비교적 죄와 욕망에 덜 물들어 있습니다. 어떤 여행가의 글을 읽은 적이 있습니다. 이 분은 유명하게 알려진 도시에 가서 유명한 관광지나 유적지에 가서 구경하고 사진을 찍는 그런 류의 여행을 좋아하지 않고 주로 오지를 돌아다녔다고 합니다. 이 분은 낯선 사람을 만나서 삶을 나누고 이야기를 하는 것을 여행의 목적으로 생각했습니다.

그래서 주로 기차를 타고 아무 데나 시골 역에서 내려서 발이 가는 대로 돌아다녔다고 합니다. 시골의 여러 집에 묵으면서 농사도 같이 지어주고 아직 전기가 들어오지 않던 때라 호롱 불 밑에서 밤새 살아가는 이야기를 나누었다고 합니다.
그렇게 교제를 나누는 자체로 그들은 행복해 했습니다. 숙박비 같은 이야기는 아예 없었습니다. 그들은 기쁨으로 정성껏 나그네를 대접하였습니다. 떠나면서 아이들 과자 값이라도 주고 오려하면 한사코 손사래를 치고 거절하곤 했습니다.

하지만 전기가 들어오고 TV가 보급되고 도시인들의 영악한 삶이 그들에게 전달되면서 시골도 똑같이 욕망으로 가득 찬 세상이 되었다고 합니다. 집에 들어서는 때부터 숙박비에 대한 흥정이 시작되고.. 무엇보다도 사람 사는 냄새를 맡기가 어렵게 되었다는 것입니다. 그 때부터 더 이상 한국에 다니지 않고 아직 전기가 들어오지 않는 외국의 오지만 돌아다니게 되었다고 합니다. 이분은 언어를 할 줄 아는 것이 거의 없어서 손짓 발짓과 간단한 그림으로 의사소통을 했는데 그래도 소통에는 지장이 없었다고 합니다.

아직 전기가 들어오지 않은 오지에는 사람들의 마음이 순수해서 아름다운 교제를 나눌 수 있었다고 합니다. 그는 언젠가 인디오의 마을에 가게 되었습니다. 일주일 동안 어느 집에서 머물며 같이 농사를 지어주다가 그곳을 떠나게 되었는데 헤어지면서 자기를 껴안고 흐느껴 울던 농부의 모습을 잊을 수 없었다고 합니다. 그렇게 사람을 만나고 마음을 나누는 것이 여행의 기쁨이라는 것입니다.

세상에 좀 더 접촉할수록, 문화에 좀 더 많이 접촉할수록 사람은 더 욕망에 사로잡히게 되고 타락하는 것은 분명한 일입니다. 물론 인간은 태어날 때부터 죄성을 가지고 태어나기 때문에 문화를 접하지 않는다고 해서 사람이 의롭게 될 수 있는 것은 아닙니다. 그러나 문화는 기본적으로 세상의 사상과 철학, 가치관을 배울 수 있는 통로입니다. 그러므로 접하면 접할수록 사람들은 이기심과 욕망과 높은 마음에 사로잡히게 됩니다.

TV를 보고 자라난 아이들과 TV를 거의 보기 어려웠던 예전의 아이들의 강퍅함은 수준이 다릅니다. 거리에서, 들에서 뛰어놀면서 자라난 아이들과 컴퓨터 게임에 중독되어 자라난 아이들의 강퍅함은 수준이 다릅니다. 이들은 점점 더 사나와지고 순진함을 잃어버리고 공격적이 되고 난폭해집니다.

보이는 것의 파괴력

이 시대 문화의 중요한 특성은 보여주는 것입니다. 이 시대는 영상문화의 시대입니다. 마귀는 항상 무엇인가를 보여주는 것을 좋아합니다. 그는 유혹을 할 때 무엇인가를 보여줌으로써 상대방의 정신을 사로잡는 방식을 자주 사용하였습니다.

삼손에게는 들릴라를, 다윗에게는 밧세바의 벗은 장면을, 하와에게는 선악과를, 주님을 유혹할 때는 천하의 영광을 보여주었습니다. 그처럼 마귀는 세상을 통하여 무엇인가를 보여주어 우리를 유혹하고 영혼을 사로잡으려고 합니다. 세상이 보여주는 것을 아무 생각 없이 멍청하게 보고 있는 이들은 최면술에 걸린 사람들처럼 영상이 보여주는 대로 따라하게 됩니다. 이들은 의식이 없는 로봇과 같습니다.

보이는 것은 사람의 뇌를 지배합니다. 그래서 다윗도 삼손도 하와도 멍청하게 지켜보고 있다가 죄를 범했습니다. 눈으로 들어온 것은 몸을 지배하고 욕정을 일으킵니다. 그러므로 마귀는 항상 보여주는 것으로 유혹합니다. 오직 예수님만이 천하만국의 영광을 보여주며 유혹하는 마귀의 제안을 거절하였습니다.

세상을 접할수록, 세상의 문화를 접할수록 사람들은 그 배후에 있는 마귀의 사상을 접하게 됩니다. 세상에 있는 모든 것들은 육신의 정욕과 안목의 정욕과 이생의 자랑입니다. 그것은 욕망을 일으키고 높은 마음을 일으킵니다. 이생의 자랑이란 명예를 의미하며 높임받기를 원하는 것을 말합니다.

안목의 정욕이란 보는 것을 즐기는 것입니다. 눈을 즐기고 보면 볼수록 사람은 멍청해집니다. 영상으로 보여지는 것들은 그의 깊은 곳에 침투하여 이성을 마비시키고 의식을 마비시키고 영혼을 마비시키고 사람을 욕망과 본능에 속한 동물로 만들어버립니다.

오늘날 이 시대의 청소년들을 무뇌아 세대라고 부르기도 합니다. 대다수의 청소년들이 사고하는 것을 싫어하고 복잡한 것을 싫어합니다. 그저 단순하고 본능적으로 움직이는 것을 좋아합니다. 그 배후에는 영상문화의 영향이 있습니다.

보는 것을 좋아하게 된 사람은 읽는 것을 좋아하지 않게 됩니다. 그래서 뇌를 점점 더 사용하지 않게 됩니다. 그러므로 점점 무뇌아같은 상태가 됩니다. 바보가 되는 것입니다. 움직이는 영상은 최면적인 효과를 가지고 있으며 그러므로 사람들을 효과적으로 바보로 만듭니다.

확산되는 악한 문화

세상 문화에 깊이 접할수록 사람은 욕망적인 사람이 되고 본능적인 사람이 됩니다. 동물에 가까워지게 되는 것입니다.
동물의 세계는 약육강식의 세계입니다. 강자가 약자를 잡아먹으며 강한 자가 모든 것을 누리는 세계입니다. 거기에는 자비란 없습니다. 양심과 영이 점점 더 마비되기 때문에 왕따라든지, 집단 폭력과 같은 악한 문화가 증가됩니다.
오래 전에도 죄는 항상 있었습니다. 창세기에도 많은 악들이 등장하며 로마서에 등장하는 각종 악들은 오늘날 이 시대보다 못하지 않습니다. 그러나 교통과 통신과 인터넷의 발달은 그러한 악들을 훨씬 더 광범위하게, 쉽게 확산시킵니다. 그러므로 오늘날에는 간단히 마우스를 클릭하는 것만으로도 온갖 종류의 악과 더러움에 접하며 온갖 귀신들의 영향을 받게 됩니다.

물질 숭배 사상

물질 숭배 사상은 오늘날 이 시대에 광범위하게 퍼져 있습니다. 재테크라는 말은 누구나 아는 용어입니다. 효과적으로 돈을 불리려는 것은 많은 이들의 관심사가 되었습니다.
효테크라는 말도 있는데, 이것은 효도를 함으로써 경제적인 이득을 얻는 것을 말합니다. 부모를 사랑하는 것도 경제를 위한 수단이 되는 것입니다. 이러한 개념이 증가될 때 돈이 없는 부모가 어떠한 대접을 받을 것인지는 너무나 뻔한 일입니다.

주식에 대한 열광도 흔히 볼 수 있습니다. 어떤 이는 주식을 포기하고 경마를 하기로 했다는 고백을 들은 적이 있습니다. 누군가가 그에게 물었습니다. 왜 주식을 안 하고 경마를 하느냐고.. 그가 대답했습니다. '일주일에 5일은 일을 할 수 있으니까요..' 시시각각으로 변화되는 주식의 등락에 신경을 쓰느라고 아무 일도 할 수가 없게 되자, 주말에만 마음을 쓰면 되는 경마를 하기로 결심했다는 것입니다. 돈에 대한 사랑과 이러한 광적인 애정은 오늘날 보편적인 것이 되었습니다.

몇 살까지 10억 만들기.. 이런 이야기는 오늘날 어디서나 쉽게 접할 수 있습니다. 많은 돈을 모으는 것을 삶의 목표로 삼는 이들이 많이 있습니다. 여성들은 돈이 많은 사람을 1등 신랑감으로 여깁니다. 돈이 별로 없는 남성들은 결혼도 하기 어렵다고 좌절합니다.
그러나 이 시대에 가득한 사상, 돈이 있으면 원하는 것을 가질 수 있고 행복해질 것이라는 것은 마귀가 하는 거짓말입니다. 주님은 말씀하셨습니다.

삼가 모든 탐심을 물리치라 사람의 생명이 그 소유의 넉넉한 데 있지 아니하니라 (눅12:15)

좀 더 엄하고 분명하게 말씀하시기도 하셨습니다.

화 있을찐저 너희 부요한 자여 너희는 너희의 위로를 이미 받았도다 (눅 6:24)

한 사람이 두 주인을 섬기지 못할 것이니 혹 이를 미워하며 저를 사랑하거나 혹 이를 중히 여기며 저를 경히 여김이라 너희가 하나님과 재물을 겸하여 섬기지 못하느니라 (마6:24)

예수께서 저를 보시고 가라사대 재물이 있는 자는 하나님의 나라에 들어가기가 어떻게 어려운지 약대가 바늘귀로 들어가는 것이 부자가 하나님의 나라에 들어가는 것보다 쉬우니라 하신대 (눅18:24-25)

높임을 받는 부자들

주님이 분명하게 말씀하시기를 부자는 천국에 들어가기가 너무나 어렵다고 하셨는데 왜 오늘날에는 믿는 자들까지도 부자가 되기를 소원하며 그것을 복이라고 여기는지 참으로 이상한 일입니다. 그것은 주님의 말씀보다도 세상의 철학이 가르치는 것에 더 세뇌가 되어 있기 때문입니다.

부자가 되는 것은 단순히 소유를 많아지게 하는 것만은 아닙니다. 사람들이 부자 되기를 소원하는 이유는 그것이 사람을 높여주기 때문입니다. 부자들은 상점에 가거나 어디를 가든지 높임을 받습니다. 비싼 상품을 구입하는 부자들에게 판매자들은 왕을 대하듯이 서비스를 제공합니다. 그것은 사람의 기분을 즐겁게 만듭니다.

부자들은 어디서나 사람들이 자신들을 높여주고 즐겁게 해주기 때문에 더욱 더 천국과 멀어지게 됩니다. 사람들은 뒤에서는 부자를 욕하지만 앞에서는 무엇인가 유익이 있을까 싶어서 잘 접대하는 경향이 있습니다. 오늘날 심지어 교회에서까지도 부자들을 우대해주는 경향이 있습니다. 그래서 부자들은 항상 높은 대우를 받으므로 낮은 마음을 갖는 것이 어렵습니다. 그들이 낮은 마음을 얻고 천국에 이르려면 그들은 다른 이들보다 더욱 더 많이 사모하고 노력을 해야 합니다.

부자가 되면 높임을 받고 영광을 얻으므로 사람들은 부자가 되는 것을 즐거워합니다. 그것은 이미 마귀가 가르치는 사상에 중독이 된 것입니다. 높아지고 싶은 욕망, 으뜸이 되고 싶은 욕망에 세뇌가 되면 이미 그의 영혼은 안전하지 않고 타락과 멸망의 길로 들어서게 됩니다. 이미 그의 영혼은 세상 왕국, 어두움의 왕국에 깊이 관여하고 있는 것입니다. 높아지고 싶은 이들은 결코 사단에게서 벗어날 수 없습니다.

자랑에 대한 본능

세상에 속한 모든 것들은 육신의 정욕과 안목의 정욕과 이생의 자랑입니다. 세상은 사람들에게 육체의 정욕을 일으킵니다. 눈에 보이는 좋은 것들을 추구하게 만듭니다. 또한 세상이 있는 곳에는 항상 자랑이 있습니다.

세상에 속한 사람들은 항상 자랑하는 것을 좋아합니다. 자기를 자랑하고 자신의 지혜와 자신의 옳음과 자신의 탁월함에 대해서 자랑합니다. 자식에 대해서 자랑하며 그들의 학벌이나 영리함이나 뛰어남에 대해서 자랑합니다. 재산에 대해서 자랑하고 아는 친지에 대해서도 자랑합니다. 반면에 자랑할 거리가 없는 이들은 자신을 비참하게 느낍니다. 남들에게 드러낼 것이 없기 때문에 좌절하고 고통하는 것입니다.

그들이 자랑을 그토록 좋아하는 이유는 그들이 지옥에 속해있고 세상에 속해있기 때문입니다. 그들은 기본적으로 높임을 받는 것을 사랑하고 기뻐하기 때문입니다. 영광을 받는 것을 좋아하는 지옥의 속성을 가지고 있기 때문입니다.

거듭난 사람, 그리하여 천국에 속한 이들은 자기를 자랑하고 높이며 자기와 관련된 것을 자랑하는 것을 본능적으로 좋아하지 않습니다. 그렇게 하면 심령의 깊은 속에서 답답해지기 때문입니다. 그는 그러한 것들이 자신을 높이고 주님을 낮추는 것을 알고 느끼기 때문입니다. 하지만 이 세상에서 이러한 이들을 찾는 것은 쉽지 않습니다. 세상에는 자랑을 기뻐하는 이들이 훨씬 더 많이 있습니다.

권리의식과 높은 마음

현대 문화가 있는 곳에는 권리의식이 있습니다. 높은 마음이 있고 권리의식이 있습니다. 세상 문화의 중심은 인간이며 인간을 높이는 것입니다. 그러므로 문화에 많이 접할수록 사람은 높아집니다. 교육 수준이 높아질수록, 소유가 많아질수록 사람들의 마음은 높아집니다. 흔히 사람들은 이런 이야기를 합니다. '나도 배울 만큼 배운 사람이야', '나도 살 만큼 산 사람이야', '나도 알 만큼 아는 사람이야'.

배운 만큼, 산 만큼, 아는 만큼 사람은 높은 마음을 갖게 됩니다. 배운 것이 적고 아는 것이 적고 산 세월이 적은 사람들은 무시를 당해도 비교적 적은 굴욕감을 갖지만 배운 것이 쌓이고 학벌이 우수하고 아는 것이 많고 가진 것이 많을수록 사람들은 굴욕을 견디지 못하며 자기에게 함부로 대하는 태도를 견디지 못합니다. 그들은 높은 대우를 받고 싶어 합니다. 이 땅의 문화에 오래 접할수록 사람들은 높아집니다.

어떤 사람이 천국에 속했다면, 천국의 영으로 사는 사람이라면 그는 배운 만큼 낮아질 것입니다. 살아온 세월만큼 더 낮아졌을 것입니다. 아는 만큼 더 아름답고 낮은 사람이 되었을 것입니다. 그러나 보편적으로 사람들은 이 땅에서 오래 거하고 많이 가지고 많이 배울수록 높은 사람이 됩니다. 그리고 되기를 원합니다. 이는 그들이 천국에 접하지 않고 세상에 접하기 때문입니다.

교육을 받은 사람은 자기의 권리에 대해서 배웁니다. 그러므로 당당하게 자기의 권리를 찾도록 싸울 것에 대해서 배웁니다. 그래서 많이 배우고 알고 똑똑해진 모든 사람들은 자기의 권리를 지키기 위해서 싸웁니다. 부부들은 배우자에게 사랑받을 권리를 쟁취하기 위해서 서로 싸웁니다. 피 고용자는 더 많은 급여를 얻기 위해서 투쟁합니다. 고용주는 보다 적은 급여를 주기 위해서 투쟁합니다. 언젠가 한 노인이 지하

철에서 노약자석에 젊은 여성이 앉았다고 폭행을 해서 기사화가 된 일이 있습니다. 권리를 주장하는 곳에는 항상 전쟁이 있습니다. 자기의 권리에 대해서 많이 알고 배울수록 세상에는 전쟁이 있습니다.

세상을 전쟁터로 만들기 위해서 마귀는 권리를 가르칩니다. 그리고 권리를 주장하기 위해서 싸울 것을 가르칩니다. 그러나 주님의 가르침은 다릅니다.

또 너를 송사하여 속옷을 가지고자 하는 자에게 겉옷까지도 가지게 하며 또 누구든지 너로 억지로 오 리를 가게 하거든 그 사람과 십 리를 동행하고 네게 구하는 자에게 주며 네게 꾸고자 하는 자에게 거절하지 말라 (마 5:40-42)

이 말씀은 세상의 가르침과 다른 것입니다. 이와 같이 행할 때 세상에서는 바보라고 할 것입니다. 물론 이러한 말씀을 시행할 때는 구체적으로 주의 성령의 지도와 인도를 받아야 할 것입니다. 다만 중요한 것은 주님께서 가르치시는 것은 나의 권리가 아니라 남의 권리에 대한 것이라는 사실입니다. 나의 유익보다 남의 유익을 더 구하는 것입니다. 나는 낮은 자리에 내려가서 다른 이들의 기쁨과 유익을 구하는 사람이 되도록 하는 것입니다.

이것이 천국의 가르침입니다. 그러므로 천국에서는 싸움이 없는 것입니다. 가브리엘과 미가엘이 서로 시기하고 질투하며 자신이 더 주님의 사랑을 받으려고 서로를 비난하는 일은 천국에서 없습니다. 그들은 오직 서로 섬기며 도울 뿐입니다. 다니엘서를 보면 가브리엘이 어려움을 겪을 때 미가엘이 가서 도와준 내용을 볼 수 있습니다. (단10:13) 마귀는 항상 우리의 권리를 일깨워줍니다. 그는 우리가 지금까지 얼마나 억울하게 당하고 살아왔는지를 일깨워줍니다. 그는 우리에게 말하기를 이제 더 이상 억울하게 살지 말라고, 당하고 살지 말라고 가르칩니다.

일그러진 얼굴로 하소연을 하는 사람의 말을 들어보십시오. 그가 얼마나 억울하며 얼마나 권리를 짓밟히고 살아왔는지를 듣게 될 것입니다. 노인들의 하소연을 들어보십시오. 평생을 얼마나 억울하게 당해왔는지 듣게 될 것입니다. 그들의 부모가, 그들의 자녀가, 배우자가 얼마나 악한 사람이었는지에 대해서 듣게 될 것입니다.

악한 생각을 일으키는 마귀

마귀는 사람의 안에 생각을 집어넣습니다. 과거에 겪었던 사람들의 아픈 말이 떠오르게 합니다. 생각할수록 이가 갈리고 분통이 터지는 말을 바로 어제 들은 것처럼 기억나게 합니다. 10년 전의 일도 생생하게 기억하도록 합니다. 그래서 그 말에 속는 자는 이렇게 결심합니다. '내가 복수하고야 말겠어. 나 혼자 당하지는 않을 거야. 같이 죽을 거야..' 그것은 옳은 것 같지만 마귀의 희생자가 되는 것입니다. 마귀는 오직 우리의 권리를 떠오르게 합니다. 자기반성을 일으키지 않습니다. 오직 빼앗긴 권리를 떠오르게 합니다.

권리를 주장할 때 사람은 불행해집니다. 비참해집니다. 공격적이 되고 주장하는 자세가 됩니다. 자기를 어떤 식으로 사랑해달라고 긴 목록을 가지고 있는 여성에게 사랑을 느끼는 이들은 없을 것입니다. 누구나 조그만 친절에도 감격하는 사람을 사랑하고 싶어집니다. 많은 것을 해주어야 하고 그래도 불만이 많은 이들을 사랑하는 것은 어려운 일입니다. 그러나 오늘날 사람들은 점점 더 많은 권리에 눈을 뜹니다. 그리고 점점 더 많이 요구하고 싸우고 상처받으며 비참해집니다. 가정도 깨지고 직장도 깨어지고 모든 관계들이 지옥과 같이 됩니다. 그 시작은 높은 마음이며 권리의식에서 오는 것입니다.

천국에는 종들만 있는데 행복합니다. 이 땅에는 주인들만 있고 권리만

있는데 불행합니다. 온통 잘난 사람들만 있고 뛰어난 사람들, 옳은 사
람들만 있어서 전쟁이 끊이지 않습니다.

문화의 중심은 인간입니다. 인본주의입니다. 인간의 정신을 드러내고
인간을 높이는 것입니다. 그 배후에는 마귀가 있습니다.
인간이 모든 것의 중심이라는 것.. 그것은 옳은 것 같지만 옳지 않습니
다. 인권이라는 것이 좋은 것 같지만 좋지 않습니다.
마귀는 인권을 높여줍니다. 마귀는 권리를 높여줍니다. 마귀는 사람의
소원을 성취하는 것을 돕기를 원합니다.
마귀가 하와에게 접근해서 무엇을 말했는지를 보십시오. 그는 하와의
행복과 권리에 아주 관심이 많은 것처럼 말했습니다. 오직 하와의 유익
을 위해서 깊은 애정을 가지고 권면하는 자처럼 말했습니다. 그는 아주
친절하게 접근하였습니다.

욕망을 거절하셨던 주님

하지만 어떤 면에서 주님은 그리 친절하지 않으셨습니다. 한 사람이 주
님께 나아와서 형을 명하여 유업을 나누게 해달라고 부탁을 한 적이 있
었습니다. (눅12:13)
그 사람이 그리 나쁜 사람이겠습니까? 그가 멀쩡한 남의 것을 빼앗겠다
는 것도 아니고 당연히 자기가 받아야할 정당한 유산의 몫을 받겠다는
것이었습니다. 자기가 다 갖겠다는 것도 아니고, 욕심 많은 형이 독차
지 했으니 원래대로 자기의 몫을 받고 싶다는 것입니다. 오죽 도움을
요청할 데가 없으면 주님께 가서 호소했겠습니까?
그런데도 주님은 그를 매몰차게 거절하셨습니다. 주님의 대답을 들어
보십시오.

이르시되 이 사람아 누가 나를 너희의 재판장이나 물건 나누는 자로 세웠느냐 하시고 저희에게 이르시되 삼가 모든 탐심을 물리치라 사람의 생명이 그 소유의 넉넉한 데 있지 아니하니라 하시고 (눅12:14-15)

주님은 그에게 친절하게 말씀하시지 않았습니다. 주님은 물건 나누는 데에 관심이 없다고 하시고 오히려 탐심을 버리라고 꾸짖음에 가까운 말씀을 하셨습니다. 오늘날 사람들은 주님께 나아와서 무조건 자기 소원을 이야기하면 주님께서 램프의 거인이나 요정처럼 나타나서 그 문제를 해결해주는 것으로 이해하고 있지만, 성경의 주님은 많은 문제에 대해서 거절하셨습니다.

친절하게 유혹하는 마귀

그런데 그 사람이 만일 이 문제를 마귀에게 가져갔으면 어떻게 해주었을까요?
마귀는 당연히 그의 편을 들어주었을 것입니다. 그리고 그의 문제를 해결해주겠다고 속였을 것입니다.
또한 그의 형은 아주 나쁜 놈이라고 네 원수를 갚으라고 말했을 것입니다. 가만히 있으면 바보로 알 테니까 따끔한 맛을 보여주라고 했을 것입니다. 정 문제를 해결할 수 없으면 증오를 품고 자살하라고 했을 것입니다.
그는 철저하게 소비자의 입장에서 친절하게 대해주는 존재인 것입니다. 그는 그 사람의 분노를 이용해서 더욱 더 큰 증오와 복수심을 일으키거나 자멸감이나 무기력감을 일으켰을 것입니다.
그의 편을 들어주면서, 모든 책임은 오직 형에게 있다고 말했을 것입니다. '너는 너무나 억울한 사람이다.' 라고 이야기를 하였을 것입니다.

마귀는 주님을 유혹하면서도 친절을 베풀었습니다. 기도하면서 주리셨을 때 그 배고픈 것을 알고 떡을 만들어 먹으라고 하였습니다. 유혹자치고는 너무나 친절한 유혹자입니다. 세상을 구하러 온 주님에게 한번 절하기만 하면 소원을 이룰 수 있다고 아주 쉽게 말했습니다. 그는 문제를 겪는 사람에게 아주 친절한 존재입니다.

왜 그는 인간의 권리를 높이는 것일까요? 정말 그가 그렇게 인간을 사랑한다는 말입니까?

아닙니다. 그것은 인간을 그의 종으로 만들기 위한 작전입니다. 모든 피조물은 그 주인의 소유입니다. 만든 이의 목적을 위하여 존재하는 것입니다. 만든 이를 위하여 살아야 합니다. 그 자체는 독립할 수 없습니다. 스스로를 위하여 살 수 없습니다. 그것이 그의 위치입니다.

피조물의 행복

시계는 시간을 알리기 위해 만들어진 것입니다. 의자는 앉기 위해 만들어진 것입니다. 전등은 빛을 내기 위해 만들어진 것입니다. 그 만들어진 목적대로 사용할 수 없다면 그것은 고장난 것이라 할 수 있습니다. 그래서 원래의 목적을 달성하기 위하여 수리를 하게 됩니다. 의자는 앉으려고 수리하는 것이지 의자의 행복을 위하여 수리하는 것이 아닙니다.

모든 피조물은 그 자체가 스스로 자신을 위하여 만들어지고 존재하는 것이 아닙니다. 인간은 피조물입니다. 그러므로 인간은 스스로를 위하여 존재하는 것이 아닙니다. 만드신 자 안에서 만드신 자를 기쁘시게 하기 위하여 존재하는 것입니다. 그렇게 할 때 인간도 행복해집니다.

왜 인간이 주인이 되어야 합니까? 왜 인간이 멋대로 살아야 합니까? 왜 인간이 스스로를 높여야 합니까? 인간이 자신을 스스로 창조했습니까? 시간이 우리의 것입니까? 우리 몸을 우리가 만들었습니까?

어떤 이들은 눈이 아름답다고 자기를 높입니다. 하지만 그 눈을 만드신 이는 누구입니까? 그것은 우리의 작품이 아닙니다. 우리는 자신을 높여서는 안 됩니다. 우리는 영광을 받아야 할 이유가 없습니다. 그것은 도둑질입니다. 자신의 근원을 모르고 자신의 권리를 찾는다는 것은 어리석은 생각입니다.

거짓에 세뇌됨

우리가 인간 중심, 자기중심의 사상에 익숙해져 있는 것은 그러한 거짓에 오래 동안 세뇌되었기 때문입니다. 하와에게 아주 친절하게 접근하여 그녀의 영혼을 도둑질한 것처럼, 마귀는 이 세상의 모든 이들에게 친절하게 말하고 그 영혼을 사로잡습니다. 그의 말들은 아주 친절하고 자상한 제안 같지만 속임수입니다. 우리가 우주의 중심이며 우리는 가치 있고 위대한 존재이며 사랑받기에 합당하고 권리를 누리기에 합당하고 모든 것은 다 잘될 것이라는 그의 이야기는 듣기에는 기분이 좋지만 속임수입니다.

동화 피노키오의 이야기를 보면 장사꾼이 피노키오에게 거짓말을 해서 그들을 잡아갑니다. 피노키오와 많은 어린이들은 신나는 세상이 펼쳐질 줄 알고 장사꾼을 따라가지만 다 당나귀가 되어서 그들의 종이 되고 맙니다. 그것이 지금 마귀가 세상에서 하는 일입니다.
세상이 하는 듣기 좋은 말을 듣지 마십시오. '나는 내 인생의 주인이다! 나에게는 권리가 있다! 그러한 말들은 옳지 않습니다.' 우리는 무익한 종입니다..' 그렇게 말하는 것이 옳습니다. '주여, 우리에게 긍휼을 베푸소서..' 그렇게 기도하는 것이 옳습니다. 우리는 오직 하나님의 긍휼을 기다려야 합니다.

사람은 타락하여 자기의 본질을 벗어났습니다. 자기의 위치를 벗어났습니다. 이 세상은 자기의 위치를 벗어났습니다. 우리는 거기에 속해서는 안 됩니다.

너희는 이 세대를 본받지 말고 오직 마음을 새롭게 함으로 변화를 받아 하나님의 선하시고 기뻐하시고 온전하신 뜻이 무엇인지 분별하도록 하라 내게 주신 은혜로 말미암아 너희 중 각 사람에게 말하노니 마땅히 생각할 그 이상의 생각을 품지 말고 오직 하나님께서 각 사람에게 나눠주신 믿음의 분량대로 지혜롭게 생각하라 (롬12:2-3)

우리는 이 세상에 가득 차 있는 거짓말, 거짓 사상에서 벗어나야 합니다. 마땅히 해야 할 생각을 해야 하며 각자에게 주어진 일들을 감당해야 합니다. 마귀는 우리가 마땅히 해야 할 생각이 아닌 그 이상의 생각을 품게 합니다. 스스로 하나님의 위치에 서게 합니다.
인권을 강조하고 인간의 권리를 높여주는 것은 친절한 것 같지만, 그것은 근본적으로 사람이 구원을 받고 천국에 이르는 데에 방해가 되는 것입니다.

인간 중심의 사상과 신앙

오늘날 인간이 중심이 된 이 세상에서 종교도, 신도 인간의 밑에 있는 것으로 여겨지는 것이 보편적인 인식이 되었습니다. 신이 인간을 위한다면 그것은 좋은 신이라고 하고 신이 인간을 위하지 않으며 인간에게 도움이 되지 않는다면 그 신은 잘못된 신이며 잘못된 종교라고 여기는 것입니다.
오늘날 신앙을 이런 식으로 인간 중심의 종교로 여기는 경향이 있습니다. 그것은 신을 그저 하늘에 있는 친절한 존재로, 인간의 욕망을 이루기 위한 도구 정도로 전락시켜 버립니다. 심판도 없고 지옥도 없으며 오직 인간의 구미에 맞는 존재가 되는 것입니다.

인간 중심의 사상은 이처럼 인간을 가장 높은 곳에 두며 하나님을 사람의 발밑에 두게 됩니다. 그러므로 외적으로 잘되고 욕망이 충족되면 감사하지만 환경에 어려움이 있고 문제가 있으면 하나님을 원망하고 불평하는 것을 당연하게 여기는 것입니다.

이러한 모습은 사실 하나님을 믿는 것이 아니라 자신을 믿는 것입니다. 자신을 섬기고 욕망을 섬기는 것입니다. 이것은 기독교와 다른 것이며 인간 중심의 종교입니다. 이것은 하나님을 예배하고 순종하며 영광을 돌리는 것이 아니라 하나님이 인간을 위하여 존재하는 것으로 여기는 것입니다.

인간을 속이고 인간의 왕이 됨

마귀가 그렇게 인간을 높이고 인간에게 권리의식을 주입하는 것은 그렇게 할 때 그들이 인간의 왕이 될 수 있기 때문입니다. 압살롬은 백성들과 왕을 이간질하며 친절하게 말했습니다. 어려움을 겪고 있는 백성의 이야기를 잘 들은 후에 '너는 참 억울한 일을 겪고 있구나. 하지만 왕은 너에게 아무 관심이 없다. 내가 왕이라면 너의 문제를 잘 해결해 줄 텐데..' 하고 말했습니다. 그는 그런 식으로 이스라엘 사람의 마음을 얻기 시작했습니다. 그렇게 하기를 4년 만에 그는 쿠데타를 일으켰습니다. (삼하15:1-11)

어떤 사람이 '이 나라가 썩었구나. 그래서 백성이 고생을 하고 있구나. 아, 내가 왕이라면 백성들을 행복하게 해 줄텐데..' 하고 말한다면 그것은 그가 백성을 걱정하는 것이 아닙니다. 자기가 왕이 되고 싶다는 것입니다. 압살롬은 백성에 아무 관심이 없었습니다. 그는 계속하여 '세상이 잘못되었다, 내가 왕이 되면 여러분을 돕겠다..' 하고 말했지만 그의 목적은 백성을 돕는 것이 아니고 자신이 왕이 되는 데에 있었습니다.

마귀가 하는 짓이 바로 그런 짓입니다. 마귀는 하와에게 말합니다.' 네가 그것을 먹으면 하나님과 같이 될까봐 하나님이 막으신 것이다. 하나님은 네가 지혜로운 자가 되는 것을 막으셨지만 나는 너를 지혜롭게 해주겠다. 너의 행복을 위해서라면 무엇이든지 하겠다.' 그렇게 속여서 그녀의 자유를 빼앗아갔던 것입니다. 오늘날도 마귀는 계속 사람의 마음을 높여서 하나님을 떠나 자기의 종이 되도록 역사하고 있습니다. 세상의 가치관, 철학, 사상을 통해서 말입니다.

세상은 바뀔 수 없다

이 세상은 지옥과 같습니다. 가는 곳마다 싸움, 경쟁, 미움, 증오, 두려움, 더러움, 온갖 악들이 있습니다. 이 세상은 변화될 수 있을까요? 정치, 경제, 교육, 문화.. 이 모든 영역들은 변화될 수 있을까요?

그것은 불가능합니다. 마귀가 회개를 하지 않는 한 세상은 변화될 수 없습니다. 그리고 마귀는 회개를 하지 않습니다.

마귀가 존재하는 한 세상에는 변화가 있을 수 없습니다. 세상에는 여전히 불의, 악, 전쟁이 끊이지 않을 것입니다.

경쟁은 사라질 수 없습니다. 그것은 세상의 기본적인 성향이 높음을 추구하기 때문입니다. 서로가 남보다 우월해지기를 원하기 때문입니다. 높음을 향한 열망을 포기하지 않기 때문입니다. 세상과 세상의 사상은 지옥에 속한 것이므로 그 싸움과 경쟁은 사라지지 않을 것입니다. 높아짐을 향한 열망은 지옥의 중심 원리이기 때문입니다.

그러므로 세상에는 탐욕과 싸움이 항상 존재하며 정치 제도를 어떻게 바꾸어도 교육 제도를 어떻게 바꾸어도 여전히 세상에는 다툼과 전쟁이 있을 것입니다. 오직 사람들이 거듭나고 천국에 속한 사람들이 되는 것만이 진정하고 근본적인 해결책이 될 것입니다.

지옥에 속한 사람들은 서로 높아지려는 마음을 버리지 않기 때문에 경쟁하는 것입니다. 그러므로 거듭나고 그리스도에게 속하여 낮아짐을 사모하게 될 때, 경쟁해서 이기는 것보다 낮은 곳에서 섬기고 봉사하는 것을 즐거워하는 천국의 가치관을 가지는 이들이 증가될 때, 문제가 해결되는 것입니다. 세상의 체제는 바뀌지 않지만 천국에 속한 이들은 세상의 사악함과 살벌함에서 벗어나 자유와 안식을 누리게 됩니다.

이를 위해서는 오직 복음을 듣고 사람이 변해야 합니다. 정치 경제 교육 문화 모든 문제들도 사람이 바뀌지 않으면, 그 영혼의 소속이 바뀌지 않으면 해결되지 않습니다. 오직 그 영적 소속이 바뀌고 마음의 중심이 바뀔 때 이기심이 사라지고 높은 곳을 향해 가려는 욕망이 사라지며 탐욕에서 벗어나게 되고 해방이 옵니다.

사람들이 교회에 외적으로 속하는 것이 아니라 그 영혼이 천국에 속하고 천국의 가치관을 가지게 될 때 그들은 비로소 이 세상의 사악함과 재앙에서 벗어나게 될 것입니다. 그리고 그러한 해방은 사회적으로 일어나는 것이 아니라 개인적으로 일어나는 것입니다. 거듭남은 제도적인 것이 아니라 개인적인 일이기 때문입니다. 그러므로 세상은 여전히 사악하지만 기뻐하심을 입은 자들은 그 심령 속에 세상의 혼돈이 미치지 못하는 평화를 누리게 될 것입니다.

세상에서의 역할

그렇다면 세상이라는 것이 어차피 악하기 때문에 그리스도인들은 세상과 거리를 두어야 할까요? 이 악과 탐욕과 높아짐으로 가득한 세상에서 멀리 떨어져 있어야 할까요?

그것은 그렇지 않습니다. 성경은 우리에게 그러한 가르침을 주지 않습니다. 변화산상에서 베드로는 주님께 말했습니다.
"주여, 우리가 여기 있는 것이 좋사오니 주께서 만일 원하시면 내가 여기서 초막 셋을 짓되.."
주의 영광에 사로잡힌 이들은 번잡한 세상을 벗어나 홀로 광야의 깊은 곳에서 그 영광에 취하여 있고 싶어 합니다. 그러나 주님은 산위의 경험을 허락하셨지만 산위에 머무는 것을 허락하시지 않았습니다. 주님은 산위에서 천국을 경험하고 그 후에는 다시 산 밑의 세상에 내려가서 맡겨진 사역을 하도록 시키셨습니다.
세상은 사악하지만, 세상에는 전쟁이 있지만, 그리고 우리는 세상에 속한 사람들이 아니지만 세상은 우리의 일터입니다. 우리는 이 세상에서 해야 할 일이 있습니다. 주님은 말씀하시기를 너희는 세상의 소금이며 세상의 빛이라고 하셨습니다. 세상에서 맛을 내야하며 어두운 세상에 빛을 밝히는 존재가 되라고 하셨습니다.

너희는 세상의 소금이니 소금이 만일 그 맛을 잃으면 무엇으로 짜게 하리요 (마5:13)

이같이 **너희** 빛을 사람 앞에 비취게 하여 저희로 **너희** 착한 행실을 보고 하늘에 계신 **너희** 아버지께 영광을 돌리게 하라 (마5:16)

빛을 드러내라는 것은 아름다운 열매를 맺으라는 것입니다.
그러므로 그리스도인들은 특별하게 주님의 받은 사명이 있지 않는 한 세상에서 도피해서는 안 됩니다. 자기의 부르심과 사명을 따라 세상에 살면서 맡겨진 일을 해야 합니다.
요셉이나 다니엘, 에스더를 보면 그 사실은 분명해집니다. 그들은 이방의 세계에 있었지만 또한 치열한 현실 속에서 성실하게 순복하고 일함으로 정점의 위치까지 올라갔습니다. 그러나 그들이 높은 자리에 올라갔기 때문에 그것을 성공한 것이라고 여기는 것은 옳지 않습니다. 그들은 하나님의 섭리 가운데 어떤 역할을 맡았던 것입니다. 그들은 그의 백성 이스라엘이 위기 가운데 있었을 때 그들의 위치를 통하여 도움을 줄 수 있었습니다. 그것은 하나님께서 그러한 도구로 사용하셨기 때문입니다.

요셉은 바로의 밑에서 실권을 얻어 애굽 내에서 대대적인 제도 개혁을 이루었습니다. 그러나 중요한 사실은 애굽을 아무리 개혁시켜도 여전히 애굽은 애굽이라는 것입니다. 이스라엘 백성에게 있어서 애굽은 약속의 땅이 아니었습니다. 애굽의 체제는 근본적으로 바뀔 수 없습니다. 그들은 때가 되었을 때 애굽에서 나와 약속의 땅을 향하여 떠나야했습니다. 우리가 속한 이 세상도 근본적으로 그리스도인들의 약속의 땅이 아닙니다. 세상을 위하여 체제의 변화를 위하여 아무리 애를 써도 이 세상은 약속의 땅이 아닙니다. 우리에게 주어진 약속의 땅은 눈에 보이고 만져지는 이 세상에 속한 나라가 아닙니다. 그러나 이 땅에 살아있는 동안 우리는 요셉이 그러했던 것처럼 우리에게 맡겨진 일을 해야 합니다. 깨어서 그 사명들을 감당해야 합니다. 세상의 가치관, 세상의 철학, 세상의 중심 사상에 물들지 않도록 깨어서 조심하면서 맡겨진 사명을 감당해야 합니다.

이 세상의 배후에서 마귀는 계속적으로 거짓말, 거짓 사상, 거짓된 가치관을 세상에 계속 주입합니다. 돈이 많으면 행복하다, 사람이 세상의 주인이다, 경쟁에서 이겨야 산다, 많이 가지면 행복하다, 높은 사람들에게 잘 보여야 성공을 한다, 그런 식의 온갖 거짓말을 사람들의 마음속에 심습니다. 그리고 그 모든 사상, 그 모든 거짓의 중심은 높아짐에 대한 추구입니다. 높은 곳으로 가야하며 하나님같이 되어야 하며 높임을 받고 존경을 받고 권세를 누리는 것이 성공이라고 그는 가르칩니다. 그 중심은 높은 곳으로 오르려는 욕망입니다. 오직 높아지는 것입니다. 많은 거짓말들, 거짓된 체계.. 그 모든 것의 중심 사상은 높아짐에서 시작된 것입니다. 소유도 부도 명예도.. 그 중심, 핵심사상은 높아짐에 대한 욕망에서 시작됩니다. 그것은 지옥에서 온 것입니다. 그것이 지옥의 중심이며 세상의 중심입니다.

이 시대 사상의 주요소들은 민주주의, 자본주의, 경쟁주의, 개인주의, 쾌락주의 등입니다. 민주주의란 인간이 모든 것의 중심이라는 것입니다. 자본주의란 물질, 돈이 가장 중요하다는 것입니다. 경쟁주의는 남보다 뛰어나고 남을 이겨야 내가 살 수 있다는 것입니다. 개인주의는 남에게 아무 관심이 없고 자기만이 중요하다는 것입니다. 쾌락주의는 육체와 본능의 만족을 누리는 것을 행복이라고 보는 것입니다. 이 모든 사상의 중심은 높아짐입니다. 그리고 그 배후에는 마귀가 있습니다. 이것은 모두 세상에서 오는 것이며 하늘에서 오는 것이 아닙니다.

그리스도인들은 이 사상의 체계에서 벗어나야 합니다. 하늘에서 오는 사상을 가지고 있어야 합니다. 주를 믿고 따르는 이들은 민주주의가 아니고 신주주의를 따라야 합니다. 오직 모든 것의 주인은 하나님이십니다. 자본주의가 아니라 기도주의, 무릎주의가 되어야 합니다. 돈이 모든 것을 해결해주는 것이 아니라 기도와 무릎과 순종만이 모든 상황들을 바르게 이끌어주기 때문입니다.
경쟁주의와 개인주의에서 벗어나서 이기심을 버리고 낮은 곳에서 봉사하고 섬기는 삶을 살아야 합니다. 외적인 쾌락에서 벗어나 내면의 기쁨, 하늘의 희락을 맛보는 삶으로 나아가야 합니다. 그리고 이 모든 사상의 중심 가치는 낮아짐이며 낮아짐을 추구하는 것입니다. 그 낮아짐에 임하는 천국의 기쁨과 영광을 그리스도인들은 실제로 누리고 경험해야 합니다. 이 세상의 배후에 있는 마귀는 높아짐의 사상을 주입하여 온 세상을 혼돈과 싸움과 고통으로 가득하게 만들어 놓았습니다. 그는 지옥의 원리를 이 세상에 심어놓았습니다. 그리스도인들이 이것을 바르게 보고 깨닫고 거기에서 벗어나야 합니다.

마태복음 5-7장에서 나오는 산상수훈의 가르침을 보면 주님의 가르침은 세상의 가르침과 정확하게 정반대인 것을 알 수 있습니다. 가난한 자가 복이 있다, 우는 자가 복이 있다, 재물을 탐하지 말라, 땅의 것을 탐하지 말라, 사람들 앞에서 의로운 척 드러내지 말라, 잘난 척 하지 말라, 사람들 앞에서 경건한 척 외식하며 기도하지 말라, 오직 은밀하게 하나님 앞에서 기도하는 사람이 되라, 오직 주님을, 천국을 구하라.. 그리고 그러한 가르침 후에 마지막으로 좁은 문, 좁은 길로 들어가고 행하라고 하십니다.

대다수의 사람들은 높음을 사모하며 높아짐을 추구합니다. 많은 사람들이 그 문을 찾고 그 길을 찾으므로 그 문은 크고 그 길은 넓습니다. 그러나 낮은 길, 생명의 길을 찾고 따르는 이들은 많지 않습니다.

우리는 세상이 따르는 높아짐의 길, 넓은 길을 가서는 안 됩니다. 그것은 멸망의 길이며 기쁨도 안식도 없는 슬픔과 절망과 고통으로만 가득한 삶입니다.

부디 그 사상의 배후를 발견하십시오. 그리고 그 길에서 벗어나십시오. 이 세상에는 끝없는 다툼과 재앙과 두려움과 번민이 있지만 그 심령으로 주를 사모하고 따르며 낮아짐을 구하는 이들은 세상이 알지 못하는 기쁨과 평화를 맛보게 될 것입니다.

천국에 속하고 천국의 원리를 따라 살아가는 자들은 이 땅에 살면서도 천국의 기쁨이 무엇인지 분명하게 알아가게 될 것입니다. 할렐루야.

3부 낮아짐의 시작과 은혜의 회복

높아짐으로 인하여 재앙이 왔습니다.
높아짐으로 인하여 인간은
하나님으로부터 멀어지고
하늘의 생명을 잃어버렸습니다.
온 세상에 높은 마음이 가득하게 되었을 때
하늘에서 낮은 생명이 오셨습니다.
하나님의 본체이신 분이
자기를 비어 종의 형체로 오셨습니다.
그분은 낮은 자로 오셨고
낮은 마음, 낮은 삶을 가르치셨고
낮은 자로 십자가에서 죽으셨습니다.
그리하여 하늘의 영광이 회복되었습니다.
누구든지 주를 따르며
주의 가르침을 따라 낮은 마음으로 나아갈 때
은총과 영광은 회복되기 시작합니다.
높은 마음에는 재앙이 따르나
낮은 심령에는 항상
하늘의 은혜가 임하게 되는 것입니다.

1. 낮은 자로 이 땅에 오신 주님

마귀는 높은 마음을 가지고 하나님을 대적하다가 하늘에서 쫓겨나 아래로 떨어졌습니다. 그는 땅으로 와서 인간을 유혹하여 높은 마음을 심어주었습니다. 인간은 그의 유혹에 넘어가서 높은 마음을 가지게 되었고 하나님을 떠나게 되었습니다.

그로 인하여 세상에 어두움이 왔습니다. 사망이 오고 재앙과 저주가 따라왔습니다. 세상은 어두움으로 가득하게 되었습니다. 그것은 모두 높은 마음으로 인하여 시작된 것이었습니다.

그렇게 해서 어두움으로 가득해진 세상에 주님이 빛으로 오셨습니다. 그분은 구속을 위하여, 회복을 위하여 인간의 몸을 입고 이 땅에 오셨습니다. 그분의 오심으로 세상은 빛을 보게 되었습니다.

나사렛을 떠나 스불론과 납달리 지경 해변에 있는 가버나움에 가서 사시니 이는 선지자 이사야로 하신 말씀을 이루려 하심이라 일렀으되 스불론 땅과 납달리 땅과 요단 강 저편 해변 길과 이방의 갈릴리여 흑암에 앉은 백성이 큰 빛을 보았고 사망의 땅과 그늘에 앉은 자들에게 빛이 비취었도다 하였느니라 (마4:13-16)

참빛 곧 세상에 와서 각 사람에게 비취는 빛이 있었나니 (요1:9)

주님은 세상을 비추는 빛이십니다. 높아짐으로 인하여 어두움이 왔고 그 어두움을 없애기 위하여 그분은 낮은 모습으로 오셨습니다.

주님은 이 땅에 낮고 초라한 모습으로 오셨습니다. 왕궁에서 태어나지 않고 마굿간에서 태어나셨습니다. 부잣집에서 태어나지 않고 가난한 부부에게서 태어나셨습니다. 그는 학문이 많은 자도 아니었습니다. 이스라엘 사람들은 메시야를 기다리고 있었습니다. 그들은 강한 능력을 가지고 그들에게 나타나서 로마를 격파하고 그들을 구원해줄 강하고 위대한 지도자를 기다리고 있었습니다. 그러나 그 메시야가 이처럼 약하고 초라한 모습으로 올 것이라고는 그들은 생각지 못했습니다. 적어도 외적으로 보기에는 주님은 흠모할 만한 아무 것도 없었습니다.

초라한 모습으로 오신 주님

우리의 전한 것을 누가 믿었느뇨 여호와의 팔이 뉘게 나타났느뇨 그는 주 앞에서 자라나기를 연한 순 같고 마른 땅에서 나온 줄기 같아서 고운 모양도 없고 풍채도 없은즉 우리의 보기에 흠모할만한 아름다운 것이 없도다 그는 멸시를 받아서 사람에게 싫어 버린바 되었으며 간고를 많이 겪었으며 질고를 아는 자라 마치 사람들에게 얼굴을 가리우고 보지 않음을 받는 자 같아서 멸시를 당하였고 우리도 그를 귀히 여기지 아니하였도다 (사53:1-3)

주님은 아름다운 모습으로 나타나지 않으셨습니다. 그는 왕의 풍채를 가지고 오시지 않았습니다. 사람들은 압살롬과 같이 아름답고 귀티가 있는 자를 보고 고개를 끄덕이며 '음, 이 사람은 왕의 풍채가 있어' 하고 말할 것입니다. 그러나 주님은 그런 모습으로 오시지 않았습니다. 그러므로 겉모습으로 모든 것을 판단하는 사람들에게, 돈과 권세와 외적인 능력으로 모든 것을 판단하는 사람들에게, 높은 마음을 가지고 있는 사람들에게 주님은 하찮은 존재로 보일 뿐이었습니다. 그래서 그들은 주님을 멸시하고 천대하였습니다. 사람들은 그를 멸시하여 '나사렛에서 선한 것이 나올 수 있는가? 하고 말했습니다. 그가 자라난 곳까지도 아무 내세울 것이 없는 촌구석이었습니다. 그러나 그들은 알지 못했습니다. 인간이 높아짐으로 인하여 멸망이 왔기 때문에 그것을 처리하고 되돌리기 위해서는 온전한 낮아짐이 필요하다는 것을 말입니다. 그러므로 주님은 온전한 낮아짐의 모습으로 이 땅에 오셨습니다. 낮은 모습으로 굴욕과 수치를 겪기 위하여 이 땅에 오셨습니다. 영광을 받기 위하여 이 땅에 오신 것이 아니라 불순종과 죄와 악과 더러움의 대가를 지불하기 위하여, 고통을 겪기 위하여 이 땅에 오셨습니다. 그분은 낮은 자로 오셨고 낮은 자의 마음과 인격을 보여주셨습니다.

수고하고 무거운 짐진 자들아 다 내게로 오라 내가 너희를 쉬게 하리라 나는 마음이 온유하고 겸손하니 나의 멍에를 메고 내게 배우라 그러면 너희 마음이 쉼을 얻으리니 (마11:28-29)

주님의 성품을 대표적으로 표현하는 것은 온유와 겸손입니다. 주님은 온유하고 겸손하신 분이십니다. 바리새인과 권세 잡은 일부의 사람들에게 주님은 엄하신 분이었으나 대다수의 약한 사람들에게 주님은 온유하고 부드러우신 분이었습니다. 주님은 항상 그의 백성들을 불쌍히 여기셨고 자비를 베풀어주셨습니다. 또한 주님은 낮은 자, 낮은 마음의 사람으로 오셨습니다. 그는 타락으로 인하여 온 세상이 높아졌을 때 이 우주 안에서 유일하게 일부러 낮아짐을 선택하신 분이었습니다.

너희 안에 이 마음을 품으라 곧 그리스도 예수의 마음이니 그는 근본 하나님의 본체시나 하나님과 동등됨을 취할 것으로 여기지 아니하시고 오히려 자기를 비어 종의 형체를 가져 사람들과 같이 되었고
사람의 모양으로 나타나셨으매 자기를 낮추시고 죽기까지 복종하셨으니 곧 십자가에 죽으심이라 (빌2:5-8)

자격과 권리를 포기하심

주님은 하나님의 본체이시며 하나님 자신입니다. 그러나 그는 하나님과 동등됨을 취할 것으로 여기지 않고 자기를 비우셨습니다. 그러므로 종의 형체인 사람의 모습으로 오셨습니다. 마귀는 천사이지만 자격이 없음에도 불구하고 자기를 하나님과 동등으로 높이려고 하였습니다. 그러나 주님은 완전한 자격을 가지고 계셨지만 자기의 자격과 권리를 포기하시고 온전한 인간으로 오셨습니다. 마귀는 종으로서 주인이 되려고 하였지만 주님은 주인으로서 스스로를 낮추어서 종이 되셨습니다. 종이 되셔서 죽기까지 그분은 자신을 낮추셨습니다.

사람이 높아짐을 선택해서 나락으로 떨어졌기에 이의 회복을 위해서는 주님께서 인간을 대신하여 낮아짐을 선택하심으로 다시 하늘에 올라갈 권세를 회복할 필요가 있었습니다. 그러므로 하나님께서는 온전하게 낮아지신 주님을 그대로 놓아두시지 않았습니다. 잔치 자리에서 누군가 자신을 낮추어 말석에 앉을 때 주인은 그의 아름다움을 보고 그를 가장 높은 곳으로 올리게 되는 것입니다.

이러므로 하나님이 그를 지극히 높여 모든 이름 위에 뛰어난 이름을 주사 하늘에 있는 자들과 땅에 있는 자들과 땅 아래 있는 자들로 모든 무릎을 예수의 이름에 꿇게 하시고 모든 입으로 예수 그리스도를 주라 시인하여 하나님 아버지께 영광을 돌리게 하셨느니라 (빌2:9-11)

숨겨진 낮아짐의 비밀

하지만 제자들은 이 낮아짐의 비밀에 대해서 알지 못했습니다. 그 구속의 원리에 대해서 알지 못했습니다. 예수께서 낮은 위치에 있는 것을 보고 시험에 든 이들도 있었습니다. 어서 빨리 높은 자리, 왕의 자리에 가지 않는 것을 보고 시험에 든 제자들도 있었습니다.
세례요한까지도 혼란스러워서 제자를 보내어 '정말 당신이 주님 맞으십니까? 하고 묻기도 했습니다. 주님이 지시려는 십자가를 이해할 수가 없어서 강력하게 만류하던 베드로와 같은 이들도 있었습니다.

당시의 그들에게 이 비밀은 숨겨져 있었습니다. 당시에 그들은 주님을 이해할 수 없었습니다. 온 세상이, 온 인류가 높아짐으로 인하여 죽음이 왔고 재앙이 왔으며 온전한 인간이신 한분이 스스로 낮추어서 죽기까지 순종함으로 그 재앙이 사라지고 모든 것이 회복된다는 진리가 당시 그들에게 숨겨져 있었습니다.

아니, 어쩌면 오늘날에도 적지 않은 이들에게 이 진리는 숨겨져 있을 것입니다. 높아짐에서 모든 저주가 시작되며 낮아짐에서 모든 은총과 회복이 시작된다는 것을, 낮은 곳으로 오신 그 예수를 따라가려면, 진정한 그분의 제자가 되려면 오늘날 우리도 똑같이 낮아져야 한다는 진리가 오늘날에도 적지 않은 이들에게는 감추어져 있을 것입니다.
그러나 깨닫고 따르는 자들에게 분명 자유와 회복은 임하게 될 것입니다. 오늘날 많은 이들이 높은 마음의 영역에 거하여 불안과 두려움과 분노와 각종 재앙으로 신음합니다. 그러나 그 높음을 버리고 소유를 내려놓으며 낮은 마음으로 주님이 가신 낮음의 길을 같이 걸어가는 자들에게 천국의 은총은 임하게 될 것입니다. 낮은 마음이 있는 곳에는 주님이 임하시며 주님이 계신 곳에는 항상 자유함이 있기 때문입니다.

주는 영이시니 주의 영이 계신 곳에는 자유함이 있느니라 (고후3:17)

2. 주님께 속한 사람들

주님은 낮고 초라한 모습으로 이 땅에 오셨습니다. 그뿐 아니라 낮은 모습으로 오신 주님의 탄생과 관련된 모든 사람들도 또한 낮고 초라한 사람들이었습니다.

주님이 탄생하실 때 그 소식을 가장 먼저 들은 사람들은 그 지경에서 양을 치던 목자들이었습니다. 가난한 목자들, 한 밤에 잠도 못자고 일하던 목자들에게 천사들이 나타나 기쁨의 소식을 전해주었습니다.

그 지경에 목자들이 밖에서 밤에 자기 양 떼를 지키더니 주의 사자가 곁에 서고 주의 영광이 저희를 두루 비취매 크게 무서워하는지라 천사가 이르되.. (눅2:8-10)

주의 사자가 나타나고 주의 영광이 비취고.. 이런 상황은 선지자들이나 특별히 기름부음을 받은 사람들에게나 있었던 일이었습니다. 이렇게 평범한 사람들에게 주의 영광이 나타난 일은 보기 드문 일입니다. 아무튼 이 보잘 것 없는 사람들은 놀라서 즉시로 아기가 탄생한 현장으로 달려가 자신들이 보고 경험한 것들을 마리아와 요셉에게 전달해주었습니다. 가난한 부모에게 가난하게 태어나신 주님을 가난한 목자들이 가장 먼저 환영해주었다는 것은 아주 인상적인 일입니다.

주님의 족보에 등장하는 여인들

마태복음에 나오는 주님이 오신 족보의 기록을 보면 어머니인 마리아를 제외하고 4명의 여인이 등장합니다. 여성의 이름이 족보에 등장한다는 것은 이례적인 일입니다. 성경에 나오는 족보에 일반적으로 여성은 등장하지 않으며 어떤 이를 소개할 때 누구의 아들 누구.. 하는 식으로 아버지의 이름만이 나오기 때문입니다. 그런데 이렇게 나오는 4명의 여성들의 모습도 조금 특이합니다. 아주 자랑스럽거나 대단한 사람이어서 족보에 등장했다고 보기에는 어려움이 있는 사람들입니다.

가장 먼저 등장하는 다말이라는 여성은 놀랍게도 시아버지와의 관계를 통해서 자녀를 낳은 사람입니다. 그녀로서는 아이를 가지기 위한 어쩔 수 없는 선택이었다고 할 수도 있겠지만 몸을 파는 창녀로 변장하여 시아버지를 유혹해서 아이를 가진 그녀의 행동은 결코 아름답거나 자랑스럽다고 할 수 없는 것입니다. 그런데 그러한 여성이 주님의 족보에 등장하였습니다.

두 번째로 등장하는 라합이라는 여성은 이스라엘이 정복하고자 했던 여리고에 살고 있던 이방인이며 기생을 직업으로 가지고 있는 여성입니다. 그녀는 믿음으로 이스라엘의 정탐꾼을 숨겨줌으로써 이스라엘의 승리에 결정적인 역할을 하였습니다. 그녀의 믿음은 놀라운 것이지만 그러나 그녀의 직업은 결코 자랑스럽거나 아름답다고 볼 수 없는 것입니다. 그러한 여인이 역시 주님의 족보에 등장하였습니다.

룻 역시 이방인입니다. 그녀는 젊은 나이에 과부가 되었으나 나중에 시어머니를 따라 시어머니의 고향으로 돌아와 재혼하였습니다. 이스라엘이 꺼리는 이방인으로서 저주받은 것으로 여기는 과부가 되었던 사람이 주님의 족보에 올라간 것도 놀라운 일이라고 할 수 있습니다.

마지막으로 등장하는 밧세바는 원래 다윗의 아내가 아니고 다윗의 신하인 우리아의 아내로서 다윗과의 간음을 통하여 다윗의 아내가 된 여성입니다. 그 사건으로 인하여 그녀의 남편이 죽었으며 그녀는 여성으로서 정숙하다고 볼 수 없는 사람입니다. 이처럼 예수 그리스도의 족보에 등장하는 여인들은 하나같이 멀쩡한 사람이라고 하기 어려운 이들 뿐입니다. 보통 사람이라고 하더라도 이러한 조상의 과거는 숨기고 싶은 내용들일 것입니다. 그런데 주님의 족보에 이런 사람들의 이름이 버젓이 올라가 있습니다.

여기에는 하나의 메시지가 있습니다. 주님은 스스로 낮은 사람으로 오셨을 뿐만 아니라 부족한 사람들, 낮은 사람들의 몸을 통해서 이 땅에 오셨습니다. 위대한 가문, 위대한 사람들, 아름답고 성결한 족보를 통해서 이 땅에 오신 것이 아니라 오히려 죄인들, 부족하고 모자란 사람들의 몸을 통해서 온전히 낮은 사람으로 오셨습니다. 주님이 이 땅에 오신 그 길도 낮은 길이었던 것입니다.

주를 따르는 사람들

주님을 따르는 제자들에도, 잘나거나 대단한 사람들은 보이지 않습니다. 주님의 사랑을 많이 받았던 제자들은 대부분 어부들이었고 학문도 거의 없었습니다. 나중에 성령을 받은 후 베드로와 요한이 복음을 전하다가 대제사장과 관원과 장로와 서기관들에게 심문을 당하게 될 때, 기탄없이 말하는 것을 보고 그들은 이상하게 여기고 놀라게 됩니다. (행 4:13) 그것은 그들이 예수를 따르는 제자들을 하나같이 무식하고 단순한 사람으로 생각했기 때문입니다.

제자들은 처음에는 낮은 위치에서 낮은 마음으로 주님을 따랐습니다. 그러나 주님을 따르면서 점차로 엘리트 의식이 생겨, 사람들이 주님께로 오는 것을 막기도 하고 높은 마음으로 서로 누가 높은 지에 대해서 논쟁하기도 했습니다. 그리고 그 때마다 주님은 그들을 꾸짖으시며 낮은 마음과 십자가에 대한 메시지를 주셨습니다. 주님은 그들의 마음이 높아지는 것을 경계하셨습니다.

주를 따라다니던 군중들도 대부분 보잘 것이 없는 사람들이었습니다. 주님이 고치시고 치유하시고 사랑을 베풀어 주시던 이들도 대부분 낮고 가난한 사람들이었습니다. 주를 따르는 이들 중에서 가끔 사회적 신분이 높은 이들도 있었지만 그들은 소수에 불과했습니다. 주님에 대하여 관심을 가지고 있던 바리새인 니고데모도 사람의 눈을 피하여 밤에 살짝 주를 만나러 왔습니다. 권세 있는 자들이 주님을 미워했기 때문에 어느 정도 사회적 위치에 있던 이들은 공개적으로 주님을 만나고 주님과 가까운 관계를 가지는 것을 조심하여야 했습니다.

주님은 어린아이들을 특히 좋아하셨습니다. 어린아이가 오는 것을 기뻐하시고 안아주시고 축복하셨습니다. 어린아이가 오는 것을 보고 제자들이 꾸짖자 어린아이가 오는 것을 용납하고 금하지 말라고, 천국이 이와 같은 자의 것이라고 가르치셨습니다. (마19:13-14)
흔히 사람들은 어린아이를 무시합니다. 권세 있는 자와 강한 자에게는 잘 대해주지만 약자와 어린아이에게는 함부로 대합니다. 그러나 주님은 오히려 약한 자와 어린아이에게 잘 대해주셨습니다. 주님이 전파하시는 천국은 약한 자와 어린아이와 같은 자의 것이기 때문입니다.

죄인들을 가까이 하심

주님이 가까이 하신 사람들 중에는 세리와 죄인도 있었습니다. 그들은 죄인이라고 동네에서 비난받는 사람들이었습니다. 그리하여 주님은 세리와 죄인의 친구라는 비난도 받아야 했습니다.
동네에서 죄인이라고 알려진 여인이 울면서 주님의 발을 씻기며 향유를 부은 적이 있었습니다. 주님을 집에 초청한 바리새인은 이것을 보고 이상하게 여겼습니다.

한 바리새인이 예수께 자기와 함께 잡수시기를 청하니 이에 바리새인의 집에 들어가 앉으셨을 때에 그 동네에 죄인인 한 여자가 있어 예수께서 바리새인의 집에 앉으셨음을 알고 향유 담은 옥합을 가지고 와서 예수의 뒤로 그 발 곁에 서서 울며 눈물로 그 발을 적시고 자기 머리털로 씻고 그 발에 입맞추고 향유를 부으니
예수를 청한 바리새인이 이것을 보고 마음에 이르되 이 사람이 만일 선지자더면 자기를 만지는 이 여자가 누구며 어떠한 자 곧 죄인인 줄을 알았으리라 하거늘 예수께서 대답하여 가라사대 시몬아 내가 네게 이를 말이 있다 하시니 저가 가로되 선생님 말씀하소서 가라사대 빚 주는 사람에게 빚 진 자가 둘이 있어 하나는 오백 데나리온을 졌고 하나는 오십 데나리온을 졌는데..(눅7:36-41)

바리새인은 '이 사람은 선지자라고 하면서도 자기를 만진 여인이 어떤 사람인지를 모르는구나. 이 여자는 큰 죄인인데..' 하고 생각하였습니다. 그런 그에게 주님은 비유를 들어서' 나도 저가 누구인지, 어떠한 사람인지 안다. 그러나 그녀의 사랑으로 인하여 그녀의 많은 죄가 사하여졌다' 는 것을 가르치셨습니다.
주님은 왜 죄인들을 사랑하시고 그에게 가까이 오는 것을 용납하셨을까요? 그것은 죄인들이, 죄 자체는 악한 것이지만 그들의 저지른 죄와 넘어짐을 인하여 낮은 마음을 가지고 있었기 때문입니다. 주님은 자신을 죄가 없다고 여기는 높은 마음의 사람들보다 과거에 많은 죄를 지었어도 자신을 죄인으로 아는 낮은 마음의 사람을 받아주시고 용서해주셨습니다. 당시에 있어서 '죄인' 이라는 것은 하나의 신분과 같은 것이었습니다. '그 동네에 죄인인 한 여자가 있어' 이 말은 그녀가 죄인이라는 것을 온 동네 사람이 다 알고 있다는 이야기입니다. 그러므로 그녀의 행동은 많은 제약을 받을 수밖에 없었습니다. 그녀는 가는 곳마다 사람들의 정죄하고 멸시하는 눈길을 받았습니다. 그녀가 그 바리새인

의 집에 갈 수 있었던 것은 주님이 그 집에 초청을 받았기 때문에 그 틈에 따라간 것이지 평소라면 그녀는 감히 그 집을 방문할 엄두도 내지 못했을 것입니다. 그 상황에서 '죄인'이란 수치스럽고 비참한 신분과 같은 것이었습니다. 그것은 비참한 사람, 낮은 사람을 의미하는 것이었습니다.

그러한 그녀와 비슷한 처지에 있는 사람들이 주님을 자주 따랐던 것입니다. 낮고 상한 마음, 외롭고 아무데도 위로받을 수 없는 자들에게 주님은 피난처와 같은 분이었습니다. 주님은 잘난 사람의 주님이 아니라 낮고 약하고 상한 자의 주님이셨던 것입니다.

주님은 온유하고 낮은 마음의 사람으로 낮은 자를 통하여 낮은 모습으로 오셨습니다. 낮은 자들이 그를 따랐고 주님도 낮은 자를 사랑하시고 가르치시고 치유하시며 도와주셨습니다. 주님의 주변에 있는 주님의 사람들은 하나같이 다 낮은 사람들이었습니다.

가깝지만 먼 사람들

물리적으로 혈연적으로 예수와 가까운 이들도 있었습니다. 그러나 그렇게 육체적으로 가깝다고 해서 실제적으로 예수의 영과 통하며 마음을 나눌 수 있는 것은 아니었습니다. 물리적으로 아무리 가까워도 마음이 높은 이들은 예수를 알 수 없었습니다. 심지어 예수의 형제들도 예수를 알지 못했습니다.

유대인의 명절인 초막절이 가까운지라 그 형제들이 예수께 이르되 당신의 행하는 일을 제자들도 보게 여기를 떠나 유대로 가소서 스스로 나타나기를 구하면서 묻혀서 일하는 사람이 없나니 이 일을 행하려 하거든 자신을 세상에 나타내소서 하니 이는 그 형제들이라도 예수를 믿지 아니함이러라 (요7:2-5)

그들은 한 가족으로서 같이 자랐지만 예수를 알지 못했습니다. 그들은 예수를 믿지도 않았습니다. 낮은 마음이 없는 사람은 가까이 사는 가족이라고 하더라도 주를 알 수 없는 것입니다. 그들의 눈에는 예수가 스스로 나타나기를 구하는, 세상에서 유명해지고 출세하기를 원하는 정도의 사람으로밖에 보이지 않았습니다.

왜 그들은 주님을 제대로 알아보지 못했을까요? 그것은 그들의 높은 마음 때문입니다. 자신이 높아지기를 원하는 이들은 다른 사람도 자기처럼 같이 높아지기를 소원하는 것으로 생각합니다. 다윗의 형제들이 다윗을 알아보지 못한 것처럼, 다윗의 형이 자기가 높은 마음을 가졌으므로 다윗에게 교만하다고 화를 낸 것처럼 사람들은 남들도 자기와 같다고 생각합니다. 그러므로 주님을 알아볼 수 있는 이들은, 주님을 따르고 믿을 수 있는 자들은 오직 예수와 같은 낮은 마음을 가진 사람들뿐이었습니다. 그것은 오늘날도 마찬가지입니다. 물리적으로 예수와 가까이 있는 것 같이 보이는 이들도 낮은 마음이 없는 이들은 주님을 가까이 알 수 없습니다. 평생 동안 신앙생활을 하고 심지어 영적 지도자의 위치에 있으며 많이 기도하고 봉사를 하는 이들도 높은 마음을 가지고 있다면 그는 실제로는 예수와 아주 멀리 있는 것입니다.

이 세상의 가치관은 높은 자리에 있으며 사람들에게 존경을 받는 위치에 있으면 신앙이 좋다고 여기고 예수와 가까울 것이라고 여깁니다. 그러나 어떤 이가 실제적으로 예수를 알고 예수와 가깝다면 그러한 이들은 예수의 마음을 가지고 예수의 말을 하고 예수의 행동을 하며 예수의 향기를 가지고 있습니다. 소유와 권력과 명예와 같은 외적인 것이 아닌 예수에게 속한 삶의 열매를 가지고 있는 것입니다. 예수를 외적으로 아는 것과 내적으로 아는 것은 다릅니다. 내적으로 예수를 아는 이들은 반드시 삶과 인격에 그 증거가 나타나는 것입니다.

온 우주에서 유일하게 낮은 사람

타락으로 인하여 온 우주가 높아졌습니다. 온 세상이 높은 마음을 가지게 되었습니다. 그리하여 마귀에게 속하고 지옥에 속하는 존재가 되었습니다. 그리하여 모든 이들은 본능적으로 높아짐을 원하며 대접받기를 원하며 으뜸이 되는 것을 사모하게 되었습니다.

그럴 때 우주에서 오직 유일하게 주님이 낮은 자로 이 땅에 오셨습니다. 온 세상이 높은 곳을 향할 때 오직 주님이 낮은 곳을 향하여 오셨습니다. 그러므로 예수와 같은 속성을 가진, 낮은 마음 낮은 심령의 사람들만이 예수께 붙어있을 수 있습니다. 그러한 이들만이 예수께 속한 사람이 되며 예수의 사람들이 될 수 있습니다. 주님은 낮은 자로 오셨고 낮은 마음의 소유자를 찾으시기 때문입니다.

잠시 예수를 좇다가도 다시 마음이 높아진 사람들은 지속적으로 예수에게 붙어있을 수 없었습니다. 그러나 과거에 높은 마음을 가졌더라도 넘어지고 실패한 후에 자신을 돌아보고 다시 낮은 마음을 가지고 예수께 온 이들은 주님의 은혜를 회복할 수 있었습니다.

주님은 낮은 자로서 이 땅에 오셨습니다. 그에게 속한 이들은 하나같이 부족하고 모자라고 낮은 사람들이었습니다. 다윗은 예수의 모형으로서 많은 것들을 상징적으로 보여주는 인물입니다. 그가 사울에게 쫓김을 당하고 있을 때 많은 사람들이 그를 찾아왔습니다.

그러므로 다윗이 그곳을 떠나 아둘람 굴로 도망하매 그 형제와 아비의 온 집이 듣고는 그리로 내려가서 그에게 이르렀고
환난당한 모든 자와 빚진 자와 마음이 원통한 자가 다 그에게로 모였고 그는 그 장관이 되었는데 그와 함께한 자가 사백 명 가량이었더라 (삼상22:1-2)

다윗을 따르고 함께 한 자들은 하나같이 환난 당한 자, 빚진 자, 마음이 원통한 자들이었습니다. 당시의 세상에서 지체가 높고 잘 나가고 부유한 자들은 없었습니다. 이스라엘 왕 사울과 좋은 관계를 가지고 있는 이들은 없었습니다. 그랬다면 굳이 도망자 다윗을 좇을 이유가 없었을 것입니다. 이것은 어떠한 이들이 주를 좇는 가를 상징적으로 보여줍니다. 주를 좇는 자들, 주를 따르는 자들도 다윗을 좇는 자들과 비슷합니다. 이 세상의 왕 마귀에게 좋은 대우를 받는 이들은 굳이 주를 따르려고 하지 않을 것입니다. 세상에서 외롭고 원통하며 삶의 짐이 무겁고 힘든 자들이 예수께 나아옵니다. 마음이 높은 자가 아닌 낮고 상한 사람들이 주님께 나아옵니다. 그리하여 예수를 따르고 예수의 영을 받으며 예수의 은총과 기쁨과 영광을 알게 되는 것입니다. 그리고 그 기쁨과 은총과 영광은 세상이 주는 것과 다른 것입니다.

주님은 낮은 자로 이 땅에 오셨습니다. 그리고 낮은 자들에게 영접을 받으셨습니다. 주님께 속한 이들은 그 당시나 지금이나 언제나 낮고 상한 마음의 소유자들입니다. 낮고 약하고 무기력하고 부족하며 세상에서 아무런 소망이 없는, 그래서 오직 예수께만 소망을 두고 있는, 그러한 자들이 바로 예수의 사람들이라고 할 수 있을 것입니다.

그러나 다윗을 따르던 그 약하고 원통하고 빚지고 환란당한 자들은 다윗과 같이 동고동락하다가 나중에는 다윗 왕국의 중심을 형성하고 막강한 군대와 막강한 나라를 이루었습니다. 그와 같이 주님은 그에게 속한 약하고 부족한 이들을 다루시고 훈련해서 결국은 하나님의 나라를 위한 아름다운 도구로 사용하실 것입니다.

그 약한 무리들은 비록 시작은 연약하지만 낮은 자들에게 은총을 베푸시는 주님의 사랑과 능력을 힘입어 장차 아름답고 놀라운 왕국의 중요한 주춧돌로서 쓰임 받는 사람들이 될 수 있을 것입니다. 할렐루야.

3. 주님의 낮아지심과 십자가의 사역

반대로 행하여 회복시키심

주님의 이 땅에 오심은 회복을 위한 것입니다. 아담으로 인하여 사망이 왔기 때문에 그것을 회복하기 위하여 오신 것입니다. 그러므로 주님은 아담이 망쳐놓은 것을 모두 원상 복귀해야 하셨습니다. 그래서 주님은 아담이 행했던 모든 잘못을 반대로 행하심으로 회복시키셨습니다.
아담과 하와가 먹는 것으로 인하여 범죄했기 때문에 주님은 금식으로 그의 사역을 시작하셨습니다. 아담이 마귀의 유혹에서 졌기 때문에 주님은 마귀의 유혹을 받고 이기는 경험을 통과하셨습니다.
주님은 아담과 하와가 겪었던 동일한 시험을 당하셨습니다. 하와가 그 나무를 보았을 때 먹음직도 하고 보암직도 하고 지혜롭게 할 만큼 탐스럽게 보였다고 했습니다. (창3:6)

마귀는 주님께도 먹음직하고 보암직하고 탐스러운 것으로 유혹하였습니다. 그는 금식하시는 주님께 먹는 문제로 유혹하였습니다. 돌로 떡을 만들도록 유혹함으로써 그것이 먹음직하게 보이도록 하였습니다. 그는 또한 천하 영광을 보여주면서 그것을 주겠다고 유혹했습니다. 보암직한 것으로 유혹한 것이었습니다. 그 후에는 높은 곳에서 뛰어내리는 기적을 통해서 스타가 되도록 유혹했습니다. 그것은 명예와 자랑에 대한 것이며 높음을 구하는 자들에게 탐스럽게 여겨지는 것입니다.
이 세 가지 시험은 요한 일서에 언급되는 육신의 정욕과 안목의 정욕과 이생의 자랑에 대한 것입니다. (요일2:16) 그것은 항상 마귀의 기본적인 유혹과 공격의 방식이었습니다. 먹는 것에 대한 욕망, 보는 것에 대한 욕망, 그리고 자아의 명예와 자존심에 대한 욕망.. 이 세 가지는 마귀가 항상 사용하는 무기입니다.

그 중에서 먹는 것, 보는 것에 대한 욕망보다도 이생의 자랑, 즉 자신이 높아지기 원하는 것, 자존심과 명예를 세우기 위한 것, 자기 자랑과 자기 높임의 무기가 가장 대표적인 마귀의 도구라고 할 수 있는 것입니다. 주님은 아담과 하와가 실패했던 이 시험을 통과하셨습니다.
아담은 선악과를 먹음으로써 마귀에게 경배한 것과 같이 되었으나, 주님은 마귀에 대한 경배를 거절하셨습니다. 아담은 높아짐을 추구하였으나 주님은 높아짐을 버리고 낮아짐을 추구하셨습니다. 아담은 쉽게 하나님의 말씀을 불순종하였으니 주님은 죽기까지 순종하셨습니다. 목숨까지 포기하면서 행한 순종이 진정한 순종이며 온전한 순종임을 주님은 보여주셨습니다.

주님의 사역은 높아짐을 깨뜨리는 것

그렇게 하여 주님은 모든 것을 되돌려 놓으셨습니다. 그의 핵심 사역은 마귀를 깨뜨리고 인간들을 마귀의 종노릇하는 위치에서 벗어나게 하는 것이었습니다. 그 사역은 바로 높아짐을 깨뜨리는 것이었습니다. 마귀는 사람을 높아지게 함으로써 그의 수하에 둘 수 있었습니다. 그러므로 높아짐으로 인한 멸망은 낮아짐으로 인하여 회복되는 것이며 이를 통해서만 마귀의 권세는 파괴될 수 있었습니다.
사람들은 주님이 행하신 기적과 능력을 보고 그를 왕으로 세우려고 하였습니다. 오병이어의 기적을 보고 그들은 말했습니다.

이는 참으로 세상에 오실 그 선지자라 (요6:14)

그러나 그것은 주님께서 원하시는 반응이 아니었습니다. 주님은 왕이 되고 높아지기 위하여 이 땅에 오신 것이 아니고 낮아지고 희생하기 위하여 이 땅에 오신 것이기 때문입니다.

그러므로 예수께서 저희가 와서 자기를 억지로 잡아 임금 삼으려는 줄을 아시고 다시 혼자 산으로 떠나가시니라 (요6:15)

사람들은 주님이 놀라운 능력을 행하시는 것을 보고 그를 왕으로 삼고자 했습니다. 과거에 모세나 엘리야가 기적과 능력을 행하고 그들의 적국을 깨뜨렸던 것처럼 주님께도 그러한 것을 기대하였습니다. 그들의 원수들을 정복하여 주기를 원하였습니다.

그러나 그것은 주님의 사역이 아니었습니다. 모세나 전에 왔던 선지자들은 사역의 일부를 행했을 뿐이며 피상적이고 일시적인 승리와 역사를 이루었을 뿐입니다. 그러나 주님은 근원적인 문제를 해결하기 위하여 오셨습니다. 그것은 외형적인 정복과 승리가 아니었습니다. 그것은 영광을 받고 높은 곳에서 이루는 승리가 아니었습니다.

굴욕을 위하여 오심

주님은 이 땅에 영광을 받으러 오신 것이 아닙니다. 주님은 최후에 심판이 이루어질 때 영원한 곳에서 영광을 받으실 것입니다. 그러나 그분이 이 땅에 오신 것은 영광을 받기 위함이 아니었습니다. 주님께서 영광을 받으셨으면 우리는 여전히 멸망 가운데 있었을 것입니다. 주님은 굴욕을 당하기 위하여 이 땅에 오셨습니다. 수치와 모욕을 당하기 위하여 오셨습니다.

그의 사역은 바로 낮아짐의 사역이었습니다. 마귀는 끝없이 그에게 영광을 주려고 했습니다. 군중들은 그를 왕으로 만들고 싶어 했습니다.

하지만 주님은 그것을 거절하셨습니다. 이 세상을 회복하기 위해서입니다. 주님은 사역을 시작하면서 세례요한에게 세례를 받았습니다. 그가 온 우주의 주인으로서 한 작은 사람일 뿐인 세례요한에게 세례를 받는 것이 가당한 일일까요? 세례요한조차 그것을 거절하였습니다. 그는 말했습니다.
주님.. 제가 당신에게 세례를 받아야 하는데, 당신이 오시다니요.. (마 3:14)

주님은 대답하셨습니다.
허락하라. 이렇게 하는 것이 모든 의를 이루는 것이다 (마3:15)

그것은 놀라운 낮아짐이었습니다. 그리고 그 순간 하늘에서 음성이 들렸습니다.
이는 내 사랑하는 아들이요 내 기뻐하는 자라 (마3:17)

그가 낮은 자리에 서고 낮은 사역을 감당하는 것은 하나님께서 기뻐하시는 뜻이었습니다.
그는 우주의 왕으로서 한 작은 인간인 부모에게 순종하였습니다. 그는 권위에 복종하였습니다. 제자들이 그에게 와서 세금의 문제를 어떻게 해야 하느냐고 물었습니다. 그가 명령을 따를 필요가 있을까요? 그는 모든 것의 주인이기 때문입니다. 그러나 그는 질서를 따랐고 법을 지켰습니다.

가버나움에 이르니 반 세겔 받는 자들이 베드로에게 나아와 가로되 너의 선생이 반 세겔을 내지 아니하느냐 가로되 내신다 하고 집에 들어가니 예수께서 먼저 가라사대 시몬아 네 생각은 어떠하뇨 세상 임금들이 뉘게 관세와 정세를 받느냐 자기 아들에게냐 타인에게냐 베드로가 가로되 타인에게니이다 예수께서 가라사대 그러하면 아들들은 세를 면하리라 그러나 우리가 저희로 오해케 하지 않기 위하여 네가 바다에 가서 낚시를 던져 먼저 오르는 고기를 가져 입을 열면 돈 한 세겔을 얻을 것이니 가져다가 나와 너를 위하여 주라 하시니라 (마17:24-27)

십자가는 굴욕의 극치이다

주님은 자기의 권리를 사용하지 않으셨습니다. 오해를 받지 않도록, 덕을 세우기 위하여 오직 법과 질서에 순복하셨습니다. 주님은 권세를 누리러 오지 아니하셨고 오직 의무를 다하고 순복하며 대가를 지불하기 위하여 오셨기 때문입니다.
주님의 사역은 낮아짐이며 희생하는 것이며 굴욕을 견디는 것이었습니다. 아담과 하와의 교만과 불순종 때문에, 그리고 우리의 교만과 자존심 때문에 주님은 굴욕을 당하셔야 했습니다.

십자가는 주님 사역의 핵심이며 굴욕의 극치입니다. 그는 고소를 당하고 비방을 당하며 주먹으로 맞고 채찍에 맞고 벌거벗겨졌으며 수치와 멸시를 겪었습니다. 주님은 많은 병자를 치유하셨고 무리들에게 진리를 가르치셨고 제자들을 가르치셨지만 그의 핵심 사역은 굴욕을 당하며 십자가에서 죽으시는 것이었습니다. 모욕당함, 버림받음, 수치를 당함, 굴욕과 죽음.. 이것이 그분의 사역의 핵심이며 완성이었습니다.

십자가, 채찍에 맞음, 온갖 모독과 굴욕, 수치를 당하는 것.. 이것은 겉으로 보기에 매우 비참합니다. 그것은 실패한 사역같이 보입니다. 하지만 그것은 실패가 아니고 진정한 성공입니다. 왜냐하면 그러한 굴욕 당함과 죽음으로 인하여 마귀의 권세가 무너지게 되어있기 때문입니다. 이것은 감추어진 비밀이었으므로 많은 이들은 이 진리를 이해하지 못했습니다. 그리하여 주님의 십자가와 죽음을 실패로 수치로 보았습니다. 어쩌면 오늘날의 많은 믿는 이들도 십자가와 낮아짐의 비밀을 피상적으로만 이해하고 있는 지도 모릅니다.

십자가는 마귀에게 치명적인 것이다

마귀의 무기는 사람을 높아지게 하는 것입니다. 사람이 높은 마음을 가지고 자기를 높이면 그는 마귀의 소유가 됩니다. 그러나 자기 높임을 거절하면 마귀는 그를 지배할 수 없으며 그를 제압할 수 없습니다. 마귀는 무력하게 패배하게 됩니다.
주님께서 높아짐의 길을 선택하지 않으시자 마귀는 사람들을 충동하여 온갖 비난과 조롱과 저주를 퍼부었습니다. 이 때 주님이 분노하셔서 그 굴욕의 길을 떠나면 마귀는 다시 힘을 낼 수 있었습니다. 하지만 온갖 조롱과 온갖 수치에도 불구하고 주님은 묵묵히 순종과 굴욕의 길을 가셨습니다. 그것은 마귀에게 치명적인 충격이 되는 것이었습니다.

마귀는 겉으로는 군인들을 통하여 주님께 채찍을 내리치고 있었지만, 속으로 통곡했을 것입니다. 주님은 백성들을 통해서, 제사장들과 군인들을 통해서, 모든 사람들에게 조롱을 당하셨지만 이에 대하여 입을 벌리지 않으시고 묵묵히 조롱을 받으셨습니다. 그 때 마귀는 절망하고 통곡했을 것입니다. 마귀는 주님께 가시관을 씌우고 손과 발에 못을 박았지만 주께서 조용히 그 고통을 감당하고 계실 때 통곡하고 좌절했을 것입니다. 왜냐하면 그 순간 마귀의 왕국은 서서히 무너지고 있었기 때문입니다.

왜 고통을 당하고 굴욕을 당하고 있을 때에 마귀의 왕국은 무너지는 것일까요. 그 이유는 간단합니다. 마귀가 권세를 누리고 있는 것은 그가 사람들에게 받을 빚이 있기 때문인데 주께서 대신 받으신 고통을 통해 그 빚이 처리되고 있었던 것입니다.
채무로 인하여 고통을 겪고 있는 사람이 있습니다. 그는 시도 때도 없이 걸려오는 전화로 인하여 마음을 졸입니다.
도망을 간다 해도 마음 편히 쉴 수가 없습니다. 그런데 만일 어떤 사람이 그의 채무를 다 갚아주었다면? 그는 더 이상 쫓기며 살지 않게 될 것입니다.

반대로 채권자의 입장을 생각해보십시오. 한 악한 사람이 다른 사람의 약점을 빌미로 계속 그를 위협하며 자기의 종으로 부린다고 합시다. 그런데 어떤 사람이 그를 대신하여 빚을 갚아주고 그의 약점을 처리해준다면? 악한 사람에게 그것은 비극이 될 것입니다. 그는 더 이상 위협할 수 없고 더 이상 상대방을 괴롭힐 수 없으니까 말입니다.

주님의 십자가, 주님의 굴욕은 바로 그런 것입니다. 그러므로 주님의 등에 채찍을 내리치면서도 절망하고 낙담하는 것은 마귀인 것입니다. 그의 유일한 무기이며 재산이며 권리인 빚이 주님의 굴욕을 통해서 사라져가고 있었기 때문입니다.
드디어 십자가의 죽으심으로 그 빚이 완전히 청산되었을 때 마귀는 완전히 그 권리를 상실해버리고 말았습니다. 그것은 마귀에게 사형 선고와 같은 것이었습니다.

이제 주님이 빚을 담당하셨으므로 우리에게는 더 이상 정죄함이 없습니다. 더 이상 벌벌 떨 필요가 없습니다. 그분이 우리를 해방시키셨기 때문입니다. 십자가에서 승리자는 마귀가 아니고 주님이셨습니다. 승리자는 때리는 자가 아니고 맞는 자였습니다. 이제 우리의 빚을 주님께서 갚으심으로 인하여 모든 채무관계는 끝나게 되었던 것입니다.

그러나 이 진리를 알지 못하던 제자들은 주님께 십자가를 지지 말라고 간언하였습니다. 백성들은 그를 왕으로 삼으려고 하였으며 조롱하는 자들은 십자가에서 내려오라고, 그러면 믿겠다고 하였던 것입니다.
그러나 주님은 묵묵히 낮아짐과 굴욕과 십자가를 담당하셨고 마귀의 법적인 권세는 끝이 났습니다. 이제 그의 왕국은 힘을 잃게 되었습니다. 뱀은 여자의 후손의 발꿈치에 충격을 주었을 뿐이지만 여자의 후손은 그의 머리에 치명적인 충격을 주었습니다. (창3:15) 그 일이 십자가에서 이루어졌던 것입니다. 십자가는 주님 사역의 핵심이며 완성입니다. 대가를 지불하지 않고는 묶임에서 벗어날 수 없습니다. 하나님은 공의로우시며 거룩하신 분이시기 때문입니다.

유대인은 표적을 구하고 헬라인은 지혜를 찾으나 우리는 십자가에 못 박힌 그리스도를 전하니 유대인에게는 거리끼는 것이요 이방인에게는 미련한 것이로되 오직 부르심을 입은 자들에게는 유대인이나 헬라인이나 그리스도는 하나님의 능력이요 하나님의 지혜니라 (고전1:22-24)

헬라인이 볼 때 십자가는 어리석은 것입니다. 그들은 지혜를 숭상합니다. 그들의 생각에 인류를 구원하는 것이라면 지극히 고상하고 깊은 지식이어야 할 것입니다. 그런데 고작 한낱 사형수의 죽음이 구원의 방법이라니 그들에게는 참으로 어리석게 보일 수 밖에 없는 것입니다.

유대인들은 하늘로서 오는 기적과 능력을 기대합니다. 하나님이 보내신 구원자라면 과거에 모세와 엘리야가 그랬던 것처럼 놀라운 능력과 표적으로 원수들을 초토화시켜서 그들을 구원할 것이라고 생각합니다. 그러니 십자가에 못 박혀 죽는 예수는 그들이 보았을 때는 실패자인 것입니다. 그러나 십자가의 그리스도는 하나님의 방법이며 지혜입니다. 그것은 부르심을 받은 자들이 깨달을 수 있는 놀라운 지혜이고 능력이며 은총입니다. 마귀는 대가를 지불함으로써 패퇴시킬 수 있습니다. 십자가는 대가의 지불이며 낮아짐의 극치입니다. 굴욕의 극치입니다. 순종의 극치입니다.

자기를 낮추시고 죽기까지 복종하셨으니 곧 십자가에 죽으심이라 (빌2:8)

십자가는 모델이다

주님의 낮추심과 복종과 죽으심으로 이제 마귀의 권세는 깨어졌습니다. 이제 마귀는 무력해졌습니다. 그러나 그것은 온 인류에게 효력을 미친 것이 아닙니다. 아직도 여전히 마귀는 세상의 주인입니다. 마귀가 더 이상 권세를 부릴 수 없는 대상은 오직 십자가를 지신 주님께 붙어 있는 사람들 뿐 입니다. 오직 주님께 속하고 주님께 연결되어 있을 때 그 십자가의 승리가 우리의 것이 될 수 있습니다.

주님의 낮아짐으로, 생명 대가의 지불을 통해서 우리는 자유케 되었습니다. 하지만 그것으로 다 끝이 난 것은 아닙니다. 주님의 삶과 사역은 하나의 모델과 같은 것입니다. 우리는 그의 사역에 대해서 믿고 감사하고 구경하는 것으로 끝나는 것이 아닙니다. 그의 승리는 곧 우리의 승리가 될 수 있습니다.
주님의 삶은 우리에게 모델이 됩니다. 그는 우리가 어떻게 생각하고 어떻게 행해야 하는지를 분명하게 보여주는 모델인 것입니다.
주님은 말씀하셨습니다.

아들이 아버지의 하시는 일을 보지 않고는 아무것도 스스로 할 수 없나니 아버지께서 행하시는 그것을 아들도 그와 같이 행하느니라 (요5:19)

이 말씀은 주님의 행하시는 원리를 보여줍니다. 그것은 또한 우리가 어떻게 행해야 할지를 보여주시는 것입니다. 주님께서 아버지의 행하심을 보고 모든 것을 따라하시는 것처럼 우리도 주님의 행하심을 보고 그대로 따라해야 합니다. 주님은 우리 삶의 모델이시며 그의 말씀하시는 것이나 행하시는 모든 삶과 사역은 우리의 본이 되어야 합니다.

주님은 자신이 십자가를 져야 할 것을 거듭하여 말씀하셨습니다. 또한 그뿐 아니라 너희도 자기 십자가를 지라고 말씀하셨습니다.

주님은 십자가를 지는 것을 만류하는 베드로에게 이렇게 말씀하셨습니다.

예수께서 돌이키시며 베드로에게 이르시되 사단아 내 뒤로 물러가라 너는 나를 넘어지게 하는 자로다 네가 하나님의 일을 생각지 아니하고 도리어 사람의 일을 생각하는도다 하시고 이에 예수께서 제자들에게 이르시되 아무든지 나를 따라오려거든 자기를 부인하고 자기 십자가를 지고 나를 좇을 것이니라 누구든지 제 목숨을 구원코자 하면 잃을 것이요 누구든지 나를 위하여 제 목숨을 잃으면 찾으리라 (마16:23-25)

주님은 '내가 십자가를 져서 모든 문제를 끝냈으니 너희는 이제 세상에서 복 받고 편히 살라'고 말씀하시지 않았습니다. 주님을 따르기 원하는 자들은 모두가 다 자기 십자가를 져야한다고 말씀하셨습니다. 주님을 따르는 모든 자들이 주님이 가신 그 길을 같이 가야 한다고 말씀하셨습니다. 십자가는 주님으로 끝난 것이 아니라 믿는 자, 주를 따르는 자의 삶의 원리인 것을 말씀하신 것입니다.

주의 말씀을 행해야 한다

주님은 주의 이름을 입으로만 고백하는 것으로 만족하시지 않았습니다. 주님의 이름을 울면서 간절하게 부르는 것만으로도 만족하시지 않았습니다. 주님은 말씀하셨습니다.

너희는 나를 불러 주여 주여 하면서도 어찌하여 나의 말하는 것을 행치 아니하느냐 (눅6:46)
이러므로 그의 열매로 그들을 알리라 나더러 주여 주여 하는 자마다 천국에 다 들어갈 것이 아니요 다만 하늘에 계신 내 아버지의 뜻대로 행하는 자라야 들어가리라 (마7:20-21)

주님은 주의 이름을 부르고 입술로 주님을 나의 구주로 고백하는 데서 멈추지 말고 그의 말씀을 행해야 한다고 하셨습니다. 주의 말씀을 듣고 행하는 자는 집을 반석위에 지은 지혜로운 사람과 같으며 말씀을 듣고 행치 않는 자는 집을 모래위에 지은 어리석은 사람과 같다고 하셨습니다. (마7:24-27) 그러한 집은 언젠가 무너지게 될 것입니다.

십자가의 길은 좁은 길이다

주님의 말씀은 세상의 가르침과 다릅니다. 주님의 길은 좁은 길이며 유행하는 길이 아닙니다. 주님의 길은 십자가의 길이며 낮아짐의 길입니다. 그 길은 좁은 문의 좁은 길입니다.
그 길은 많은 사람들이 가는 길이 아닙니다. 많은 사람들은 높아짐을 위한 높은 길을 가고 있으며 출세와 성공과 영광을 받기 위한 길을 갑니다. 심지어 주의 이름을 부르는 자들도 십자가를 싫어하고 낮은 길을 가기 싫어합니다.

그러나 우리는 주님이 가르치신 것처럼, 주님이 사신 것처럼 낮은 삶, 십자가의 삶을 살아야 합니다. 그리고 바로 그것이 자유함의 길이며 승리의 길이며 마귀를 깨뜨리는 길입니다. 인간이 마귀의 유혹에 속아서 높아짐으로 인하여 멸망했는데 왜 다시 높아짐의 길, 멸망의 길로 가야 합니까? 주님께서 십자가의 길, 낮아짐의 길을 걸으시고 그로 인하여 구속을 받았는데 왜 다시 저주와 멸망의 길로 가야 합니까? 왜 다시 죄를 지어야 합니까? 갈라디아서는 말합니다.

형제들아 너희가 자유를 위하여 부르심을 입었으나 그러나 그 자유로 육체의 기회를 삼지 말고 오직 사랑으로 서로 종 노릇 하라 (갈5:13)

우리는 모두 높아짐을 추구하여 죄의 종, 마귀의 종이 되었었습니다. 그리고 주님의 희생으로 인하여 자유를 얻었습니다. 그러나 자유를 얻었다고 해서 함부로 살아서는 안 됩니다. 이제 자유를 얻은 우리는 기쁨으로 즐거이 스스로 종이 되어야 합니다. 주님의 종이 되고 서로를 섬기는 종이 되어야 합니다. 서로 낮은 자가 되어서 주님이 가신 길을 가야 하는 것입니다.

진정한 사역은 낮아짐의 사역이다

주님의 사역은 낮아짐의 사역입니다. 이 땅에 오심에서부터 떠나시기까지 그의 삶과 사역의 핵심은 희생과 낮아짐이었습니다. 그것이 바로 주님의 사역이었습니다.
사역이란 바로 그런 것입니다. 사역이란 바로 낮아짐과 희생을 의미하는 것입니다. 낮아짐, 십자가.. 그것이 바로 진정한 사역이며 그러한 사역이 영혼을 돕고 구하고 자유케 하는 것입니다. 낮아짐의 사역, 굴욕의 사역이 마귀를 제어하며 영혼을 마귀에게서 놓여나게 하고 자유롭게 합니다.

오늘날 이 시대에는 사역에 대한 많은 오해들이 있습니다. 복음을 전하는 자로, 양육하는 자로 부름을 받은 사역자들의 많은 오해가 있습니다. 그것은 사역이 높은 위치에 서기 위하여 부름을 받는 것이라고 여기는 것입니다.

사역자로 부름 받은 것을 아주 자랑스러워하며 긍지를 느끼는 이들이 많이 있습니다. 세계적인 종이 되겠다고 하는 이들도 있고 위대한 종이 되겠다고 하는 이들도 있습니다. 유명한 사람이 되고 싶어 하는 이들도 있습니다. 하지만 그것은 기본적으로 오해임을 알아야 합니다. 사역이란 높아지는 것이 아닙니다. 사역이란 낮은 곳으로의 부르심입니다. 사역의 핵심은 낮아짐입니다.
주님이 하신 것처럼 죽기까지 낮아지는 것, 그것이 바로 사역입니다. 희생하고 대가를 지불하며 낮아지고 굴욕을 겪으므로 사단의 왕국은 파괴됩니다. 그것을 이루는 것이 사역입니다.

높은 곳에 올라 영광을 받고 싶어 하고 위대한 큰 종이 되고 싶은 마음은 사역에 대해서 잘 알지 못하는 것입니다. 그러한 것은 마귀에게 충격을 주지 못합니다.
높은 곳을 좋아하고 명예를 좋아하고 명령하기를 좋아하는 사역자가 있다면 그러한 사람은 영혼을 마귀에게서 해방시키는 진정한 사역에 대해서 모르는 것입니다.

사역은 굴욕을 당하고 비천해지기 위한 부르심입니다. 사역이란 주님과 같이 버림받고 피를 흘리며 고통의 대가를 지불하는 것입니다. 그리고 그것을 위하여 부름 받은 것입니다.
고통을 싫어하고 희생을 싫어하며 버림받음을 싫어하고 오해받는 것과 비난받는 것을 싫어한다면 그는 사역의 길을 가서는 안 됩니다. 높은 곳에 이르며 유명해지기를 바라고 편하게 살고 싶다면 그는 사역을 해서는 안 됩니다. 그러한 이들은 사역의 열매를 얻지 못할 것입니다. 왜냐하면 피사역자들은 사역자가 피를 흘리고 고통의 대가를 지불하는 것만큼 성장할 수 있기 때문입니다.

낮아짐을 아는 자가 마귀를 잠잠케한다

낮음과 희생과 굴욕에 대해서 알지 못하는 이들은 진정한 능력에 대해서도 역시 알지 못합니다. 영리하고 탁월하며 많은 지식과 언변을 가지고 있는 이들이 마귀를 이길 수 있다고 생각하지 마십시오. 오직 낮음과 굴욕을 알고 순복을 아는 이들이 마귀를 잠잠케 하는 능력을 가지고 있습니다.

그러한 이들은 주의 길을 가는 자들이며 십자가의 길을 알며 주님과의 연합이 무엇인지 아는 자들이기 때문입니다. 능력이란 근본적으로 낮음과 굴복과 십자가에서 오는 것입니다. 그것이 마귀의 능력을 잠잠하게 합니다.
주님은 섬김이 사역이라고 가르치셨습니다. 주님은 제자들의 발을 씻김으로써 본을 보여주셨습니다. 주님이 발을 씻기신 것은 하나의 행사가 아니었습니다. 그것은 기념행사를 하라고 보여주신 것이 아닙니다. 그것은 삶과 사역의 원리를 보이신 것입니다. 그렇게 낮은 자세로 살고 사역을 하라고 가르치신 것입니다.

높은 마음의 사역자는 주님께 속한 것이 아니다

자기를 대단한 종으로 여기는 사람들, 훌륭한 사역자로 여기는 이들은 오해에서 벗어나야 합니다.

자신의 지성과 지식을 자랑하며 다른 이들의 어리석음을 비웃고 자신을 특별한 종으로 여기는 이들, 자신의 탁월한 성경 해석과 설교에 대해서 사람들의 칭찬과 환호를 기대하는 이들, 다른 이들이 그를 잘 대우해주지 않으면 불쾌히 여기는 이들은 정신을 차리고 깨어나야 합니다.

그러한 이들의 영혼은 주님과 가깝지 않으며 그들이 하는 사역은 주님께 속한 사역이 아닙니다.

거드름을 피우고 세상의 욕심들을 사랑하며 남들보다 높은 곳에서 영광을 받고 살려고 하는 이들은 하늘의 능력을 알지 못하며 진정한 해방과 승리가 무엇인지 모릅니다. 그러므로 그들은 무능하며 마귀를 제압하지 못하며 진정한 사역의 열매를 맺지 못합니다.

진정 하나님께 속한 사역자들은 섬김을 받는 것을 싫어하며 오직 섬기려고 합니다. 그러한 이들은 천국에 속해 있습니다. 낮은 마음과 사모함에서 능력이 나옴을 알기 때문입니다.

지적 능력도 날카로운 지혜도 통찰력도 권능도 은사도 그 어떤 것이라도 자신을 높이는 도구가 되어서는 안 됩니다. 사역이란 낮아짐이며 희생이며 피를 흘림으로 사람들을 돕는 것이며 제물이 되는 것입니다. 그것이 열매를 맺는 사역인 것입니다.

마귀는 희생자로 인하여 파괴 된다

주님은 참 사역의 본을 보여주셨습니다. 마귀의 왕국을 깨뜨리는 실제적인 길을 보여주셨습니다. 마귀는 희생자로 인하여 파괴됩니다. 그러므로 주님과 같이 피를 흘리는 희생자가 필요합니다. 그것이 주님이 보여주신 사역입니다.

오늘날 적지 않은 사역자들이 높은 것을 좋아하고 편안한 것을 좋아하기 때문에 열매와 풍성함이 부족합니다. 생명이 부족함으로 사람들이 자유함과 승리를 알지 못하는 것입니다.

진정한 사역의 결과와 열매는 세상에서 높은 지위를 얻고 부자가 되는 것이 아닙니다. 그 열매들은 천국에 속한 사람, 주님에 속한 사람, 천국과 주님의 열매를 맺는 사람들이 증가하는 것입니다. 사람들의 내적 아름다움이 증가되는 것입니다. 천국에 속하여 마음이 순결해지고 낮아지며 희생하고 좁은 길을 가는 이들이 증가되는 것이 바른 사역의 결과이며 열매인 것입니다.

열매란 오직 삶의 증거를 통해서 나타나야 합니다. 그것이 사역의 가치이며 보람입니다. 예수에 속하고 예수의 향기, 예수의 인격을 가지는 천국에 속한 사람들이 많이 세워지는 것. 그것이 사역의 의미이며 목적인 것입니다. 그것이 바로 주님이 하신 일입니다.

낮은 사역자를 일으켜야 한다

나는 사역자를 가르치고 훈련하는 신학교에서는 교리와 이론만을 가르칠 것이 아니라 실제적인 삶과 행동도 가르쳐야 하지 않을까 생각합니다. 사역자들이 단순히 잘 가르치고 말을 잘 하는 것으로 그치지 않고 실제로 낮은 곳에서 잘 섬기고 낮은 위치에서 굴욕을 겪으며 통과하는 훈련을 받는 것이 필요하지 않을까 싶습니다. 예전에 모세가 광야신학교를 졸업하고 요셉이 감옥 신학교와 노예 신학교를 졸업했던 것처럼 말입니다.

실제로 소록도와 같은 곳에서 나병환자를 씻기고 가난한 이들을 부양하기 위하여 노동을 배우고.. 이러한 훈련들이 실천이 부족한 교리의 맹점을 보완해주지 않을까 싶습니다.

이 시대는 삶과 열매와 행동이 부족한 이론 뿐의 이야기와 가르침들이 너무 많습니다. 모두가 자기 확신이 많고 아는 것이 너무 많습니다. 너무나 옳은 사람들이 많습니다.

그러나 신학교가 이처럼 마음이 높은 사람을 만들어내는 곳이 되어서는 안 됩니다. 신학교는 주님과 같이 낮은 사람을 만드는 곳이 되어야 합니다. 주님과 같이 낮은 길을 사모하는 그리스도의 종들을 양성하는 곳이 되어야 합니다.

그렇게 낮은 사역자들이 일어날 때 그들은 실제적인 천국의 능력을 알게 될 것이며 교회에 있든 사회에서 노동을 하든 자신이 있는 곳에 풍성한 생명을 공급하게 될 것입니다. 주님께서 이 흑암으로 가득한 곳에 빛으로 비추어주신 것처럼 낮은 이들은 가는 곳마다 천국의 빛과 기쁨을 확산시키는 도구가 될 것입니다.

지금 온 세상에 높은 마음이 가득합니다. 온 세상에 높은 비전이 가득합니다. 온 세상에 높은 자리를 위한 경쟁이 가득합니다. 그래서 싸움과 불안과 두려움과 상처와 온갖 고통이 끊이지 않습니다.

주님의 사역은 낮아짐의 사역입니다. 죽음의 사역이며 굴욕의 사역이며 아무도 가지 않았던 길을 가신 사역입니다. 그 십자가의 길, 낮아짐의 길은 바로 천국의 비밀이며 이 땅에 가득한 지옥의 세력을 박살내는 능력의 사역입니다. 그는 큰 소리로 외치지 않았고 싸우지 않았고 온유하고 잠잠하였으나 마귀는 그 앞에서 떨며 무기력해졌습니다.

낮아짐은 천국의 비밀입니다. 낮아짐은 지옥의 세력을 제어하며 천국의 문을 엽니다. 천국은 결코 높은 마음으로 이를 수 없으며 엎드림과 무릎으로만 갈 수 있는 곳입니다. 주님이 가신 길은 이 세상에서 감추어진 길입니다. 영광을 받고 높아지는 길이 아니라 굴욕을 겪고 버림을 받으며 낮은 자리를 갈망하고 사모하며 구하는 이들에게 그 놀라운 문은 열릴 것입니다. 높은 곳에서 내려오는 자들은 더 이상 마귀에게 괴롭힘을 받지 않게 될 것입니다.

우리는 모두가 다 사역자입니다. 모든 그리스도인들은 다 사역자입니다. 목회 사역자로 부름을 받지 않았더라도 모든 그리스도인들은 있는 곳에서 다 사역자입니다. 우리는 있는 곳에서 지옥의 세력을 부수며 천국의 빛을 드러내야 합니다.
진정 능력이 있는 삶은 자기를 낮추고 낮은 곳으로 가며 오직 주를 높이는 삶입니다. 그것이 사단의 계략을 파괴하고 무력하게 만듭니다.

낮아짐은 천국의 비밀입니다. 낮아짐은 천국의 사역입니다. 낮아짐이 있는 곳에 은혜가 임하고 낮아짐의 사역이 있는 곳에 천국이 임합니다. 우리는 그 천국의 풍성함을 맛보며 나누어주는 사람이 되어야 합니다. 그 길은 좁은 길입니다. 많은 사람들이 가는 길이 아닙니다. 모든 세상이 높은 길로 갈 때 우리는 소수가 가는 낮은 길, 은총의 길로 가야 합니다. 오늘날 그 길은 감추어져 있지만 그 길을 가는 자들은 진정한 자유와 해방과 승리를 경험하게 될 것입니다. 아멘. 주여, 할렐루야.

4. 낮아짐과 주님의 임하심

마귀의 타락과 유혹으로 인하여 온 세상에 높아짐이 가득하게 되었습니다. 모든 사람들이 서로 높은 곳으로 가려는 마음으로 가득하게 되었습니다. 그렇게 높은 곳으로 가려는 속성으로 인하여 인간은 마귀에게 사로잡히게 되었습니다.

온 우주에서, 세상에서 높임을 받기에 합당하신 분은 오직 하나님 한분이십니다. 그분만이 창조주이며 주권자이며 머리이시기 때문입니다. 그러나 타락으로 인하여 인간은 저마다 머리가 되기를 원하고 높은 위치를 갈망하게 되었습니다. 그러한 사상의 중심에는 스스로 하나님과 같이 되고자 하는 마음이 있는 것입니다.
그리하여 피조물이 피조물의 위치를 싫어하고 스스로 주권자가 되기를 원하게 되었습니다. 양이 목자의 인도를 따르기를 거절하고, 목자가 양에게 순종하게 되었습니다. 양이 목자에게 명령하고 요구하는 것을 당연하게 여기게 되었습니다.

이와 같은 높아짐으로 인하여 거스름이 왔고 사망이 왔습니다. 그러한 세상에 하늘로부터 낮아짐의 생명이 임했습니다. 온 우주가 높아지려고 할 때 스스로 자기를 낮추신 생명이 임했습니다. 그로 인하여 새로운 생명이 시작되었습니다.
옛 생명은 높아짐으로 인하여 죽게 되었으나 낮아짐으로 인하여 새로운 생명, 살리는 생명이 시작되었습니다. 첫 사람 아담은 본능적으로 높아짐을 사랑하여 죽음을 겪게 되었으나 둘째 아담은 낮아짐의 생명을 가지고 왔습니다. 그것은 살리는 생명입니다. 그것은 새로운 생명입니다. 누구나 이 생명에 속한 자는 새로운 생명을 얻을 수 있습니다. 누구나 첫 사람 아담에 속하지 않고 둘째 아담이신 예수에게 속하는 자는 하늘의 생명을 얻게 됩니다.

그러나 이 생명은 아무나 얻을 수 있는 것이 아닙니다. 이 새로운 생명을 받기에 합당한 사람, 합당한 조건이 있습니다. 그 조건은 바로 낮은 마음입니다. 이 새로운 생명이 하늘에서 온 낮은 생명이기에 낮은 사람, 낮은 마음의 사람만이 이 생명을 받을 수 있는 것입니다.

낮은 마음이 하늘의 생명을 얻는다

그러므로 주님께서는 가르치시기를 심령이 가난한 자는 복이 있나니 천국이 저희 것이라고 하셨습니다. (마5:3) 애통하는 자, 온유한 자, 주리고 목마른 자가 복이 있다고 하셨습니다. 이러한 특성들은 바로 낮은 사람, 낮은 마음을 가지고 있는 이들의 특성입니다.

높은 사람, 높은 마음을 가지고 있는 이들은 이 새로운 생명을 받을 수 없습니다. 그러므로 부유한 자들은 화가 있으며 배부른 자들은 화가 있다고 말씀하셨습니다. 사람들이 너희를 칭찬하면 화가 있다고 말씀하셨습니다. (눅6:20-26)

그것은 그렇게 배가 부르고 부유하며 사람들에게 칭찬을 받을 때 마음이 높아져서 높은 사람이 되기 때문입니다. 칭찬을 받고 마음이 낮아지는 것은 어려운 일입니다. 부자가 되어 마음이 낮아지는 것은 어려운 일입니다. 그러므로 그들은 하늘의 생명을 받기가 어려워지므로 그것은 복이 아니고 화라고 주님은 가르치셨습니다. 왜냐하면 주님이 전하신 것은 세상에 속한 것이 아니라 영원한 나라, 하나님의 나라에 대한 것이었기 때문입니다.

같은 성질이 함께 교통한다

주님께 속하고 주님과 교통하는 것은 천국에 속하고 천국과 교통하는 것입니다. 그 주님께 속하고 교통하기 위해서는 주님과 비슷한 파장, 비슷한 성질을 가지고 있어야 합니다. 다른 성질을 가지고 있어서는 주님과 통할 수가 없는 것입니다.

다른 성질을 가지고 있는 두 사람이 부부나 가족이나 동료로 오랜 시간을 같이 있었다고 합시다. 한 사람은 세상을 사랑하고 다른 사람은 하늘을 사랑합니다. 한 사람은 어두움을 좋아하고 다른 사람은 빛을 좋아합니다. 한 사람은 높아짐을 좋아하고 다른 사람은 낮아짐을 좋아합니다. 한 사람은 자기를 시인하고 다른 사람은 자기를 부인합니다.

두 사람은 서로 깊이 연합될 수 있을까요? 그것은 불가능합니다. 두 사람은 서로 성질이 다르고 생명이 다르고 영계의 소속이 다르기 때문입니다. 그들은 함께 있는 세월만큼 서로 고통을 받게 될 것입니다. 물리적으로 가까이 있어도, 혈연적으로 가까워도, 시간적으로 많은 순간을 함께 한다고 해도 영적 성질이 다르고 생명이 다르면 연합은 이루어지지 않습니다.

주님과 가까이 교통하고 연합하며 주님의 사람이 되기 위해서는 주님의 성질과 비슷한 면을 가지고 있어야 합니다. 주님의 성질은 그 마음이 온유하고 겸손합니다. 주님은 자기를 비어 종의 형체를 가지고 이 땅에 오신 분입니다. 그러므로 그와 반대되는 성질을 가지고 있는 이들은 주님께 가까이 나아갈 수가 없습니다.

어떤 이들은 기본적으로 높은 성질을 가지고 있습니다. 마음이 높고 강퍅합니다. 열정은 있으나 낮은 마음이 부족합니다. 함부로 말하고 남을 낮추어 봅니다. 이러한 이들은 많이 기도해도 주님과 가까이 교제하기가 어렵습니다. 그것은 성질이 다르기 때문입니다. 어떤 이들은 비아냥 거리고 잘난 척을 하며 남에게 권면이나 가르침을 받는 것을 싫어하고 가르치려고만 합니다. 이런 이들은 오랜 시간 주님을 믿어왔어도 주님의 깊으신 임재로 가까이 나아갈 수가 없습니다. 기본적으로 높은 마음을 가지고 있는 이들은 온유하고 겸손한 예수와 그 영의 파장이 다르기 때문입니다. 그러므로 그들이 주님께 가까이 나아갈 수도 없고 주님이 그들에게 가까이 올 수도 없는 것입니다.

영이 다르면 서로 고통스럽다

영들은 같은 성질끼리 통합니다. 그러므로 비슷한 종류의 영들이 같이 교류하게 됩니다. 거룩한 영들은 거룩한 영들끼리 같이 있으며 더러운 영들은 더러운 영들끼리 같이 있습니다. 악한 영들은 악한 영들끼리, 선한 영들은 선한 영들끼리 같이 모이게 됩니다.
그렇게 같은 영의 성질을 따라 완전하게 분리되는 것이 사후의 세계입니다. 천국에 속한 영들은 천국에, 지옥에 속한 영들은 지옥에 가게 됩니다. 주님께 속한 영들은 천국에, 세상에 속한 영들은 지옥에 가게 됩니다.

그러나 아직 육체가 살아있을 때 이 세상에서는 영의 성질에 따른 완전한 분리가 이루어지지 않습니다. 그러므로 우리가 사는 동안에는 영의 성질이 다른 이들끼리의 혼합과 섞임이 있습니다. 불신자와 신자가 섞여 살며 사랑하는 자와 미워하는 자가 함께 섞여 삽니다. 이 세상은 물질적인 세계이기 때문에 그 마음과 영의 유사성으로 모이지 않고 혈연이나 물리적인 특성으로 같이 모여 있기 때문입니다.
그렇기 때문에 혈연적으로나 물리적으로는 가깝지만 영적으로는 다른 성향을 가지고 있는 이들이 함께 있게 됩니다. 그렇게 다른 성향의 사람들이 함께 섞여있다는 것, 바로 그것이 이 세상에서 겪는 고통의 중요한 이유입니다.

영들은 성질이 같은 영들끼리 있을 때 즐거움을 느끼며 성질이 다른 영들과 같이 있을 때 고통을 느낍니다.

평화의 사람은 분쟁을 좋아하는 사람들의 곁에서 고통을 느끼며, 겸손하며 선의로 가득한 사람은 악의와 분노로 가득한 사람의 옆에서 고통을 느낍니다. 반대로 적의가 가득한 사람은 선의가 많은 사람의 옆에서 고통을 느끼며 그들을 위선자로 여기는 것입니다.

선한 사람들도 악한 사람의 곁에서 고통을 느끼지만 악한 사람들도 선한 사람들의 곁에서 고통을 느낍니다. 그것은 서로 성질과 파장이 다르기 때문입니다. 같은 성질은 같은 성질끼리 모여야 편안한 것입니다.

이렇게 영적 세계는 같은 성질끼리 모이기 때문에 주님의 영과 다른 성질을 가진 이들은 주님과 교제하기 어렵습니다. 주님의 영은 거룩한 영이며 겸손한 영이며 사랑의 영이며 위로의 영입니다. 그러므로 반대되는 성질, 반대되는 영을 가지고 있는 이들은 주님과 하나 되기가 어려운 것입니다.

그들은 물질적인 몸을 가지고 교회에 갈 수는 있습니다. 어떤 외적인 신앙적인 행동을 할 수는 있습니다. 그것은 영이 아니고 몸만으로도 할 수 있는 것이기 때문입니다. 그러나 그들은 영이 다르고 통하지 않기 때문에 그의 마음과 영으로 주님과 깊은 교제와 은총 속으로 들어가지는 못합니다.

이러므로 어떤 이들은 그리 많은 시간을 기도하지 않고도 풍성한 응답을 누리며 주님과 깊은 교제 가운데 있고, 어떤 이들은 많이 기도하고 애를 써도 주님의 아름다우심을 잘 경험하지 못하는 것입니다.

물리적으로 가까워도 영이 멀 수 있다

누가복음 16장에 등장하는 부자와 나사로의 이야기가 있습니다. 이들은 한 집에 살지는 않았지만 가까운 데서 살았습니다. 나사로가 부자의 대문에 누워서 부자가 먹다 남긴 음식을 얻어먹으며 살았던 것입니다. 나사로는 죽어서 아브라함의 품에 안겼고 부자는 음부에서 눈을 들어 나사로를 보고 도움을 요청합니다. 그 때 아브라함은 그의 요청을 거절하면서 이렇게 말합니다.

> 너희와 우리 사이에 큰 구렁이 끼어 있어 여기서 너희에게 건너가고자 하되 할 수 없고 거기서 우리에게 건너올 수도 없게 하였느니라 (눅16:26)

구렁이란 움푹하게 패인 땅이나 공간을 말합니다. 아브라함의 이 대답은 부자가 있는 영적 공간과 아브라함이 있는 영적 공간의 거리를 보여줍니다. 부자와 나사로 사이에는 영적으로 큰 거리와 공간이 있었습니다. 그들은 서로 볼 수는 있었으나 교류할 수는 없었습니다. 그들이 살아있을 때 그들은 물리적으로 가까웠지만 그러나 영적으로는 실로 먼 거리에 있었습니다.

물리적으로 가깝지만, 정신적으로 영적으로 아주 먼 거리에 있는 사람들이 있습니다. 이들은 같이 아무리 많이 이야기를 하고 토론을 해도 가까워지지 않고 오히려 서로간의 거리만을 확인하게 됩니다. 그것은 그들이 몸은 가깝지만 마음은 서로 먼 곳에 있으며 다른 성질을 가지고 있기 때문입니다.

주님의 마음은 낮은 마음입니다. 그러므로 낮은 마음, 상한 심령의 사람들만이 주님과 교통할 수 있으며 주의 영을 받을 수 있습니다. 배부르고 갈망이 부족한 사람은 주의 영을 받을 수 없습니다. 오직 낮고 사모하고 자신의 비천함을 아는 이들이 주님의 은총과 가까이 임하심을 누릴 수 있는 것입니다.

낮은 마음은 임재와 열매의 비결이다

저의 저서 가운데 [삶을 변화시키는 생명의 원리] 라는 책이 있습니다. 이것은 열매를 맺는 비결에 대한 메시지를 담은 책입니다. 사람은 스스로 열매를 맺을 수 없으며 스스로 사랑할 수 없고 스스로 용서할 수 없고 모든 선함과 아름다움의 열매는 오직 주님을 통해서만 가능하다는 메시지를 담은 것입니다. 오직 포도나무에 붙은 가지만이 포도열매를 맺으며 물가에 심겨진 나무만이 풍성한 열매를 얻을 수 있다는 메시지입니다.

모든 아름다움, 거룩함, 지혜, 사랑스러움.. 모든 좋은 것들은 오직 주님으로부터 옵니다. 주님이 임하실 때 그러한 열매들은 나타나게 됩니다. 우리가 힘써야 할 것은 스스로 노력하는 것이 아니라 오직 그 놀라우신 주님이 쉽게 우리에게 오셔서 편안하게 거주할 수 있는 사람이 되는 것입니다.

오직 주님이 우리에게 임하실 때만 우리는 열매를 맺게 됩니다. 주님이 우리에게 임하시지 않으면, 우리는 열매를 맺을 길이 없습니다. 그러므로 중요한 문제는 어떻게 하여야 주님이 우리에게 임하시는가 하는 것입니다. 그 책에서는 주님이 우리에게 임하실 수 있는 구체적이고 실제적인 여러 원리들을 설명하고 있습니다.

그 모든 것의 중심원리는 이 책에서 전하고 있는 메시지, 곧 낮아짐에 대한 것이라고 할 수 있습니다. 갈망할 때, 간절하게 사모할 때, 자신의 비참함과 절망을 알고 오직 간절하게 주님의 은총을 사모할 때 주님이 임하시는데 그러한 자세는 곧 낮아짐, 깊은 낮아짐에서 나오는 것이라고 할 수 있는 것입니다.

우리는 스스로 아무 것도 할 수 없음을 알고 오직 낮은 마음으로 주님을 갈망하고 사모해야 합니다. 그것이 열매를 맺을 수 있는 유일한 방법입니다. 우리가 낮아지기만 하면 그 후에는 주님이 오셔서 우리의 삶을 인도하시며 책임져 주십니다.

우리가 낮아지기만 한다면, 절망하기만 한다면, 자신의 무력함을 충분히 깨닫기만 한다면 그 다음의 책임은 주님께 있습니다. 그러나 우리가 낮아지지 않는다면, 아직도 자기 스스로의 힘으로 무엇인가를 할 수 있다고 여긴다면, 우리는 모든 것을 스스로 책임져야 합니다. 스스로 해나가야 합니다. 스스로 사랑하고 스스로 용서하며 스스로 담대해지려고 애를 써야 합니다. 그러므로 높은 마음을 가지고 있을 때는 열매도 없으며 긴장과 전쟁도 끊이지 않는 힘들고 피곤한 삶을 살게 되는 것입니다.

낮아짐만이 열매의 비결입니다. 모든 열매는 주님으로부터 오는데 주님은 낮은 이들에게만 오시기 때문입니다.

신앙생활을 오래 하면서도 주님의 열매를 맺지 못하는 이들이 많이 있습니다. 항상 원망하고 남을 미워하고 화를 내며, 지적을 받으면 열심히 변호하기에 바쁘며 좀처럼 변화되지 않는 사람들이 있습니다. 그들이 변화되지 않는 이유는 마음이 낮지 않기 때문입니다.

그들은 주님의 임재와 멀리 있습니다. 주님과 가깝지 않습니다. 그것은 그들의 기질 때문이 아니라 그들이 높은 마음을 가지고 있어서 주님이 오실 수 없기 때문입니다.

마귀는 온 세상을 높아지게 만들었습니다. 그리하여 많은 영혼들을 사로잡고 그들의 마음 가운데 지옥이 가득하게 만들었습니다. 무릇 높아지려고 하는 모든 이들은 결단코 마귀를 이길 수 없습니다. 그러나 이제 회복을 위하여 주님께서 오셨습니다. 그분은 자기를 비우고 낮은 마음으로 오셨고 그분께 속하고 그분을 따르는 모든 이들을 자유케 해주셨습니다.

높은 자들에게 주님은 자신을 숨기고 드러내지 않으셨습니다. 그러나 가난한 과부들, 무식한 어부들, 부족하고 모자라고 낮은 마음을 가진 자들에게는 자신을 드러내셨습니다. 그러므로 그들은 주님을 따랐고 세상이 알지 못했던 주님의 보화되심을 알고 누리고 맛보았습니다.

오늘날 이 세상은 그때보다 훨씬 더 마음이 높고 강퍅합니다. 이 시대 사람들의 마음은 예전보다 훨씬 더 높습니다. 이 시대의 교육도 문화도 모든 것이 사람의 마음을 높아지게 하며 하늘의 진리로부터 멀어지게 합니다. 그러나 이 마음이 높은 세대에도, 완악함과 강퍅함이 가득한 오늘날에도 낮고 상한 심령으로 주를 구하고 주 앞에 엎드리는 이들은 주의 영광을 보게 될 것입니다.

자신의 옥합을 깨뜨리고 주 앞에 엎드려 눈물로 그 발을 씻는 자들은 주님의 긍휼히 여기심과 은총을 누리게 될 것입니다. 세상에는 감추어져 있지만, 갈망하고 사모하는 자들에게 그 천국의 찬란한 기쁨은 임하게 될 것입니다. 할렐루야.

4부 낮아짐의 풍성함들

낮아짐에는 많은 풍성함이 있으며
많은 열매가 있습니다.
그것은 낮아짐 가운데 천국의 임재가
있기 때문입니다.
누구든지 낮아짐을 통하여
사후가 아닌 이 세상에서도
천국의 은총과 풍성함을
충만하게 누릴 수 있습니다.

1. 기도를 들으심

많은 이들이 기도를 드립니다. 그러나 기도하는 모든 사람들이 다 응답을 받는 것은 아닙니다. 다 하나님의 들으심을 얻는 것은 아닙니다. 열심히 기도를 드리기는 하지만 기도 가운데 하나님의 임하심과 응답이 없는 기도도 많이 있습니다. 그것은 우리의 기도가 하나님의 원하심과 맞지 않기 때문입니다.

열심히 많이 기도한다고 해서 기도를 잘 하는 것은 아닙니다. 하루 종일 도서관에서 살지만 성적이 신통치 않은 학생도 있습니다. 그것은 그가 공부의 요령을 잘 몰라서 그런 것일 수도 있습니다. 많은 시간을 같이 하며 많이 대화를 한다고 해서 그 관계가 반드시 친밀한 관계인 것은 아닙니다. 한쪽에서는 많이 이야기를 하지만 상대방 쪽에서는 그것을 피곤하게 느낄 수도 있습니다. 상대방의 마음이나 입장을 모르고 한쪽에서만 일방적으로 많이 이야기하고 요구한다면 그것은 많은 시간을 같이 있다고는 해도 별로 좋은 관계라고 할 수 없습니다.

열심히, 아주 많이 요구한다고 해서 그 기도가 반드시 좋은 것이라고 할 수는 없습니다. 열심히 많이 간구하는 그 내용과 동기가 지나치게 자기중심적일 수도 있기 때문입니다. 어떤 친구가 있는데 그가 다른 친구에게 항상 자기주장을 하고 항상 요구하기만 한다면 그것은 좋은 관계라고 할 수 없을 것입니다.

기도도 그와 같은 것입니다. 기도는 본질적으로 소원을 성취하는 것이 아니고 관계를 맺는 것입니다. 무엇을 요구하는 것보다 하나님과 좋은 관계를 맺고 그 관계를 누리는 것입니다. 그러므로 많이 요구하고 많이 기도하는 것보다 중요한 것은 바른 자세로 바르게 기도하는 것입니다. 요령 없이 무조건 많이, 열심히만 하는 공부나 일에는 열매가 부족합니다. 마찬가지로 많이, 열심히 드리기만 하는 기도에도 열매가 부족합니다. 그러나 바른 자세와 마음으로 기도를 드릴 때 그 기도는 열매를 맺으며 우리의 기도를 들으시는 하나님의 응답을 경험하게 됩니다.

기도는 주님을 얻는 것이다

우리는 보통 기도의 응답이라고 하면 우리가 현실에서 필요한 어떤 부분에 대한 공급을 받는 것, 우리의 소원들이 응답을 받는 것을 생각할 것입니다. 그리고 그러한 기도의 응답들이 우리를 행복하게 할 것이라고 생각할 것입니다. 하지만 그러한 것들은 우리에게 진정한 행복을 주지 않습니다. 기도는 우리가 필요한 것을 얻는 그 이상의 것입니다.
기도는 우리가 하나님 앞에 나아가는 것입니다. 기도를 통하여 우리의 현실적인 필요에 대한 응답을 얻는 것보다 더 중요한 것은 하나님 자신을 얻는 것입니다. 주님 자신을 얻는 것입니다. 주님을 가까이 친밀하게 누리고 경험하는 것입니다.

현실적인 여러 필요들이나 물질적인 것이 필요 없다고 할 수는 없지만 그러한 것들은 부수적인 요소입니다. 본질적인 것 다음에 따라오는 것입니다. 본질적인 기도는 주님 자신을 구하는 것이며 주님 자신을 알아가고 주님과 아름다운 관계를 맺는 것입니다. 그러므로 우리가 주님의 선물이 아닌 주님 자신을 알고 주님 자신을 누릴 때 우리는 훨씬 더 놀라운 기쁨과 만족을 얻게 됩니다. 그것은 주님 자신이 곧 천국이기 때문입니다. 주님이 임하실 때 거기에는 천국의 모든 요소가 포함되어 있습니다. 그러므로 우리의 영혼은 주님을 가까이 만나고 누릴 때 기쁨과 만족감과 행복감으로 가득해지게 됩니다. 물질적이고 현실적인 응답을 얻을 때 경험할 수 없었던 놀라운 기쁨이 우리 영혼의 깊은 곳에서 샘솟듯 넘치게 되는 것입니다.

기도를 통한 그러한 친밀감과 만족감은 주님께서 원하시는 바른 기도를 드렸을 때 오는 것입니다. 단순히 기도를 오래 동안 많이 드린다고 해서 얻어지는 것이 아닙니다.

어떤 기도가 들으심을 얻으며 주님을 기쁘시게 하는가. 어떤 기도가 하나님의 인정을 받는가를 선명하게 알 수 있는 기도의 예가 있습니다. 그것은 누가복음 18장에 등장하는 세리와 바리새인의 기도입니다.

두 사람의 기도

두 사람이 기도하러 성전에 올라가니 하나는 바리새인이요 하나는 세리라 바리새인은 서서 따로 기도하여 가로되 하나님이여 나는 다른 사람들 곧 토색, 불의, 간음을 하는 자들과 같지 아니하고 이 세리와도 같지 아니함을 감사하나이다 나는 이레에 두 번씩 금식하고 또 소득의 십일조를 드리나이다 하고 세리는 멀리 서서 감히 눈을 들어 하늘을 우러러 보지도 못하고 다만 가슴을 치며 가로되 하나님이여 불쌍히 여기옵소서 나는 죄인이로소이다 하였느니라

내가 너희에게 이르노니 이 사람이 저보다 의롭다 하심을 받고 집에 내려갔느니라 무릇 자기를 높이는 자는 낮아지고 자기를 낮추는 자는 높아지리라 하시니라 (눅18:10-14)

본문에 등장하는 바리새인은 열심이 아주 많은 신앙인이었습니다. 그는 하나님께 나아와 감사하는 기도를 드렸습니다. 그는 원망과 불평을 일삼는 사람이 아니었습니다. 그는 죄를 짓지 않으려고 애를 썼으며 금식과 헌금 등 신앙의 행위에도 부족함이 없도록 힘썼습니다. 문제는 그

러한 열정이 지나친 자기 확신과 자기 의를 가져왔다는 데에 있었습니다. 그는 자신감이 충만했습니다. 그는 자기의 신앙이 너무 좋다고 생각했습니다.

그의 신앙적인 자신감은 바로 옆에서 기도하고 있는 세리를 보면서 더욱 더 충만해졌습니다. 그는 의로움을 대표하는 사람이었고 세리는 죄를 대표하는 사람이었습니다. 그는 세리와 같이 부정한 자가 성전에 들어와서 자기와 함께 기도한다는 사실이 몹시 창피했었는지도 모릅니다. 그래서 그는 하나님께 비록 비슷한 장소에서 기도하기는 하지만 자기는 저 사람과 같은 부류의 사람은 결코 아니라고 강변하였습니다.

본문에 등장하는 바리새인의 자랑스러운 신앙적 고백은 현대에 있어서는 다소 실감이 나지 않을지도 모르겠습니다. 아마 그의 고백을 현대적인 표현으로 바꾼다면 이런 것이 되지 않을까 싶습니다.

"주님.. 저는 몇 대에 이은 모태신앙입니다. 어릴 적부터 교회에서 커서 교사, 성가대를 비롯해서 많은 봉사 활동을 했었습니다. 최연소 장로에다가 최다 투표로 장로가 되기도 했구요. 예배를 빠진 적이 거의 없으며 게다가 제자훈련, 각종 세미나, 영성 훈련, 큐티 훈련, 단기 선교도 여러 번 다녀왔으며.."

아마 이런 식이었을 지도 모릅니다. 시대마다 신앙적 긍지를 느끼게 하는 형식은 다소 차이가 있으니까요. 물론 이 바리새인은 주님과의 실제적인 교제가 아닌 형식 그 자체만을 경험하고 있는 신자를 말하는 것입니다.

아무튼 이렇게 자기의 신앙에 대해서 자신감으로 가득한 바리새인에 비해서 세리의 기도는 초라하기 짝이 없습니다. 그는 자세도 꾸부정한 모습으로 하나님의 자비를 구하였을 뿐입니다. 자신이 토색, 불의, 간음을 하는 무리들과 동류로 취급되며 죄인의 대표격으로 묘사되고 비웃음을 받는 것에 대해서 어떤 억울함의 표현이나 호소도 없습니다. 그의 기도는 이런 것입니다.
"예, 맞습니다. 주님. 저는 죄인입니다. 아주 악하고 나쁜 사람입니다. 하지만 저는 아무런 자격도 없지만, 그래도 주님의 긍휼을 받고 싶습니다. 저를 불쌍히 여겨주십시오."

우리는 이미 익숙하게 잘 알고 있는 내용이지만 그러나 이 두 사람의 기도에 대해서 주님이 선포하신 내용은 충격적이기 짝이 없습니다.

이 사람이 저보다 의롭다 하심을 받고 집에 내려갔느니라 무릇 자기를 높이는 자는 낮아지고 자기를 낮추는 자는 높아지리라 (눅18:14)

주님이 말씀하시지 않았더라면 우리는 현실에서 이와 비슷한 장면을 보았을 때 결코 주님이 판정하신 것처럼 생각하지는 않았을 것입니다. 우리는 바리새인이 우리 교회에 나온다는 사실을 자랑스럽게 여길 것이며 세리가 우리 교회에 나온다는 사실을 부끄럽게 여길 것입니다.
세리에 대한 주님의 선언은 그가 완전하게 의롭다 하심을 받았다는 것은 아닙니다. 주님은 분명히 말씀하셨습니다.

이 사람이 저보다 의롭다 하심을 받고 (눅18:14)

다시 말하면 세리는 바리새인보다 의롭다 하심을 받았다는 것입니다. 그리고 바리새인은 세리보다 의롭다 하심을 받지 못했다는 것입니다. 이것은 우리에게 중요한 가르침을 줍니다. 즉 어떤 사람이 실제적인 죄를 지었더라도 그 사실에 대해서 괴로워하고 주님 앞에 나가서 자기를 낮추면 그는 죄를 짓지 않고 자기를 높인 사람보다 낫게 여김을 받게 된다는 것입니다.

또한 어떤 사람이 자기는 그 죄를 짓지 않았다고 하더라도 어떤 죄를 지은 사람에 대해서 정죄하고 상대적으로 자기를 높이면 그 사람은 구체적인 죄를 지은 사람보다 더 악한 사람으로 여김을 받게 된다는 것입니다. 다시 말하자면 간음죄를 짓고 자기를 낮추며 회개하는 사람보다 간음죄를 짓지 않고 그 죄를 지은 사람을 정죄하며 자기를 높이는 사람을 하나님께서는 더 나쁘게 보신다는 것입니다.

어떤 구체적인 죄를 짓는 것보다 그것을 판단하는 사람이 더 악한 자로 여김을 받는 것은 스스로 심판자가 되는 것, 교만 죄를 범하는 것이 그 어떤 죄보다 큰 죄인 것을 보여줍니다. 교만 죄는 스스로를 하나님과 같이 여기는 것이며 모든 죄의 근원적인 면을 가지고 있기 때문입니다.

죄인임을 인식함

본문에 등장하는 세리는 어떤 죄를 지었을까요? 그는 분명히 지속적인 죄의 문제를 가지고 있었을 것입니다. 끊지 못하고 계속적으로 짓고 있는 죄의 문제를 가지고 있었을 것입니다. 알면서도 짓고 있는 죄가 있었을 것입니다. 그는 의롭다 하심을 받았다고 하더라도 자신의 죄를 끊어야 합니다. 죄를 온전히 버려야 합니다. 하지만 그는 죄인이지만 발전할 가능성을 가지고 있었습니다. 자신이 비참한 죄인이라는 사실을 그는 잘 알고 있었으니까요.

그러나 바리새인은 자신이 죄인이라고는 전혀 여기지 않았기 때문에 주님의 긍휼을 경험할 수도, 죄에서 벗어날 수도 없었습니다.

그러므로 그 어떤 죄보다 가장 무서운 것은 자신이 죄인이 아니라고 여기는 것입니다. 나는 의로운 사람이며 좋은 사람이며 좋은 신앙인이라고 생각하는 것입니다. 그것이야말로 가장 무서운 죄라고 할 수 있는 것입니다.

오늘날 남의 죄를 함부로 정죄하고 판단하는 이들은 아주 많이 있습니다. 어떤 이들은 자신은 죄를 짓는 그들과 다르며 그들보다 낫다고 여기면서 다른 이들을 판단합니다. 그러나 그렇게 판단하는 이들은 더 많은 심판을 받을 것이라는 사실을 기억해야 합니다. 죄를 지적하고 치는 것은 좋은 일이지만 그 첫 번째 대상은 항상 자신이 되어야 합니다. 그렇지 않고 자기 의에 빠져서 함부로 남을 판단하는 것은 결코 안전한 일이 아닙니다.

낮은 기도가 긍휼을 얻는다

세리는 죄인이었습니다. 그는 기도에 능숙한 사람이 아니었습니다. 그는 감히 하늘을 보지 못했습니다. 그가 발견한 것은 자신은 너무나 악한 죄인이며 하나님의 긍휼이 없이는 도저히 살 수 없다는 사실이었습니다. 그는 언어가 아니라 고통과 슬픔으로 주님께 나아갔습니다. 절망, 좌절, 몸부림.. 이것이 그의 기도였고 그러한 그의 낮은 기도는 응답을 받았습니다. 바로 이것, 낮은 기도, 절망의 기도, 고통의 기도가 주님의 긍휼을 일으켰던 것입니다. 우리가 하나님 앞으로 나아갈 때 우리의 무기는 의로움이 아닙니다. 사람이 잘났으면 얼마나 잘났고 온전하면 얼마나 온전할까요. 우리는 오직 하나님의 자비, 불쌍히 여기심에 근거하여 그 앞에 나아가는 것입니다.

동이 서에게 먼 것같이 우리 죄과를 우리에게서 멀리 옮기셨으며 아비가 자식을 불쌍히 여김같이 여호와께서 자기를 경외하는 자를 불쌍히 여기시나니 이는 저가 우리의 체질을 아시며 우리가 진토임을 기억하심이로다 (시103:12-14)

우리는 우리의 죄를 처리하신 주님의 십자가, 그리고 우리를 불쌍히 여기시는 아버지의 자비를 의지하여 그 앞에 나아갑니다. 그의 불쌍히 여기심은 우리의 체질이 흙에서 나온 것을 아심으로 우리에게 아무 의로운 것이 없음을 기억하시기 때문입니다.

하나님 앞에서 자신을 낮추고 울고 회개하고 엎드리며 나아가는 기도는 응답을 얻습니다. 불쌍히 여기심을 얻으며 들으심을 얻습니다. 그러한 기도에는 감동이 있고 자유함이 있습니다.

주님은 마음이 낮고 여리고 약한 자들에게 긍휼과 은총을 베푸십니다. 주님 앞에서는 잘난 자가 아니라 못난 자와 부족한 자, 자신의 비천함에 대해서 눈뜬 자가 자비를 얻게 됩니다. 부모의 마음이 잘난 자식보다 못나고 부족한 자식에 더 긍휼을 느끼듯이 그것이 우리의 아비된 주님의 마음입니다.

깊은 절망의 기도가 필요하다

나는 어렸을 때부터 교회에 나가서 교회 문화에 익숙해 있었기 때문에 사람들이 기도하는 것을 많이 보았습니다. 유창하게 기도를 하는 이들도 보았습니다. 멋진 언어를 구사하면서 유식하게 기도하는 것도 보았습니다. 많은 성경 구절을 나열하면서 드리는 기도도 보았습니다. 웅변적인 기도, 한편의 시와 같은 기도도 보았습니다. 하지만 기도에 감동을 받은 적은 거의 없었습니다. 기도에 하나님의 임재가 있고 거룩한 풍성함이 임하는 것을 느끼거나 경험한 적은 거의 없었습니다.

그러던 어느 날 나는 어느 기도원에 갔다가 어떤 청년이 간절하게 기도하는 모습을 보고 몹시 감동을 받은 적이 있었습니다. 그 청년은 아무도 없는 작은 예배실의 강단 앞에 엎드려서 비참한 절규와 탄식을 토하면서 울면서 기도를 드리고 있었습니다.

그는 기도를 드리면서 어떤 말을 하는 것 같지는 않았습니다. 그저 깊은 한숨, 탄식, 신음소리, 그리고 온 몸을 비틀면서 흐느끼기만 하는 기도였습니다. 아마 회개 기도를 드리는 것 같았습니다. 그것은 아주 비참한 기도였고 절망적인 기도였습니다.

그렇게 절망적인 기도를 나는 본적이 없었습니다. 어찌나 애절하게 한숨을 토하는지 마치 피를 토하는 것 같았고 자신을 다 쏟아버리는 것 같았습니다. 나는 그의 기도에 놀랐고 감동을 받았습니다. 그의 기도에는 하나님의 임재가 있었습니다.

당시 나는 그와 비슷한 나이의 청년이었지만 나는 그렇게 기도할 수 없었습니다. 나는 하나님을 갈망했고 그의 임재를 가까이 누리고 알아가기 위해서 자주 기도원을 찾고 금식을 했지만 그렇게 애절하고 간절하게 기도할 수가 없었습니다. 시간이 한참 더 흐르고 더 많은 절망과 낙심과 고통을 통과한 후에야 나는 그와 비슷한 절망의 기도를 배우고 경험하게 되었습니다. 그리고 나도 하나님의 임재를 조금씩 경험하기 시작하게 되었습니다.

나는 절체절명의 위기 순간을 여러 번 겪은 후에 비로소 하나님의 임재를 경험하기 시작했습니다. 극도의 공포감과 절망, 막다른 삶의 한계 상황을 여러 번 통과한 후에야 비로소 깊은 탄식과 슬픔과 눈물로 기도하는 것을 알게 되었고 기도가 얼마나 놀랍고 아름다운 것인지 경험하기 시작했습니다. 그리고 나서야 그 이전에 내가 낮은 기도, 깊은 고통과 절망의 기도를 배운 적이 없다는 것을 알게 되었습니다.

하나님을 경험하는 기도는 낮은 기도이며 절망의 기도인 것을 나는 배우지 못했습니다. 그러므로 주님은 내가 충분히 경험하고 배우기까지 내가 준비되기 까지 그의 임재를 부으시지 않고 기다리셨습니다.

세리의 기도는 무엇이었을까요. 그것은 자기 절망의 기도이며 자기 부인의 기도였습니다. 자기는 아무 것도 아니라는 것, 자기는 아무 것도 할 수 없다는 것, 오직 자기에게 필요한 것은 주님의 은총뿐이라는 것.. 그것에 대한 처절한 인식이 그에게 있었습니다. 그럴 때에 비로소 우리는 낮고 처절한 절망의 기도, 갈망의 기도를 드리게 됩니다.

탕자가 배운 것

탕자가 아버지의 품을 떠나 방황하면서 배운 것도 단지 그것 한가지였습니다. 탕자는 집에 있었을 때 아버지와 함께 누리는 교제의 기쁨을 알지 못했습니다. 아버지의 집에 있었으면서도 그 행복과 만족을 알지 못했습니다. 그의 몸은 집에 있었으나 그의 마음은 집에 있지 않고 먼 곳에서 방황하고 있었기 때문입니다.

그러나 그는 방황을 통해서 자기의 모습을 알게 되었습니다. 자기의 비참함에 대해서 알게 되었습니다. 자신이 얼마나 어리석고 무기력한 죄인인지에 대해서 알게 되었습니다.

그가 집을 나가 방황하면서 배운 것은 그것 하나, 자신이 정말로 한심한 존재라는 것이었습니다. 하지만 자신의 비참함에 대한 인식, 그것처럼 아름답고 놀라운 지식은 없었습니다. 그것은 신학교나 세미나에서 배울 수 없는 것이었습니다.

그는 아버지의 집으로 돌아왔으며 아버지의 품이 너무나 달콤한 것을 발견하였습니다. 아버지의 집에 세상이 줄 수 없는 놀라운 평안이 있는 것을 발견하였습니다.

그것은 그가 전에 알지 못하던 것들이었습니다. 자기의 무능, 악함, 더러움, 비참함에 대한 인식은 아버지의 은총과 기쁨을 누릴 수 있게 한 아름다운 깨달음이었습니다. 많은 방황을 통해서 낮아짐을 배운 후에야 그는 아버지의 잔치에 참여할 수 있었습니다.

탕자, 그가 배운 것은 무엇인가요? 그는 자기가 못된 놈이라는 것을 배웠습니다. 그것을 알았습니다. 방황의 과정에서 인생의 대학에서 그는 '세상에서 제일 못된 놈이 나다, 나는 아무 자격이 없다.' 하는 것을 배웠습니다. 그리고 그것은 진정 가치 있는 지식이었습니다. 많은 지식과 지혜가 하나님을 알게 하지 못하지만 이 깨달음을 가지고 있는 이들은 아버지를 알게 되는 것입니다.

그는 아버지의 임재, 그 기쁨, 잔치가 무엇인지 비로소 알게 되었습니다. 믿는다는 것이 무엇인지, 주 안에 거한다는 것이 무엇인지 그는 비로소 알게 되었던 것입니다.

그러나 집안에 여전히 남아있었던 그의 모범생 형은 아직도 여전히 아버지의 잔치, 아버지의 기쁨을 알지 못했습니다. 그는 아직 낮아짐의 은혜를 경험하지 못했으며 자신의 비참함에 대해서 알지 못했기 때문입니다.

자기가 얼마나 비참한 존재인지, 자기가 얼마나 한심스러운 존재인지를 모르는 이들은, 아무리 많은 지식을 가지고 아무리 많은 기도를 드리고 아무리 많은 신앙의 훈련을 받았어도 하나님을 위해서 아무리 많이 일해도 하나님의 영광 안에 이르지 못합니다. 그들의 심령은 아버지와 멀리 떠나있습니다. 몸이 가까운 것과 마음이 가까운 것은 다른 것입니다.

하나님은 우리를 기다리십니다. 탕자의 아버지가 그의 아들이 충분히 준비되기까지 기다리신 것처럼 우리를 기다리십니다. 충분히 절망의 분량이 쌓일 때까지, 충분히 낮아질 때까지, 자신의 모습을 볼 수 있을 때까지 아버지는 기다리십니다. 때가 올 때 아버지는 우리를 안아주시고 잔치를 베풀어 주십니다. 그전에 우리는 그의 임재를 누릴 수 없으며 감당할 수 없습니다. 예배를 드리고 사도신경을 외우고 주기도문을 외우고 기도하지만 우리는 그의 깊은 임재를 모릅니다. 탕자의 형처럼 아버지의 가까이에 있으면서도 그 임재를 모릅니다. 그 임재는 낮고 상한 자에게 임하시는 아버지의 은혜이기 때문입니다.

한나의 탈진한 기도

극심한 절망과 자기 한계에 처한 사람은 마음이 무너져서 언어를 제대로 사용해서 기도하지도 못합니다. 그는 하나님 앞에서 그저 한숨과 탄식을 토할 수 있을 뿐입니다. 그는 어떤 유창한 말도 쏟아내지 못하고 그저 울기만 할 뿐입니다. 그것은 언어가 없는 기도입니다. 그는 신음 소리를 낼 수 있을 뿐입니다. 하지만 그러한 무기력한 기도를 주님은 들으십니다.

한나가 하나님 앞에서 드린 기도가 바로 그러한 기도였습니다. 그녀는 간절히 기도하며 그녀의 마음을 쏟아내느라 심히 탈진하여 제대로 소리를 내지도 못했습니다. 제사장인 엘리도 그녀를 술 취한 것으로 착각할 정도였습니다. 그러나 그러한 절망의 기도를 하나님은 들으셨습니다. 기도가 응답된 후에 한나는 감사의 기도를 드리면서 이와 같이 고백했습니다.

심히 교만한 말을 다시 하지 말 것이며 오만한 말을 너희 입에서 내지 말찌어다 여호와는 지식의 하나님이시라 행동을 달아보시느니라 (삼상2:3)

아마 이 말은 그에게 말과 행동으로 깊은 상처를 주었던 브닌나를 겨냥한 말인지도 모릅니다. 브닌나가 교만하고 강퍅하게 그녀를 쳐서 말할 때 한나는 하나님이 그것을 보실 것이라고 여겼을 것입니다. 또한 그녀는 그렇게 모든 것을 달아보시는 하나님 앞에서 최대한 자신을 낮추어 기도할 때 하나님이 그것을 보시고 들으시는 것을 믿었습니다.

유족하던 자들은 양식을 위하여 품을 팔고 주리던 자들은 다시 주리지 않
도다 전에 잉태치 못하던 자는 일곱을 낳았고 많은 자녀를 둔 자는 쇠약하
도다
여호와는 죽이기도 하시고 살리기도 하시며 음부에 내리기도 하시고 올리
기도 하시는도다 여호와는 가난하게도 하시고 부하게도 하시며 낮추기도
하시고 높이기도 하시는도다 (삼상2:5-7)

그것이 한나의 신앙이며 신앙고백이었습니다. 그녀는 사람의 높고 낮음과 모든 것이 하나님의 손에 있음을 보았습니다. 그러므로 모든 주권을 가지신 하나님 앞에서 철저하게 자기를 낮추고 그의 긍휼을 구함으로써 들으심을 얻게 되었습니다. 무릇 낮은 마음의 기도를 주님은 들으시는 것입니다.

갈 데가 없다

엘리야는 아합 앞에서, 이스라엘의 왕 앞에서 당당한 사람이었습니다. 수많은 대적자들 앞에서 그는 강하고 담대한 사람이었습니다. 그러나 하나님 앞에서 기도하면서 그는 철저하게 낮은 사람이었습니다. 그는 고개를 무릎 사이에 넣고 응답이 올 때까지 일어나지 않았습니다. 그의 유일한 무기는 하나님 앞에서 응답이 올 때 까지 엎드려 있는 것이었습니다. (왕상18:42-44)
그는 강한 사람이 아니었습니다. 그는 한 때 영적 전쟁에 지쳐서 하나님 앞에서 호소하며 죽기를 구했습니다. 이제 넉넉하오니 지금 내 생명을 취하옵소서.. 그는 그렇게 구했습니다. (왕상19:1-4)

그에게는 갈 곳이 없었습니다. 그는 배수진을 친 인생이었습니다. 주님 외에는 그에게 아무 삶의 의미가 없었습니다. 지쳤을 때 돌아갈 곳은

주님 품 밖에 없었습니다. 싸울 때도 지쳐 넘어졌을 때도 그는 주님 앞에 엎드려 있었습니다. 그러한 엘리야를 주님은 불쌍히 여기셨습니다. 무릇 낮은 자의 호소를 주님은 귀하게 들으십니다.

벼랑 끝의 기도

믿음으로, 사모함으로 주님의 옷자락을 붙든 혈루증의 여인도 갈 데가 없는 여인이었습니다. 그녀는 인생의 벼랑에 있었습니다. 그녀는 이제 돈도 없고 나이도 들고 고통도 많이 받았고, 이제 더 이상 기댈 곳이 없었습니다. (막5:25-34) 그러한 그녀에게 주님은 긍휼을 베푸셨습니다. 낮고 상한 자에게 주님은 은총을 베푸십니다.
여호수아가 아이성의 전투에서 패한 후 절망감으로 하루 종일 엎드려 있었을 때 하나님은 그에게 임하여 말씀하셨습니다.

일어나라 어찌하여 이렇게 엎드렸느냐 (수7:10)

그리고 그들의 문제가 무엇인지, 그들이 왜 전쟁에서 졌는지 말씀해주셨습니다. 어떤 실패를 겪었든 좌절이 있든 무릇 낮은 마음으로 주께 구하며 엎드린 자에게 주님은 긍휼을 베푸십니다.
낮은 기도에는 응답이 있습니다. 들으심이 있습니다. 하나님의 음성이 있습니다. 교만한 말과 행동에는 심판이 있으며 하나님의 임재는 그들에게서 멀어집니다. 그들은 많이 말하고 많이 구하고 스스로 상하게 한다 해도 응답을 얻지 못합니다.
그러나 낮고 상한 심령으로 주님께 나아갈 때 주님은 임하시고 말씀하십니다. 주님의 마음은 긍휼로 가득하며 마음이 낮은 이들에게 항상 향하시기 때문입니다.
마음이 높은 사람은 응답이 이루어지지 않을 때 화를 냅니다. 자기의 소원이 이루어지지 않을 때 원망하고 불평합니다. 기다리지 못하고 인내하지 못하며 투덜거립니다. 그러한 이들은 응답을 받을 수 없습니다. 그러한 이들은 아직 더 기다려야 합니다. 아직 응답이 올 때가 되지 않은 것입니다. 그들은 좀 더 훈련을 통과해야 하며 낮아져야 합니다.
주님은 말씀하셨습니다.

이 사람이 저보다 의롭다 하심을 받고 집에 내려갔느니라 무릇 자기를 높이는 자는 낮아지고 자기를 낮추는 자는 높아지리라 (눅18:14)

기도할 때 일어나는 일

세리는 어떤 상태로 집에 갔을까요? 그가 기도하는 중에 어떠한 일이 생겼을까요? 그가 기도하러 갔을 때 그는 아마 몹시도 비참하고 절망적인 마음이었을 것입니다. 자신의 모습이, 자신의 죄가, 자신의 행동이 너무나 한심스럽고 부끄럽고 고통스러워서 그는 감히 무엇으로 어떻게 기도해야 할지, 어떤 말을 해야 할지 몰랐을 것입니다. 그는 심한 슬픔과 아픔과 탄식으로 주님 앞에 나아갔을 것입니다.

그러나 기도하면서 어느 순간 마음의 후련함을 경험하게 되었을 것입니다. 이상하게도 마음 속 깊은 곳에서 가벼움과 편안함을 맛보게 되었을 것입니다. 그의 절망과 눈물은 차츰 감사와 기쁨의 눈물로 바뀌게 되었을 것입니다.

그것은 시편에서 자주 일어나는 일입니다. 시편에는 비탄시라고 불리는 많은 시들이 있습니다. 다윗을 비롯한 시편의 저자들은 그들의 슬픔과 절망과 탄식을 하나님께 토하여 놓습니다.

여호와여 어느 때 까지니이까 나를 영영히 잊으시나이까 주의 얼굴을 나에

께서 언제까지 숨기시겠나이까 내가 나의 영혼에 경영하고 종일토록 마음
에 근심하기를 어느 때까지 하오며 내 원수가 나를 쳐서 자긍하기를 어느
때까지 하리이까
여호와 내 하나님이여 나를 생각하사 응답하시고 나의 눈을 밝히소서 두렵
건대 내가 사망의 잠을 잘까 하오며.. (시13:1-3)

하나님이여 나를 구원하소서 물들이 내 영혼까지 흘러 들어왔나이다 내가
설 곳이 없는 깊은 수렁에 빠지며 깊은 물에 들어가니 큰 물이 내게 넘치나
이다 내가 부르짖음으로 피곤하여 내 목이 마르며 내 하나님을 바람으로
내 눈이 쇠하였나이다 (시69:1-3)

하지만 그렇게 절망스럽게 시작된 시들은 후반부에 이르러 어느 순간
바뀌어 집니다. 탄식하고 호소하던 시인은 어느 순간 기뻐 뛰며 감사와
찬송을 하나님께 올려드립니다.

나는 오직 주의 인자하심을 의뢰하였사오니 내 마음은 주의 구원을 기뻐하
리이다 내가 여호와를 찬송하리니 이는 나를 후대하심이로다 (시13:5-6)

내가 노래로 하나님의 이름을 찬송하며 감사함으로 하나님을 광대하시다
하리니 (시69:30)

어떻게 잠깐 동안에 이렇게 사람의 마음이 바뀌는 것일까요? 그것이 바
로 기도응답의 경험입니다. 절망과 슬픔으로 하나님께 나아갔으나, 낮
고 상한 마음으로 하나님께 엎드려 아픔을 토하고 주의 긍휼을 구할 때
주님은 우리에게 임하셔서 우리를 치유하시고 회복하시며 은총을 베풀
어주시는 것입니다.
그러므로 기도를 시작할 때는 마음이 괴롭고 슬프지만 어느 순간에 갑

자기 기쁨과 감격이 임하게 됩니다. 기도를 시작할 때나 마칠 때나 환경은 여전히 어렵고 문제가 있지만 심령 깊은 곳에서는 기도하기 전에 없었던 평화와 안식이 넘쳐나게 되는 것입니다.

낮아짐에는 많은 은총이 임합니다. 그 은총 중의 하나는 기도가 응답되는 것입니다. 마음이 낮고 상한 자가 기도할 때 하나님은 그의 소리를 들으십니다. 하나님은 잘나고 위대한 자의 기도를 들으시는 것이 아니라 낮고 부족하고 절망하고 상한 자의 기도를 들으십니다.
낙심하고 절망한 그 때에 주님은 가까이 오십니다. 주님은 환한 대낮에 오시지 않고 우리 영혼의 깊은 밤에 오십니다. 아직 충분히 절망하지 않고 자신의 비참함에 대해서 깨닫지 못했다면 주님은 때가 될 때까지 우리를 기다리십니다.
우리의 무기는 강건함과 능력이 아니라 연약함입니다. 절망입니다. 낙심입니다. 후회이며 탄식이며 슬픔이며 눈물입니다. 그것을 아는 이들에게 주님은 가까이 오십니다.

그러므로 응답을 위하여, 들으심을 얻기 위하여 오직 자신을 낮추십시오. 당신은 아무 것도 아닙니다. 그것을 깨달아야 합니다. 그러나 당신의 아무 것도 아님을 인하여 주님은 기뻐하십니다. 그리고 불쌍히 여기시며 은총을 베푸십니다. 기도의 응답의 비결, 그것은 낮아짐이며 절망입니다. 그렇게 구하는 자에게 주님은 임하십니다. 주님이 임하시면 그 때부터 천국은 시작됩니다.
낮은 마음의 기도에는 응답이 있고 들으심이 있습니다. 누구든지 낮은 마음으로 주님 앞에 엎드리면 긍휼이 많으신 주님은 그에게 임하시고 응답하십니다. 그것은 낮아짐이 주는 아름다운 은총이며 복이며 천국의 선물입니다. 주님을 찬양합시다. 할렐루야.

2. 낮아짐의 능력

낮아짐에는 능력이 있습니다. 낮아짐에는 사단의 세력을 잠잠하게 하는 능력이 있습니다. 그러나 겉으로 보기에 그것은 전혀 능력 같지 않습니다. 그것은 세상이 알고 있는 능력과 다릅니다. 그것은 무기력해보이며 실패와 같이 보입니다.

주님이 십자가를 지신 것을 보고 그것이 세상을 구원하는 하나님의 지혜이며 능력이라고 생각했던 이들은 당시에 아무도 없었을 것입니다. 사람들에게 잡혀서 끌려가서 재판을 받고 매를 맞으며 모욕을 당하고 비참한 모습으로 죽는 것을 보면서 그것을 승리이며 능력이라고 생각한 사람은 아무도 없었을 것입니다.

낮아짐은 겉보기에는 실패같이 보인다

그러한 것은 당연히 실패요 무력함이라고 여겼기 때문에 베드로는 주님을 간곡하게 만류했던 것이며 그를 조롱하는 이들은 십자가에서 내려오라고 비웃었던 것입니다. 자신도 구원하지 못하면서 다른 이들을 구원하겠다니 어리석은 일이라고 사람들은 비난했던 것입니다.

지금의 우리도 십자가를 지시려는 주님을 만류하던 베드로나 주님이 잡혀가시는 것을 보고 다 도망쳤던 제자들과 다를 바가 없습니다. 우리도 당시 같은 상황에 있었다면 그들과 다른 반응을 보일 것이라고 자신할 수 없을 것입니다. 당시에 모든 이들에게 주님의 잡히심과 죽으심은 실패로, 무능력으로 보였습니다.

십자가는 분명히 외적으로 보기에 굴욕적인 사건이며 실패로 보이는 것입니다. 그러나 이제 그리스도인들은 이미 십자가 사건과 보혈의 능력에 대해서, 그것이 어떻게 우리의 죄사함과 구원과 관련이 되는지에 대해서 많이 배웠습니다. 그래서 이제 더 이상 주님의 십자가와 굴욕을 수치나 실패로 보지는 않을 것입니다.

그러나 오늘의 현실에서 막상 우리가 주님이 겪으신 십자가와 굴욕과 같은 비슷한 일을 겪게 된다면 그것을 주님의 십자가와 연관지어 이해하는 이들은 많지 않을 것입니다. 교리는 교리이고 개인의 삶은 다른 문제라고 생각하는 그리스도인들이 많기 때문입니다.

낮아짐의 능력은 현실에서도 적용된다

그러므로 십자가와 굴욕에 대한 우리의 이해는 증가되어야 합니다. 주님의 십자가는 그를 믿는 자를 구원하는 하나님의 지혜이고 능력이지만 또한 그것은 영적 원리이기도 합니다. 이 십자가와 굴욕의 능력은 삶의 모든 부분에서 적용될 수 있습니다. 거기에서 하나님의 능력이 나타납니다.

누구나 본능적으로 공격을 받을 때 방어를 합니다. 자기를 건드릴 때 욱하는 성질이 올라옵니다. 십자가에 대해서 배운 그리스도인들도 예외는 아닙니다. 교리는 알지만 실제의 삶에서는 성질이 올라옵니다. 십자가와 굴욕과 낮아짐이 능력이라는 것에 대해서는 배운 적이 없기 때문입니다. 그러므로 주님의 십자가에 대해서 믿을 줄도 알고 가르칠 줄도 알고 찬양할 줄도 알지만 자신이 십자가를 지고 굴욕을 겪으며 주님의 가시는 길을 가는 것에 대해서는 대부분 익숙하지 않습니다.

아직도 많은 그리스도인들에게 있어서 십자가와 굴욕과 자기부인은 어려운 문제입니다. 그러나 십자가는 구원의 원리이면서 또한 실제적인 능력의 원리입니다. 낮아짐은 실제로 능력이 역사하는 원리입니다. 그것은 패배같이 보이는 승리입니다. 그것은 땅에서 오는 승리가 아니라 하늘에서 오는 승리입니다.

야곱의 위기와 두려움

야곱이 오랜 여정을 마치고 라반을 떠나 고향으로 돌아가던 때였습니다. 그는 돌아가는 길에서 에서가 자기를 맞으러 오고 있다는 소식을 들었습니다.

야곱은 두려웠습니다. 에서는 야곱에게 받아야 할 빚이 있었습니다. 야곱은 몇 번 에서를 속였고 에서는 야곱에게 장자권을 빼앗겼습니다. 그리고 에서는 그 일로 인하여 야곱에게 복수하겠다고 벼르고 있었습니다. 야곱이 집을 떠난 것도 에서가 자기를 죽이려고 노리고 있는 것을 알고 피하기 위한 것이었습니다. 그러나 이제 더 이상 피할 길은 없었습니다.

야곱은 먼저 에서에게 종을 보내어 안부를 물었습니다. 돌아온 종이 말하기를 에서는 사백 명의 종들을 거느리고 야곱에게 달려오고 있다고 했습니다. 야곱은 더욱 더 두려워졌습니다. 사백 명이나 데리고 그를 찾아오는 것은 야곱을 해하려는 것이 분명했습니다. 에서가 사백 명을 축하 사절단으로 데리고 올리는 없었습니다. 야곱은 하나님 앞에 엎드렸습니다. 그가 살 길은 그것밖에 없었습니다.

그는 자기의 소유를 두 떼로 나누었습니다. 한 떼를 치면 다른 쪽은 피하겠다고 생각했습니다. 그리고 에서에게 막대한 양의 선물을 보냈습니다.

하지만 어떻게 해도 그의 두려움은 사라지지 않았습니다. 그는 모든 가족들과 소유를 다 보냈으나 홀로 강을 건너지 못하고 남았습니다. 그는 이제 기도로 하나님께 피하겠다고 결심했습니다.

밤새 기도하는 야곱에게 하나님은 어떤 응답을 주셨을까요? 천사를 보내어서 어떤 응답을 주셨을까요? 어떤 강력한 무기를 주셔서 에서를 물리칠 수 있게 하셨을까요?

아닙니다. 아무 것도 없었습니다. 그는 무기는커녕 밤새 천사와 씨름하다가 다리를 다쳐서 절게 되었습니다. 전쟁을 앞둔 용사가 무기는커녕 오히려 몸을 다치게 되었습니다. 이제 에서 앞에서 야곱의 목숨은 위태하기 짝이 없는 상태가 되고 말았습니다.

드디어 날이 밝았습니다. 야곱은 에서와 대면하게 되었습니다. 밤새 기도의 전쟁을 치른 야곱은 아마 거의 포기 상태로 에서에게 나아갔는지도 모릅니다.

하지만 놀랍게도 에서의 모습은 얼마 전에 종에게 보고를 받던 그 살기등등한 모습이 아니었습니다. 에서는 야곱에게 다가왔습니다. 야곱은 그에게 절하고 에서는 그를 껴안고 입을 맞추고 울었습니다. 이것은 야곱이 전혀 예상하지 못했던 것이었습니다.

연약함으로 위기를 통과함

도대체 에서에게 무슨 일이 일어난 것일까요? 야곱은 당당하고 건강한 모습으로 최상의 컨디션으로 에서에게 나아가지 않았습니다. 그는 초라한 모습으로, 두려움이 완연한 모습으로 다리를 절뚝거리면서 에서에게 나아갔습니다.

그리고 비굴할 정도로 예의를 갖추어 그에게 일곱 번 절을 했습니다. 아마 이러한 지나칠 정도의 예우는 지나간 날의 잘못에 대한 사죄의 의미도 담겨져 있었을 것입니다.

그의 초라하고 불쌍한 모습이 에서의 동정심을 일으켰을까요? 에서는 뇌물의 성격이 짙은 야곱의 선물을 받고 아무런 해도 끼치지 않은 채 야곱을 떠나갔습니다. 분노가 가득하여 많은 종들을 거느리고 바람처럼 달려왔던 에서가 이상하게 온화한 모습으로 무사히 돌아갔던 것입니다. 그것은 하나님의 은총이며 기도 응답의 결과였습니다.

하나님은 에서의 마음에 간섭하셨습니다. 그리하여 그의 분노하고 흥분된 마음을 잔잔하게 하셨습니다. 또한 하나님은 야곱을 약하고 초라한 모습이 되게 하셨습니다. 그리하여 예전의 약삭빠르고 교활하며 속이던 야곱의 모습이 아닌 부드럽고 연약하고 초라하며 겸손한 사람의 모습을 갖추게 하셨습니다. 그리고 그 약하고 초라한 모습을 보면서 에서의 극심한 분노는 가라앉아 버렸습니다.

야곱이 날카롭고 긴장된 상태로 있었다면 그는 그날 어려움을 겪었을지도 모릅니다. 그러나 그가 초라하면서도 차분하고 겸손하고 안정적인 상태가 되었을 때 에서의 복수심은 허물어져버리고 말았습니다. 지난 밤의 격렬한 기도는 야곱을 강하게 한 것이 아니라 지치고 탈진되고 약하게 만들었습니다. 그러나 아이러니하게도 그러한 그의 약해짐, 약한 상태가 그를 위기에서 건져냈던 것입니다.

위기가 왔을 때 우리는 하나님 앞에서 종종 강한 자가 되기를 기대하고 소원합니다. 강한 자가 되고 능력 있는 자가 되기를 원합니다. 그래서 위기를 극복하고 이기는 자가 되기를 원합니다. 그러나 많은 경우에 하나님은 우리를 약하게 하십니다. 그리고 그것이 바로 능력인 것입니다. 하나님의 능력은 우리가 약할 때에 나타난다고 하십니다.

약함에서 능력이 나타남

바울은 육체의 약함을 인하여 기도하였습니다. 그는 그에게 온 육체의 가시가 그에게서 떠나가도록 간절하게 세 번이나 기도했습니다. 그러나 주님은 그의 기도를 들어주지 않으셨습니다. 아니, 반대로 들어주셨습니다. 주님은 말씀하셨습니다.

내 은혜가 네게 족하도다 이는 내 능력이 약한 데서 온전하여짐이라 (고후 12:9)

이 응답을 받고 바울은 뛸 듯이 기뻐하였습니다. 주님의 능력은 강한데서 오는 것이 아니라 약한 데서 오는 것을 깨닫고 그는 무척이나 기뻤습니다. 그리하여 그는 고백했습니다.

그러므로 내가 그리스도를 위하여 약한 것들과 능욕과 궁핍과 핍박과 곤란을 기뻐하노니 이는 내가 약할 그때에 곧 강함이니라 (고후12:10)

조금 전까지 자기의 약함을 치유해달라고, 회복시켜달라고 구하던 그가 이제는 반대로 자기가 가지고 있는 모든 약한 것으로 인하여 감사하고 기뻐하였습니다. 육체의 약함뿐만 아니라 궁핍, 능욕, 핍박, 그리고 모든 곤란에 대해서 그는 감사하였습니다. 이는 그가 약할 때에 곧 강해진다는 것을 깨달았기 때문입니다. 이것이 곧 십자가와 굴욕과 약함의 원리이며 능력입니다.

공격을 받을 때, 어떤 위기상황이나 어려움을 겪고 있을 때 굴욕이나 낮음을 기뻐하며 겸손한 자세를 가지면 그러한 상황들이 곧 사라지고 해결되는 것을 많이 볼 수 있습니다. 나의 경우도 그와 같은 일을 많이 겪었습니다.

무릎 꿇음과 회복

오래 전의 일입니다. 나는 어떤 공간을 빌려서 예배의 행사를 인도하게 되었습니다. 안면이 있는 많은 분들을 초청하고 예배를 드리기로 하였습니다. 즐거운 마음으로 당일 날 예배 장소로 갔는데 난감한 일이 생겼습니다. 장소를 빌려주기로 했던 목사님이 어떤 연유에서인지 갑자기 마구 화를 내면서 빌려줄 수가 없다는 것입니다. 갑작스러운 상황이라 몹시 당황했습니다. 그 행사는 그 목사님과도 관련이 있는 것이었고 그분을 배려한 면도 있는 것이어서 이런 상황이 생기리라고는 전혀 예측하지 못했습니다.

그는 갑자기 엄청나게 화가 나 있었습니다. 모든 참석자들에게 연락을 해서 모임을 취소하라고 그는 말했습니다. 시간이 촉박해서 그것은 불가능한 일이었고 멀리서 오는 분들도 많았기 때문에 입장이 난처했습니다. 그 목사님은 나보다 연배도 조금 위였고 조금 어려운 면이 있어서 대화로 설득한다는 것은 어려웠습니다.

이 상황과 상관이 있는 것은 아니었지만 갑자기 나의 죄가 떠올랐습니다. 최근에 내가 했던 잘못과 경솔한 태도들이 선명하게 떠올랐습니다. 나는 이 상황이 나를 낮추시고 회개케 하시는 하나님의 손길이라고 생각했습니다.

나는 그 자리에서 그에게 용서를 구하며 무릎을 꿇었습니다. 반성하는 마음으로 그에게 미안함을 표시하며 용서를 구했습니다. 어떤 목적이 있어서 그렇게 한 것은 아니었습니다. 다만 그렇게 해야 할 것 같았습니다. 주님 앞에서, 사람 앞에서 나를 낮추는 것이 필요하다고 느꼈습니다.

나는 잠시 그런 상태로 있었습니다. 이상하게도 나는 그의 분노가 서서히 사라지는 것을 느꼈습니다. 그는 나의 행동에 충격을 받은 것 같았습니다. 조금 후에 시간이 지나고 그가 나를 일으켜 세웠습니다. 자기가 오해했었다고, 잘못 생각한 것 같다고 오히려 자기가 미안하다고 그는 부드럽게 말했습니다. 그의 톤은 조금 전과 엄청나게 달라져 있었습니다. 나는 감사하는 마음으로 그와 포옹을 했고 모임은 잘 진행될 수 있었습니다.

굴욕은 재앙을 소멸시킨다

무릎을 꿇는 것은 굴욕입니다. 잘못을 시인하고 용서를 구하는 것은 굴욕입니다. 하지만 그것은 그리 나쁜 일이 아닙니다. 우리는 다 부족하기 때문에 누구나 잘못할 수 있고 실수할 수 있습니다. 그러므로 그것을 시인하고 용서를 구하는 것은 별로 이상한 일이 아닙니다. 또한 우리의 사랑하는 주님이 아무 죄가 없이 굴욕을 겪고 수치를 당하셨는데 수시로 많은 죄를 짓는 우리가 그분을 따른다고 하면서도 굴욕을 싫어하며 자신의 잘못한 것에 대해서도 시인하지 않는다면 우리는 진정 그를 따른다고 할 수 없을 것입니다.

놀라운 것은 공격을 받을 때, 비난을 받을 때, 어떤 위기 상황에 있을 때 이러한 자세를 가짐으로써 갑자기 그 공격과 비난의 기세가 현저하게 줄어들고 분위기가 반전된다는 것입니다. 낮은 자세는 공격과 재앙의 힘을 무력하게 만드는 능력이 있습니다. 그것은 낮아짐이 나타날 때마다 반복적으로 일어나는 효과입니다.

오래 전 목회를 하고 있었을 때 하루는 어떤 나이가 든 부인이 나를 찾아왔습니다. 그녀는 우리 교회에 나오고 있는 어느 자매의 어머니였는데 내가 자기의 딸을 모욕했다고 여기고 그것을 보복하려고 찾아왔습니다. 그녀의 생각은 오해였습니다. 그녀의 딸은 내가 아주 사랑하는 자매였고 나는 그녀를 모욕하려는 마음을 전혀 가지고 있지 않았기 때문입니다. 그러나 사실이든 사실이 아니든 그것은 그리 중요하지 않았습니다. 중요한 것은 그녀가 분노로 가득 차 있다는 것입니다. 이유가 맞든 틀리든 그녀가 그렇게 믿고 있다면 그것은 그녀에게는 사실입니다. 그리고 그것은 그녀의 선택이므로 내가 간섭할 수 없는 것입니다. 나는 그녀의 선택을 존중해야 합니다.

진심어린 사과는 분노를 녹인다

해명이란 그리 의미 있는 것이 아닙니다. 일반적으로 분노한 사람들은 상대방의 해명을 듣지 않습니다. 사람들은 대부분 자기가 믿고 싶은 것을 믿으며 생각하고 싶은 대로 생각합니다. 나는 근거 없는 비난을 많이 받아왔지만 그러한 비난들이 사실이 아닌 것으로 드러났다고 해서 비난하던 사람들이 사과를 하는 것은 본 적이 없습니다. 사람들은 사실에 근거해서 비난하는 것보다는 비난하는 것 자체를 좋아하는 경향이 있습니다.

이 부인은 화가 머리끝까지 치밀어서 계속 분노를 퍼부었습니다. 작은 찻집에서 그녀는 나의 뺨을 때리겠다고 위협했습니다. 하지만 실제로 때리지는 않았습니다. 나는 주님의 마음과 시선으로 그녀를 보게 해달라고 기도했습니다. 그리고 다음 순간 나는 그녀가 몹시 사랑스러웠고 그녀에게 몹시 미안한 마음이 들었습니다. 이유야 어쨌든 그녀는 나로 인하여 흥분하고 화가 났으며 나는 거기에 책임이 있었습니다.

나는 그녀에게 미안한 마음으로 가득해서 사과를 했습니다. 중요한 것은 어떠한 말을 하는 것인가가 아니고 어떠한 태도를 가지는가 하는 것입니다. 나는 진정 미안한 마음을 느꼈고 그것을 표현했습니다. 그런데 사과를 하고 용서를 구하자 이상하게도 조금 전까지 격앙되어 있던 그녀의 분노가 누그러지기 시작했습니다. 그녀는 말을 더듬기 시작했습니다.

'아이, 참. 내가 이럴려고 온 것이 아닌데.. 싸우려고 왔는데.. 때리려고 왔는데..' 하면서 그녀는 말을 더듬기 시작했습니다. 그렇게 시간이 지나자 그녀는 이상하게도 마음이 풀렸다고 말했습니다.

잠시 그렇게 대화를 나누면서 그녀는 잔잔해졌습니다. 나는 그녀와 같이 기도를 드렸습니다. 기도를 마치자 그녀는 눈물을 찍어내면서 죄송하다고 하였습니다. 내가 같이 흥분한 상태로 있었다면 어떻게 되었을까요. 억울함을 호소하고 변명을 했었다면 어땠을까요. 아마 별로 좋은 열매는 없었을 것입니다. 그러한 상황에서 옳고 그름은 그리 중요한 것이 아닙니다. 분명한 것은 낮은 마음의 자세를 가지고 있을 때 많은 공격과 분노가 이상하게도 무기력해지게 된다는 것입니다.

나의 글이 인터넷을 통하여 널리 퍼져서 불편함을 느낀 적이 있었습니다. 나는 책을 쓰고 인터넷의 홈페이지에도 글을 쓰지만 기본적으로 나의 글이 많이 퍼지고 많이 읽히는 것을 그다지 원하지 않습니다. 주님께서 나의 글이 필요한 분들에게 인도해주시기를 기도할 뿐이며 광고는 일체 하지 않습니다. 오히려 예상보다 책이 많이 팔려서 놀라고 조금 불편하게 느끼는 편입니다. 홈페이지에 글을 쓰는 것도 독자들에게 작은 안내와 도움을 주고 싶어서였습니다.

하지만 나의 기대와는 다르게 글이 많이 퍼져나갔습니다. 어디서나 나의 글을 많이 접할 수 있었습니다. 나는 이것이 많이 불편했습니다. 글을 퍼가는 것을 금지했지만 글은 여러 카페와 블로그에 퍼져 나갔습니다. 글에 대한 부정적인 반응은 거의 없었습니다. 대부분 좋아하고 감사하는 덧글들이 달렸습니다. 하지만 나는 그러한 반응이나 널리 퍼지는 것이 불편하고 부담이 되었습니다. 많이 알려지는 것은 나의 사명과 거리가 멀다고 생각했기 때문입니다.

한번은 어떤 인터넷 카페에 내 글이 올라갔는데 어떤 이가 글의 내용에 대해서 혹독한 비난과 함께 심한 인신공격을 하였습니다. 많은 사람들이 감동을 받고 기뻐하는 글에 대해서 악평을 하고 이상하게 해석을 해서 나에 대한 여러 모독적인 글을 썼습니다. 이것은 몹시 드문 일이었습니다. 사역자가 비난을 받는 것은 나쁜 일이라고 할 수 없습니다. 나는 수십 권의 책을 썼고 인터넷에서 수천 개가 넘는 글을 썼지만 비난을 받은 적은 거의 없었습니다. 덧글이든 메일이든 전화든 거의 대부분이 감사와 애정의 표현이었습니다. 분에 넘치는 선물을 보내는 이들도 많았습니다.

그래서 나는 가끔 갈등에 빠지곤 했습니다. 예수님은 많은 오해와 비난을 받으셨는데 나는 그렇지 못하고 오히려 영광을 받고 있으니 과연 나는 주님의 종이 맞을까, 하는 걱정이 들곤 했습니다.

그런 마음이었기 때문에 비난에 대해서 마음이 나쁘지는 않았습니다. 그것은 나에게는 좋은 일입니다. 하지만 그러한 공격적인 댓글과 그로 인한 논쟁들이 일어나는 것은 마음이 편치 않았습니다. 나의 글을 가지고 사람들이 서로 투쟁하는 것이 싫었습니다.

가까운 여전도사가 내 글이 실린 카페의 운영자에게 메일을 보냈습니다. 목사님의 글을 저자의 허락 없이 일방적으로 실은 것은 곤란하다, 이미 다른 여러 카페에도 글을 싣지 못하도록 여러 번 협조 메일을 보낸 바 있다, 그리고 공개적으로 인신공격을 한 분의 글은 삭제해주셨으면 좋겠다.. 이런 내용의 글을 보냈습니다.

하지만 그녀의 메일을 나중에 보니 겉으로는 정중했지만 속으로 불쾌감을 억누르고자 애를 쓴 흔적이 보이는 다소 공격적인 느낌을 주는 글이었습니다.

카페의 운영자는 웬일인지 그 메일을 전체에게 공개해버렸습니다. 그러자 많은 사람들이 벌떼같이 일어나 그녀를 공격하기 시작했습니다. 그녀는 갑자기 엄청난 비난에 직면하게 되었습니다. 적절한 비판이 아닌 인신공격과 비난이 담긴 글을 삭제해달라고 요청했다가 갑자기 그녀는 비판의 자유와 언론을 억압하는 만인의 공적과 같은 입장이 되어버리고 말았습니다.

나는 그 상황에 대해서 알게 되었습니다. 나는 그녀의 경솔함에 대해서 지적하고 오직 낮은 마음으로 눈물로 사죄할 것을 권면했습니다. 겉으로가 아닌, 진정한 마음으로 반성하고 사죄할 것을 권했습니다. 오직 낮은 마음과 진실만이 사람의 마음을 움직일 수 있기 때문입니다.

수치 당함이 화해를 이루다

인터넷이든 현실이든 비난을 받을 때 그것을 변명하고 방어하는 것만큼 어리석은 일이 없습니다. 비난이 옳든지 그르든지 그것은 아무 이유가 없습니다. 주님은 변명하지 않으셨습니다. 그는 도살장에 끌려가는 소처럼 아무 말 없이 끌려가셨습니다. 우리가 우리 자신을 변호한다면 우리는 자신이 주님보다 높은 사람이라는 것을 증거하고 있는 것입니다. 하나의 비난에 대한 하나의 변명은 열 개의 비난과 증오를 일으킵니다.
그녀는 울면서 수치스러운 글을 올렸습니다. 잘못했다고, 죄송하다고, 제가 몰라서 그랬다고 저를 용서해달라고 울면서 글을 올렸습니다. 정원 목사님을 얼마든지 비판해도 괜찮다고, 아무 것도 요구하지 않겠다고 그녀는 울면서 글을 올렸습니다. 그녀의 글을 읽고 나의 가족들도 울었고 많은 이들이 울었습니다.

나의 주위에는 나의 글과 사역을 통해서 인생이 바뀌었다고 고백하는 많은 이들이 있었습니다. 가정이 천국이 되고 지난날의 비참함에서 벗어나 주님을 갈망하는 행복한 삶이 되었다고 고백하는 이들이 많이 있습니다. 그들에게 나에 대한 비난이나 이러한 상황은 매우 고통스럽고 가슴 아픈 것이었습니다. 그녀의 글을 읽고 많은 이들이 마음이 아파서 울었습니다. 모욕을 당한 사람이 용서를 구하고 빌어야 하는 상황에 대해서 몹시 슬퍼했습니다.

하지만 그것은 수치나 실패가 아니었습니다. 그녀의 고백이 이루어지는 순간 모든 분위기가 바뀌어졌습니다. 조금 전까지 그녀를 비난하던 목소리는 다 사라지고 그녀를 격려하는 글들이 계속 올라왔습니다. 위로와 화해와 용서와 사랑의 고백이 서로 간에 가득하게 되었습니다. 그것은 참으로 놀랍고 아름다운 반전이었습니다. 한 사람의 낮아짐을 통하여 회복과 치유가 이루어졌던 것입니다. 이것은 그녀에게도, 주위 여러 사람들에게도 매우 귀중한 교훈이 되었습니다.

낮아지는 것, 수치와 굴욕을 당하는 것, 잘못을 시인하고 용서를 구하는 것.. 그것은 사람의 본능에 맞지 않는 일입니다. 그것은 자존심이 강한 이들에게는 아주 어려운 일이 될 것입니다. 주님께 굴복되지 않은 이들에게는 엄청나게 어려운 일일 것입니다. 그러나 그것은 주님을 따르는 이들이 반드시 가지고 있어야할 삶의 자세입니다. 주님이 굴욕을 당하시고 수치를 겪으셨는데 우리가 영광을 받기를 원한다면 우리는 진정한 주님의 사람이 아닙니다.

우리는 영광을 받아야할 존재가 아닙니다. 우리는 종입니다. 게다가 우리는 옳지도 않습니다. 우리는 온전하지도 않습니다. 그러므로 우리는 항상 자신을 낮추고 반성하며 잘못을 시인하는 것이 필요합니다. 용서를 구하는 것이 필요합니다. 심판이 이르기 전에 길에 있을 때 사죄를 하고 용서를 받는 것이 필요합니다. 그것은 실패가 아닙니다. 거기에는 신성한 능력이 있습니다. 재앙이 있고 위기가 있을 때 낮은 자세는 그것이 사라지게 합니다. 우리가 약할 때에 주님은 우리를 강하게 하시며 우리가 낮아질 때 우리를 괴롭히는 힘은 능력을 상실하게 됩니다. 악한 영들은 우리가 높은 마음을 가지고 있을 때 마음껏 공격할 수 있습니다. 그러나 우리가 낮아진다면 악한 영들은 더 이상 역사할 수 없습니다. 그들은 힘을 잃고 패주하게 됩니다.

우리의 대적은 사람이 아니고 마귀다

피조물끼리, 주님을 믿는 지체끼리 서로 미워하고 상처를 주고받는다면 그것은 승리가 아닙니다. 그것은 속고 있는 것입니다. 믿음의 성향은 각기 다를 수 있지만 믿는 자들은 서로 사랑하고 축복해야 합니다. 누가 옳고 누가 그르고, 누가 이기고 누가 지고.. 그런 것은 의미가 없습니다.

우리의 대적은 마귀이지 사람이 아닙니다. 자기의 입장을 주장하고 변호하고 자기를 괴롭힌 대상에게 보복한다면 그것은 승리 같지만 사실은 마귀에게 지는 것입니다. 그것을 기뻐하는 것은 마귀밖에 없습니다. 주님은 이로 인하여 상처를 입으실 것입니다.

그러나 공격이나 비난을 받을 때 반성과 낮아짐의 기회로 삼고 그로 인하여 지체들이 서로 용서하고 사랑하게 되었다면 그것은 진정한 승리입니다. 그것은 마귀를 고통스럽게 하는 것입니다.

낮아짐에는 능력이 있습니다. 그것은 이 땅에서 오는 능력이 아닙니다. 그것은 천국에서 나오는 능력이며 주님으로부터 나오는 능력입니다. 주님은 낮은 자에게, 굴욕을 당할 줄 아는 이에게 가까이 오십니다. 그리하여 낮게 엎드린 자의 손을 잡아주시고 일으켜주십니다.

낮아질수록 우리는 위로를 얻게 되며 위기에서 벗어나게 됩니다.

주님의 가까우심을 얻게 됩니다.

그러므로 낮아짐은 진정한 능력의 시작이며 은총의 시작이며 천국의 비밀에 속한 것이라고 할 수 있는 것입니다. 낮은 자에게 함께 하시는, 부족한 자에게 은총을 베푸시는 사랑의 주님을 찬양하십시다.

할렐루야.

3. 낮아짐과 부흥

부흥은 많은 그리스도인들의 꿈입니다. 그리스도인들이라면 누구나 이 땅에 영적 부흥이 일어나는 것을 보고 싶어 할 것입니다. 특히 사역자들은 그 열망이 더 클 것입니다.
그러나 현실에서 부흥을 보는 것은 어려운 일입니다. 많은 사람들이 오래 전에 있었던 부흥에 대해서 이야기하고 다시 그 때로 돌아가야 한다는 말을 많이 하는 것도 오늘의 현실이 부흥과는 거리가 멀기 때문입니다.

부흥이란 무엇인가

하지만 부흥을 이야기하기 전에 먼저 진정한 부흥이 무엇인지를 생각해봐야 합니다. 흔히 이야기하는 부흥의 개념이 대부분 포괄적으로 사용되고 있기 때문입니다. 사람들은 흔히 '우리 교회가 많이 부흥되었습니다, 몇 년간 몇 배로 부흥했습니다'라고 표현을 하는데 여기서 말하는 부흥은 교회의 등록교인이나 출석교인의 숫자가 증가되었다는 의미일 것입니다.
그러나 교인들이 예배에 좀 더 많이 모인다는 것은 고무적인 일일지는 모르지만 그 자체를 가지고 부흥이라고 단언하는 것은 정확한 표현이 아닐 것입니다.
오늘날 교회의 교인 숫자가 증가하는 것은 많은 경우 수평이동에 불과합니다. 한 교회에 다니던 교인이 다른 교회로 소속을 옮기는 것입니다. 그것은 숫자가 증가된 교회의 입장에서는 부흥이라고 생각할 수도 있겠지만 전체 교회의 입장에서는 달라진 것이 없는 것입니다. 사람들이 재래시장을 이용하기가 불편해서 대형할인마트로 옮겼다고 해서 그것을 부흥이라고 볼 수는 없습니다. 그것은 하나의 사회 현상일 뿐입니다.

작은 교회에서 큰 교회로 옮겼다고 해서 그것을 나쁘다고 볼 필요는 없습니다. 사람들은 여러 가지 이유로 소속하는 교회를 바꾸곤 합니다. 성향과 취향은 다 다르기 때문에 어느 쪽이 좋다 나쁘다 할 수 있는 것은 아닙니다. 다만 부흥이 무엇인가를 이야기할 때 숫자의 증가는 그 본질이 아니라는 것입니다. 사람들이 많이 모이는 것이 부흥이 아니고 그 모인 사람들이 어떻게 되었는가, 어떻게 변화되었는가 하는 것이 더 중요한 것이며 그것이 부흥의 본질과 관련이 있는 것입니다.

부흥은 천국이 이 땅에 임하는 것

부흥은 외적인 숫자의 증가나 외적인 현상들이 나타날 수 있지만 근본적으로는 내적인 변화와 열매를 동반하는 것입니다.

부흥이란 하늘에 속한 요소가 이 땅에 임하는 것입니다. 천국에 속한 요소가 이 땅에 살고 있는 사람들에게 임하는 것입니다.

땅에 속한 것이 증가되고 커지는 것을 부흥이라고 할 수 없습니다. 이 땅에서 재산이 늘었다고 해서 그것을 부흥이라고 할 수 없습니다. 몸이 건강해졌다고 해서 그것을 부흥이라고 할 수 없습니다. 부흥이란 땅의 풍성함이 임하는 것이 아니라 하늘의 풍성함이 임하는 것입니다.

부흥이란 천국이 이 땅에 임하는 것입니다. 하나님의 영광이 이 땅에 임하는 것입니다. 죄인의 심령에 하나님의 임재와 은총이 강하게 실제적으로 나타나는 것입니다.

참된 부흥이 올 때 사람들의 심령들은 하나님의 영에 사로잡혀서 촛물처럼 녹아지고 변화됩니다. 거기에는 거룩함이 있으며 영광이 있으며 놀라움이 있습니다. 거기에는 영광의 흔적이 있으며 천국의 흔적이 있습니다. 죄에 대한 처절한 자각과 회개와 애통이 있으며 하늘의 기쁨과 위로가 있으며 영혼들의 변화, 새로워짐이 있습니다. 영적 각성이 있습니다. 일시적이든, 지속적이든 간에 삶과 행동의 변화가 나타나며 부분적으로 천국이 이 땅에 이루어지는 것입니다. 그것이 진정한 부흥입니다.

초대교회에 있었던 부흥

우리는 사도행전에 등장하는 초대교회에 부흥이 있었던 것을 알고 있습니다. 그들의 모임이 있었을 때 하나님의 임재가 있었고 기쁨이 있었습니다. 당시 그들은 돈도 없고 건물도 없었고 신분도 종과 같은 낮은 위치에 있던 사람들이 대부분이었습니다. 그럼에도 백성들은 그들과 감히 상종하지 못했습니다. 그들을 두려워했고 칭찬했습니다. (행5:13) 그들은 교인들 가운데 하나님이 함께 계시다는 것을 느꼈습니다. 그러므로 칭찬하면서 한편으로 두려워했습니다.

오늘날의 상황은 반대입니다. 교회는 부유하고 세력을 가지고 있지만 사람들은 교회에 대해서 비난하고 조롱하며 전혀 두려워하지 않습니다. 오늘날의 교회는 초대교회의 모습과 많이 다릅니다. 세상과 많이 비슷한 모습을 가지고 있으며 하나님의 살아계신 실재를 보여주지 못하며 영적으로 너무 어둡습니다. 오늘 우리는 부흥의 모습을 잘 보지 못합니다.

교회사에 있었던 부흥들

성경에도, 교회사에서도 놀라운 부흥의 순간들이 있었습니다. 그리고 거기에는 항상 놀라운 감격의 흐름이 있었습니다. 1904년 웨일즈를 강타한 부흥의 경우를 보면 그것은 광풍과도 같은 것이었습니다. 날마다 오전 10시부터 밤 12까지 집회가 계속되었습니다. 이반로버츠가 집회를 인도했는데 수많은 불신자들이 회개하였고 술주정뱅이와 도둑들과 도박꾼들이 구원을 받았으며 도처에 죄를 고백하는 울부짖음이 끊이지 않았습니다. 극장은 관객의 부족으로 문을 닫는 일이 속출하였습니다.

부흥이 임할 때 거기에는 항상 넘쳐흐르는 감격이 있었고 죄에 대한 무서운 자각, 회개가 있었습니다. 그것은 경건하고 고요한 집회가 아니었습니다. 찰스 피니를 통한 부흥에서도 그러한 역사들이 일어났습니다. 사람들은 울고 떨고 흐느끼고 주의 자비를 구하며 부르짖는데 죄를 회개하는 소리가 너무 크고 죄에 대한 두려움과 고통의 비명소리가 너무 컸기 때문에 그는 한참 동안이나 설교를 멈추어야 했습니다.
요나단 에드워즈가 죄와 하나님의 심판에 대한 메시지를 전할 때도 그와 같은 통회와 감격과 회복이 있었습니다.

부흥에는 항상 깊고 처절한 회개가 따릅니다. 하나님의 능력과 영광이 폭풍처럼 임하실 때 사람의 영은 아주 맑고 예민해져서 사소한 죄라도 아주 고통스럽게 느껴집니다. 하나님의 그 거룩하신 영광 아래서 자신의 더러움과 악함이 너무나 선명하게 드러나게 되기 때문입니다.

부흥에 임하는 뜨거운 불

부흥에는 하나님의 임재가 있습니다. 하나님의 영광이 있습니다. 그 임재와 영광이 너무나 가까이 임합니다. 그래서 감격이 있고 회개가 있으며 충격이 있고 각성이 있습니다. 그것이 부흥의 특성입니다.

오늘날 많은 지식들이 있고 교리들이 있습니다. 그것들은 틀린 것이 아니지만 거기에 불이 없습니다. 제단은 있고 제물은 있는데 제물에 불이 붙지 않습니다. 하나님에 대한 지식은 있지만 하나님의 실제에 대한 경험이 없습니다. 그러므로 심령이 뜨겁지 않습니다. 주님은 부활하신 후에 엠마오에서 제자들에게 나타나셨습니다. 길에서 나타나셔서 제자들과 대화를 나누었습니다. 그러나 제자들은 부활하신 주님을 알아보지 못했습니다. 나중에 주님이 그들의 앞에서 사라지신 후에야 그들은 주님이 길에서 말씀하시던 때를 상기했습니다.

저희가 서로 말하되 길에서 우리에게 말씀하시고 우리에게 성경을 풀어 주실 때에 우리 속에서 마음이 뜨겁지 아니하더냐 하고 (눅24:32)

그들은 말하는 것입니다.
'아, 그 분이 주님이셨구나. 어쩐지, 그분이 말씀하실 때 속이 뜨거워졌었어..'
주님이 말씀하실 때 그의 말씀은 살아있는 말씀이었습니다. 단순히 옳은 말씀이 아니고 사람의 속 심령을 뜨겁게 하는 요소가 있었습니다. 하나님의 영이 우리에게 실제적으로 가까이 임하실 때 거기에는 속의 뜨거워짐이 있습니다. 머리로 이해하고 동의하고 끄덕이고 끝나는 것이 아니라 깊은 속이 뜨겁게 되는 것입니다.
부흥이 있는 곳에, 성령의 역사가 있는 곳에는 이와 같은 불의 역사가 있고 뜨거움이 있습니다. 그 거룩한 불에 데인 영혼들의 탄식과 통곡과 회개와 부르짖음이 있습니다. 그것은 거룩한 축제입니다.

오늘날 많은 그리스도인들이 마음과 생각으로 주님을 믿지만 그 영이 맑지 않고 심령이 뜨겁지 않습니다. 그래서 주님의 달콤하심에 대해서 알지 못합니다. 그래서 의무적인 신앙생활을 합니다. 머리로는 말씀이 진리라고 생각하지만 심령으로 감동을 느끼지 못하며 지루하게 생각합니다. 재미없는 것이라고 느낍니다. 그래서 의무적으로 집회에 참석하고 즐거움을 얻기 위해서는 세상의 허무한 것들에 빠집니다. 예배보다는 TV의 드라마나 세상의 취미가 더 재미있는 것이라고 생각합니다. 그것은 그들의 영이 병들어 있는 것을 보여줍니다. 머리에는 말씀에 대한 지식과 이해가 있으나 그 심령은 막히고 병들어 있어서 그 맛을 누리고 즐기지 못합니다. 그래서 하늘의 기쁨과 만족을 누리지 못하고 접하지 못하는 것입니다.

부흥은 이 잠자고 있는 무딘 심령을 깨우는 것입니다. 심령이 깨어 일어나 하나님의 영광과 그 임재 앞에 서게 될 때 온 몸의 세포가 전율하고 놀라며 그 거룩한 불길에 사로잡히게 되는 것입니다. 그리하여 통곡과 회개와 각성과 후련함이 이루어지게 됩니다. 그것이 부흥이 올 때 나타나는 일반적인 현상입니다.

부흥이 올 때 영혼은 깨어나게 되어 영적 감각이 예민해지므로 기도와 찬송과 예배가 얼마나 놀랍고 아름다운 것인지 느끼고 경험하게 됩니다. 그것이 이 세상에 있는 어떤 것보다 감격적이고 놀라운 것임을 체험하게 되는 것입니다. 그러므로 부흥은 사람들의 삶 자체를 바꾸게 됩니다. 입으로만 하나님을 믿고 그 삶에 있어서는 세상적이고 육적인 삶을 살던 이들이 삶의 모든 순간에 주님을 의식하고 그 앞에서 살아가게 되는 것입니다. 역사에 있었던 부흥의 현장에서 그 부흥의 여파로 말미암아 술집이 문을 닫고 극장이 문을 닫는 일이 있었던 것은 부흥의 열매를 보여줍니다. 이러한 현상은 오늘날 우리가 흔히 생각하고 있는 부흥의 모습과는 차이가 있는 것입니다.

오늘날 많은 사역자들과 성도들의 문제는 자신의 비참한 영적 상태에 대해서 잘 모른다는 것입니다. 자신이 하나님의 영광과 얼마나 멀리 있는지, 얼마나 자신의 영혼이 메마르고 어두운 상태에 있는지 잘 인식하지 못한다는 것입니다.

자신의 영적 둔감함과 비참함에 대한 인식이 없는 상태라면 그러한 상태에서 벗어나려는 의지 또한 약할 수밖에 없습니다. 계시록 3장에 나오는 라오디게아 교회가 영적으로는 아주 낮은 상태에 있으면서도 나는 부자라 부요하여 부족한 것이 없다 (계3:17) 고 여겼기 때문에 그들은 자신의 비참함을 회복하지 못하고 있었던 것입니다.

제사장들과 레위 사람들과 족장들 중에 여러 노인은 첫 성전을 보았던 고로 이제 이 전 지대 놓임을 보고 대성통곡하며 여러 사람은 기뻐하여 즐거이 부르니 백성의 크게 외치는 소리가 멀리 들리므로 즐거이 부르는 소리와 통곡하는 소리를 백성들이 분변치 못하였느니라 (스3:12-13)

이것은 유대가 바벨론에 의하여 멸망한 후에 에스라가 예루살렘에 돌아와 성전 건축을 시작할 때 사람들의 반응입니다. 전 지대가 놓이는 것을 보고 어떤 이들은 기뻐했고 어떤 이들은 통곡했습니다. 백성들은 기뻐서 소리를 질렀고 노인들은 통곡했습니다. 사람이 어느 정도 기쁘면 웃지만 그 감격이 정도 이상이 되면 울고 통곡합니다.

몇 십 년 만에 이산가족이 만났을 때 웃는 사람은 보기 드뭅니다. 그들은 대부분 서로 껴안고 통곡합니다. 아무 말도 할 수가 없고 그저 울기만 합니다. 첫 성전을 보았던 노인들은 다 같이 통곡했습니다. 그 감격은 성전을 보지 못한 젊은이들과는 정도가 달랐을 것입니다. 유대의 중심이었던 성전, 유대의 범죄로 인하여 포로가 되고 그 성전이 파괴되었는데 이제 오랜 절망의 시간 끝에 다시 그 전이 회복된다는 것은 그들에게 말로 형용할 수 없는 감격과 기쁨을 주었을 것입니다. 말로 들어서 아는 것과 직접 경험한 것과는 다른 것입니다.

부흥에서 자신의 상태를 봄

하나님의 영광을 잠시라도 경험한 이들은 그 빛 가운데 자신의 어두움이 드러나므로 자신의 죄성과 악과 더러움에 대하여 예민해지게 됩니다. 그리하여 그러한 것에 대하여 고통을 받고 새롭게 되는 것을 갈망하게 됩니다. 그러므로 잠시라도 부흥을 맛본 이들은 부흥에서 멀어지게 될 때 자신의 상태가 얼마나 초라하고 비참한지 인식하게 됩니다.

그러나 부흥에 대하여, 영적 각성에 대하여 경험이 없는 이들은 자신의 비참한 상태에 대해서 알지 못합니다. 자신이 얼마나 어둡고 둔감하며 완악한 상태에 있는지 보지 못합니다. 그러므로 부흥에 대해서, 회복에 대해서 그것이 어떤 상태인지 모르는 사람은 그것을 구하지 못하는 것입니다. 자기 만족을 구하고 욕망을 구하며 허탄한 것들을 구할 뿐 그리스도인들이 진정 구해야 하는 것을 구할 줄 모르는 것입니다. 부흥이야말로 그리스도인들이 진정 사모하고 구해야 할 것입니다.

부흥의 외적 현상들

부흥에는 많은 감격과 눈물과 아름다운 열매들이 있습니다. 역사에 있었던 부흥의 현장에는 많은 외적인 현상들이 있었습니다. 회개로 인한 눈물, 통곡, 전율, 울부짖음, 쓰러짐.. 등등 다양한 모습들이 나타나곤 하였습니다. 하지만 그러한 외적인 현상 자체가 직접적으로 부흥이라고 할 수는 없습니다. 요나단 에드워즈 같은 분들도 사람들이 지나치게 외적인 현상이나 감정적인 상태에 빠지지 않도록 절제를 시키곤 하였습니다.

영혼이 깨어나는 과정에서 일시적인 현상들이 나타나는 것은 흔히 일어나는 일입니다. 하지만 중요한 것은 현상이 아니라 본질입니다. 만약에 외적인 많은 현상을 겪었으면서도 그의 삶 가운데 주님께 속한 열매를 맺지 못한다면, 별 다른 삶의 변화가 없다면 그는 진정으로 부흥된 것이 아닙니다.

그것은 잠시 흥분 상태에 있는 것에 불과한 것입니다. 어떤 이들은 쉽게 몸에 임하는 여러 가지 현상을 경험하고는 그것을 자랑스럽게 여기기도 하는데 그것은 부흥의 외적인 요소에 불과한 것이며 그리 대수로운 것이 아닙니다. 부흥이란 단순한 흥분 상태 자체가 아니라 주님의 영광에 사로잡혀서 주님께 속한 사람들이 되는 것입니다. 따라서 외적 현상 자체보다도 부흥에 합당한 삶의 열매가 나타나는 것이 중요한 것입니다.

불이 없는 제사

한국교회가 기적적인 부흥을 이루었다는 말을 많이 합니다. 하지만 그 열매적인 면을 보았을 때는 과연 부흥이라고 부를 수 있을 것인가 의문스러운 면도 있습니다. 외형과 숫자 면에서는 부흥이라고 할 수 있을지 모르지만, 주님께 속한 변화된 삶이라는 측면에서는 부흥이 있었다고 말하기에 부끄럽습니다. 부흥이 전혀 없다고 할 수는 없겠지만 진정한 부흥이 있다고 말하는 것은 어려운 일입니다.

왜 오늘날 부흥을 경험하기 어려울까요? 왜 오늘날의 신앙인들, 교회들은 이렇게 미지근할까요?

제사는 많이 있지만 문제는 그 제사에 불이 임하지 않는다는 것입니다. 제물은 많으나 그 제물에 불이 붙지 않습니다. 집회에 하나님의 실재가 임하지 않는 것입니다. 형식은 있으나 그 실재가 없습니다. 경건의 모양은 있으나 그 능력과 실재가 없습니다. 개념은 있으나 그 타오르는 불이 없습니다. 그것은 실제적으로 하나님의 영이 운행하시지 않기 때문입니다. 기도는 아주 감격스럽고 놀라운 은총의 도구입니다. 찬양도, 예배도, 말씀도 진정 아름답고 행복한 것입니다. 그러나 하나님의 임재와 운행하심이 빠지면 거기에는 생명이 부족합니다. 그것은 하나의 형식에 불과할 뿐 사람의 영혼을 변화시키지 못합니다.

하나님의 영이 임하시지 않는 이유

그렇다면 왜 하나님의 영은 운행하시지 않는 것일까요? 왜 많은 기도가 독백처럼 느껴지며 많은 예배들이 하나의 행사처럼 여겨지는 것일까요? 그 답도 간단한 것입니다. 하나님과의 친밀한 교제를 막는 것은 언제나 한 가지, 곧 죄입니다.

여호와의 손이 짧아 구원치 못하심도 아니요 귀가 둔하여 듣지 못하심도 아니라 오직 너희 죄악이 너희와 너희 하나님 사이를 내었고 너희 죄가 그 얼굴을 가리워서 너희를 듣지 않으시게 함이니 (사59:1-2)

그 죄의 대표적인 것이 바로 높아짐입니다. 높아진 마음에서 완악함과 강퍅함과 불순종과 거스름과 온갖 악들이 시작된 것입니다.
오늘날 사람들의 마음은 너무 높아져 있습니다. 믿는 이들의 모습도 별로 다르지 않습니다. 오늘날 신자들도 하나님만을 경외하고 높이며 그 앞에서 자신을 낮추지 않습니다. 하나님을 하늘에 계신 친절한 아버지 정도로 생각합니다. 자신의 소원을 들어주는 존재 정도로 생각합니다.

아라비안나이트에 보면 반지의 거인, 램프의 거인 이야기가 나옵니다. 반지를 비비거나 램프를 비비면 구름과 함께 엄청나게 큰 거인이 나타나서 '주인님, 무엇을 도와 드릴까요?' 하고 묻습니다.
여기서 거인은 엄청나게 크고 능력이 있는 존재지만 그는 종에 불과합니다. 주도권을 가지고 있는 것은 반지를 가지고 있는 사람인 것입니다. 오늘날 하나님을 반지의 거인 정도로 여기는 경향이 많이 있습니다. 그것은 오늘날 사람들이 너무 높아져 있고 하나님은 낮아져 있기 때문입니다.

믿는 이들도 자신의 영광과 행복에만 관심이 있으며 하나님은 이를 위해서 존재하시는 분 정도로 여기는 경향이 있습니다. 이런 비참한 인식이 사람들을 거룩하신 하나님의 영광에 이르지 못하게 하는 것입니다. 하나님은 영광과 거룩함으로 충만하신 분이며 그 분을 중심으로 경외하지 않는 이들에게 그의 임재는 아주 멀리 있는 것입니다.

부흥을 방해하는 것은 높은 마음입니다. 사람을 죄짓게 하고 영적으로 타락하고 무감각하게 만드는 것도 높은 마음입니다. 그러므로 이 높은 마음들이 처리되지 않고는 결코 진정한 부흥은 올 수 없습니다.
어떤 이들은 부흥을 위한 여러 가지 방법론을 제시합니다. 교회의 부흥을 위해서 목이 좋은 곳이 필요하고 건물이 필요하며 주차장이 필요하다고 합니다. 하지만 그것은 기업에서 고객을 관리하는 방법이지 영혼을 변화시키는 방법이 아닙니다. 그러한 테크닉은 부흥과 아무 상관이 없는 것입니다. 주차장은 사람의 영혼을 변화시킬 수 없습니다. 편의를 제공하는 곳에 사람들이 모이는 것을 부흥이라고 해서는 안 됩니다.

낮은 마음에서 시작되는 부흥

부흥은 오직 낮은 마음에서 시작됩니다. 부흥은 회개로부터 시작하는 것이 보통입니다. 그런데 낮은 마음이 없이는 회개가 이루어질 수 없습니다.
한국교회의 유명한 1907년의 부흥도 길선주 장로님의 공개적인 회개로부터 시작되었습니다. 그가 집회 중에 앞에서 자신의 죄를 자백하기 시작했을 때 그 회개의 불길이 산불처럼 번지기 시작했습니다. 좌중에 거룩한 회개의 영이 임하였고 하나님의 실제적인 임재를 느끼게 되었습니다. 많은 사람들은 울면서 차례대로 나와서 자기의 죄를 고백했습니다. 모범적인 신앙인으로 인정받던 이가 나와서 돈을 훔친 것을 고백하기도 했습니다. 큰 고뇌 속에서 신음하던 한 여인은 자기가 간음한 것을 고백하였습니다.

당시 집회를 인도하던 선교사는 아주 당황했습니다. 그 곳에 그녀의 남편이 있었고 당시 조선의 법으로는 남편이 그녀를 죽일 수도 있었기 때문입니다. 그러나 남편은 울면서 앞으로 나와 그녀를 용서해주었습니다. 당시 부흥의 현장에서 이와 비슷한 사건들이 수도 없이 진행되었습니다.

회개를 막는 높은 마음

부흥이 있을 때 회개가 있고 회개가 있는 곳에는 부흥이 있습니다. 개인적인 회개가 있을 때 그것은 개인의 부흥이며 집단적인 회개가 있을 때 그것은 집단의 부흥입니다. 그런데 이 회개란 낮은 마음의 자세가 없이는 결코 가능하지 않은 것입니다.
어떤 이에게 죄에 대한 자각이 있었다고 합시다. 하지만 그가 자의식이 많고 자존심이 강하다면 그는 회개하기 어려울 것입니다. 더구나 공개적으로 자신의 죄와 잘못을 시인하기는 더욱 어려울 것입니다.

오늘날 사람들은 죄에 대해서 둔감합니다. 현실적인 여러 문제들에 대해서 괴로워하고 자주 상처를 받으며 억울해하지만 자신의 죄 문제에 대해서는 그다지 예민하지 않습니다. 입으로, 눈으로, 생각으로 범죄를 하고도 그다지 대수롭게 여기지 않습니다. 거짓말을 하는 것이나 함부로 말하는 것이나 미워하는 것이나 더러운 말과 행실을 부끄러워하지 않습니다. 오히려 죄에 대해서 듣거나 지적을 받으면 불쾌하게 여기는 경향이 있습니다. 그것은 오늘날 사람들의 마음이 너무나 높아졌고 영적인 감각이 둔해졌기 때문입니다.

오늘날 어린 아이들도 별로 순진하지 않습니다. 어릴 때부터 TV와 컴퓨터를 통해 세상의 완악하고 악한 문화에 익숙해집니다. 순복하지 않으며 권위를 알지 못합니다.
사람들은 죄와 잘못을 지적받을 때 불쾌하게 느낍니다. 죄를 버리는 것보다는 상처를 치유받기 원하며 오직 위로받고 싶어 합니다. 거룩하고 바른 삶을 사는 것보다 자기편을 들어줄 대상을 찾습니다. 이러한 높은 마음은 이 시대에 보편적인 현상이며 이것이 부흥을 멀리 있게 하는 것입니다.

부흥은 천국의 임재입니다. 부흥은 거룩하신 하나님의 친밀하신 임재이며 교제입니다. 그 하나님은 오직 낮은 마음, 낮은 심령의 사람들에게 가까이 오십니다. 완악한 이들에게 하나님은 오실 수 없습니다.
이 시대의 문제는 바로 높은 마음이며 이것으로 인하여 부흥이 오지 않는 것입니다. 이러한 인식이 분명하다면 우리는 부흥에 대해서 가까이 갈 수 있을 것입니다. 문제의 원인을 정확하게 이해한다면 해결도 그리 멀리 있는 것은 아닙니다.
오늘날 높아짐으로 인하여 부흥이 막히고 있다면 그 해결책은 무엇입니까? 그것은 당연히 낮아짐의 사역입니다. 사람들의 영혼을 낮아지게 하는 가르침과 사역이 필요한 것입니다.

낮음과 절망을 일으키는 사역

오늘날 사람들의 마음을 높아지게 하는 사역이 많이 있습니다. 그러나 진정한 사역은 사람들의 마음을 낮아지게 하는 것입니다. 용기를 주고 위로하며 힘을 주는 측면이 필요합니다. 하지만 좀 더 근본적인 사역은 사람들로 하여금 절망하고 낙담하게 하는 것입니다. 그것이 생명을 살리는 일이며 부흥이 가까이 올 수 있게 하는 것입니다.

사역자란 낮아짐의 길을 가는 사람입니다. 그는 자신의 목숨까지도 바칠 각오를 하고 주를 따르는 사람입니다. 또한 사역자는 스스로 낮아짐의 삶을 사는 것뿐 아니라 사람들에게 낮아짐의 길을 가르쳐야 합니다. 낮음과 절망의 가치를 가르쳐야 합니다. 그래야 영혼들을 하늘에 속한 사람으로 이끌 수 있기 때문입니다.

어떤 전도자가 감옥에 가게 되었습니다. 그는 감옥에서 복음을 전하기 위하여 한 사람씩 접촉하여 그들의 이야기를 들었습니다. 그랬더니 대부분의 사람들이 자신은 죄인이 아니며 억울하게 이곳에 들어왔다고 하는 것이었습니다. 그런데 한 사람이 자신은 죄인이며 잘못을 범해서 이곳에 왔다고 하였습니다. 그러자 전도자는 '할렐루야!' 하고 외쳤습니다. 상대방이 어리둥절해서 그 이유를 묻자 그는 대답하기를 '나는 죄인을 구원하는 복음을 전하려고 하였습니다. 그러나 죄인이 한 사람도 없어서 구원할 대상을 찾지 못했습니다. 그런데 지금 당신이 자신을 죄인이라고 하니 이제 비로소 구원의 대상이 생겨서 감사를 드린 것입니다.' 하였습니다.

자신이 비참한 상태에 있다고 여기는 사람들은 회복될 수 있습니다. 그러나 영적으로 비참한 상태에 있으면서도 자신에 대해서 자신만만하며 낙관적인 마음을 가지고 있는 이들은 회복될 수 없을 것입니다.
그러므로 사역이란 절망을 일으키는 것입니다. 부족함을 일으키는 것입니다. 구원을 얻고 빛에 이르기 전에 먼저 자신을 보아야 합니다. 병의 고침을 받기 전에 먼저 병이 있다는 것을 알아야 합니다.

주님도 구원의 사역을 하시기 전에 그들의 마음이 낮은 상태에 있는지 확인하시곤 하였습니다. 주님은 높은 마음의 사람들에게는 자신을 나타내시지 않으셨습니다. 그들은 구원과 복음을 받을 준비가 되어있지 않았기 때문입니다.

절망을 일으키시는 주님

누가복음 18장에는 어떤 부자 관원이 주님께 나아오는 장면이 등장합니다. 주님을 따르는 제자들은 하나같이 가난하고 행색이 초라하고 학문도 없는 이들이었는데 부자이고 관원이면서 신앙적인 열심이 있는 엘리트가 주님 앞에 나타난 것입니다. 그는 주님께 나아와서 이렇게 묻습니다.

선한 선생님이여 내가 무엇을 하여야 영생을 얻으리이까 (눅18:18)

그의 질문은 지금까지 주님께 나아왔던 사람들이 요구하는 것과 달랐습니다. 대부분 사람들의 요구는 주로 병을 고쳐달라든지, 아니면 재산을 형과 나누게 해달라든지, 하는 현실적인 문제에 대한 것들이었습니다.
그러니 이 사람의 진리에 대한 열망은 상당히 인상적인 것이라고 할 수 있는 것입니다. 주님은 이 사람에게 대답하셨습니다.

네가 계명을 아나니 간음하지 말라, 살인하지 말라, 도적질하지 말라, 거 짓증거하지 말라, 네 부모를 공경하라 하였느니라 (눅18:20)

관원은 대답합니다.

이것은 내가 어렸을 때부터 다 지키었나이다 (눅18:21)

이 사람의 말이 사실이라면 이 사람은 대단한 신앙인임에 틀림없습니다. 그러나 주님은 관원의 대답에 만족하시지 않고 이어서 말씀하십니다.

네가 오히려 한 가지 부족한 것이 있으니 네게 있는 것을 다 팔아 가난한 자들을 나눠 주라 그리하면 하늘에서 보화가 네게 있으리라 그리고 와서 나를 좇으라 하시니 그 사람이 큰 부자인고로 이 말씀을 듣고 심히 근심하더라 (눅18:22-23)

그가 근심하며 떠나자 주님은 유명한 말씀을 하십니다.

예수께서 저를 보시고 가라사대 재물이 있는 자는 하나님의 나라에 들어가기가 어떻게 어려운지 약대가 바늘귀로 들어가는 것이 부자가 하나님의 나라에 들어가는 것보다 쉬우니라 하신대 (눅18:24-25)

부자, 낙타, 바늘 구멍.. 이 이야기를 들어보지 않은 사람은 아마 거의 없을 것입니다. 그런데 이 유명한 이야기가 바로 이 부자관원과 관련되어 언급되었던 것입니다.
주님은 대중을 향해서 일반적인 말씀을 전하셨습니다. 하나님 나라의 진리에 대해서 말씀하셨습니다. 그러나 가끔 개인적인 대화를 나눌 때가 있었습니다. 그 때는 일반적인 말씀을 하시지 않고 그 사람의 영적 상태에 맞는 메시지를 주셨습니다.

수가성의 우물가에서 여인을 만났을 때는 그 여인에게 갑자기 '네 남편을 데리고 오라'고 말씀하셨습니다. 니고데모에게는 거듭남에 대해서 말씀하셨습니다. 부자관원에게는 재산을 버리라고 하셨습니다. 먼저 작별을 한 후에 주를 좇겠다는 이에게는 쟁기를 잡고 뒤를 돌아보는 자는 하나님 나라에 합당치 않다고 하셨습니다.

주님의 메시지는 각 사람의 영적 상태에 대한 맞춤 메시지였습니다. 그 사람에게 하나님의 나라가 임하는 것을 방해하는 문제가 무엇인지를 정확하게 아시고 진단하셔서 주시는 메시지였습니다.

니고데모에게는 진리에 대한 깨달음이 필요하다고 보셨습니다. 우물가의 여인에게는 진리를 알기 전에 먼저 음란의 문제를 해결해야 한다고 지적하신 것이며 가족과의 작별을 말하는 사람에게서는 표면적인 열심의 배후에 있는 그의 마음 속 미련에 대해서 경고하신 것입니다. 그리고 이 부자관원에 대해서는 탐심에 대해서 경고하신 것입니다. 하나님의 나라에 가기 위해서는 먼저 탐심을 버려야 할 것을 말씀하신 것입니다. 주님은 모두에게 동일한 메시지를 주신 것은 아니었습니다.

그런데 본문에서 이 부자관원의 이야기를 자세히 살펴보면 도대체 이 부자 관원은 왜 예수님께 나아왔는지 그 의도가 궁금해 집니다. 정말로 영생을 얻고 싶고 진리를 알고 싶은 것인지 다소 의문스럽습니다. 적어도 그의 대답을 보면 그는 당당한 신앙인입니다. 모든 율법을 지켜 한 점 부끄럼이 없다는 것입니다. 과연 그는 그의 말대로 완전하게 율법을 지키는 사람이었을까요?

바리새인과 세리가 기도하는 장면에서 세리는 '주여, 저는 죄인입니다.. 저를 불쌍히 여겨 주옵소서' 하고 기도하고 바리새인은 '주여, 저는 이렇게 이렇게.. 율법을 지키고 열심히 신앙생활을 합니다' 하고 고백합니다. 그 때 그의 고백은 그가 온전한 사람이라는 것을 보여주는 것이 아닙니다. 그것은 그가 그렇게 생각하고 있는 것을 보여주는 것입니다. 그는 자신을 그렇게 훌륭한 신앙인으로 여기고 있는 것입니다.

본문에 나온 이 부자관원도 비슷한 경우라고 할 수 있을 것입니다. 그는 생각하기를 '나는 모든 법을 지켜서 부족함이 없다. 어려운 율법이라고? 그런 것은 내가 어릴 적부터 항상 알고 다 하는 것이다' 그는 이런 긍지와 자부심을 가지고 있었던 것입니다.
그러나 주님의 한 마디 말씀은 이 부자 관원의 자존심을 순식간에 무너뜨려 버렸습니다. 그는 한 마디도 대답하지 못하고 사라져 갔던 것입니다.

주님의 말씀은 사람의 자존심을 세워주고 용기를 주시는 것과는 거리가 멀었습니다. 오히려 자신의 모습을 보게 하고 절망하게 하시는 것입니다. 목숨을 버릴지라도 주를 따르겠다는 베드로에게 '나를 따른다고? 너는 나를 부인할 것이다' 하고 기를 죽였습니다. 주를 따르겠다는 사람에게 '뒤를 돌아다보면서 나를 따른다고?' 하고 반문하셨습니다. 어디로 가든지 좇겠다는 사람에게 '나는 머리 둘 곳도 없다. 그래도 따르겠느냐?' 고 대답하셨습니다. 모든 법을 지켰다는 관원에게 '네 소유를 버릴 수 있느냐?' 고 물으셨습니다.

그 모든 주님의 질문과 메시지는 사람으로 하여금 절망하게 하시기 위한 것입니다. 눈이 범죄하면 빼어버리고 손이 범죄하면 찍어버리라는 주님의 메시지는 우리로 하여금 절망하도록 하기 위한 것입니다. '부자가 하나님 나라에 들어가는 것은 낙타가 바늘구멍에 들어가는 것처럼 어렵다'고 말씀하신 것도 절망하고 기를 죽이기 위한 것입니다. 그 말씀을 듣고 기가 죽은 제자들은 놀라서 물었습니다.

듣는 자들이 가로되 그런즉 누가 구원을 얻을 수 있나이까 가라사대 무릇 사람의 할 수 없는 것을 하나님은 하실 수 있느니라 (눅18:26-27)

바로 이것입니다. 절망으로 인도하시는 목적은 사람은 결코 할 수 없으며 오직 하나님만이 하실 수 있다는 진리에 이르게 하기 위한 것입니다. 진정 절망한 자들은 '오, 하나님. 어찌하리이까?' 하고 엎드러지게 됩니다. 그리고 그러한 자들에게 하나님은 은혜의 길을 보이시는 것입니다.

사람을 낮추시는 주님

주님의 복음 전도 방식은 오늘날의 방법과 많이 달랐습니다. 오늘날의 전도자들은 듣는 자들을 잘 설득하고 달래서 주님을 영접하게 하려고 애를 씁니다. 그들의 안에 진리에 대한 열망이 없을 지라도 그들의 마음이 높을 지라도 하나님을 낮추고 복음을 낮추고서라도 주님을 영접하게 하려고 합니다. 그러나 그런 식의 복음 전도는 진정한 열매를 맺지 못합니다.

주님의 전도 방식은 오히려 사람을 실족시키는 것 같이 보입니다. 관심이 있어서 접근한 사람을 오히려 까다롭게 대해서 멀어지게 만드는 것 같이 보입니다. 한번은 제자들이 걱정이 되어 주님께 물었습니다.

바리새인들이 이 말씀을 듣고 걸림이 된 줄 아시나이까 (마15:12)

주님은 대답하셨습니다.

심은 것마다 내 천부께서 심으시지 않은 것은 뽑힐 것이니 그냥 두어라 (마 15:13-14)

주님은 사람의 비위를 맞추시지 않았고 달래지 않았습니다. 쉬운 기준을 제시하지 않으셨습니다. 편안하고 좋은 길을 약속하시지 않았습니다. 오히려 좁은 문, 좁은 길을 가르치셨습니다. 진정 주님의 말씀을 들을 때 우리는 절망하게 됩니다. 우리는 아무 것도 할 수 없음을 알게 됩니다. 그리하여 우리는 절망하고 낙담하고 오직 하나님의 긍휼을 기다리게 됩니다. 그것이 하나님이 오시는 길입니다.

주님은 두로와 시돈 지방에서 만난 가나안 여인에게 냉정하게 대응하셨습니다. 가나안 여자가 소리를 지르며 도움을 요청했지만 주님은 대답지 않으셨습니다. 제자들까지도 거들었지만 주님은 냉정하게 대하셨습니다.

나는 이스라엘 집의 잃어버린 양 외에는 다른 데로 보내심을 받지 아니하였노라 (마15:24)

여인은 굴하지 않고 와서 절하며 부탁을 했는데 그 때도 주님은 거절하셨습니다.
자녀의 떡을 취하여 개들에게 던짐이 마땅치 아니하니라 (마15:26)

이것은 제자들에게 의아하게 보였을 것입니다. 주님은 어린이들, 가난한 자들, 약한 자들에게 항상 자비로우셨기 때문입니다. 여인은 포기하지 않고 거듭 도움을 구하였습니다.
주여 옳소이다마는 개들도 제 주인의 상에서 떨어지는 부스러기를 먹나이다하니 (마15:27)

그러자 드디어 주님의 마음이 드러납니다. 주님은 이 여인의 믿음을 칭찬하셨습니다. 주님께서 믿음에 대해서 칭찬하신 대상은 백부장과 이 여인밖에 없습니다. 제자들도 믿음 없음에 대하여 많이 꾸짖음을 받았던 것입니다.

이에 예수께서 대답하여 가라사대 여자야 네 믿음이 크도다 네 소원대로 되리라 하시니 그 시로부터 그의 딸이 나으니라 (마15:28)

이것은 아름답고 감동적인 장면입니다. 주님은 이 여인이 얼마나 낮고 갈망하는 마음을 가지고 있는지를 지켜보셨던 것입니다.
우리에게 필요한 것은 바로 이 믿음입니다. 개로 여김을 받아도 '주여, 맞습니다. 저는 개만도 못한 사람입니다. 그러니 저를 불쌍히 여겨 주십시오.' 이렇게 대답하는 것이 필요합니다.
이 여인은 낮은 마음, 상한 심령으로 응답을 얻었고 긍휼을 얻었습니다. 하지만 오늘날 이런 낮은 심령은 찾아보기 어렵습니다. 오늘날 이 시대의 사람들은 굴욕을 견디지 못합니다.

은혜는 낮은 곳에 임합니다. 성령의 역사는 낮은 마음이 있는 곳에 임합니다. 부흥은 낮은 마음에서 시작되는 것입니다.
오늘날 이 시대는 너무나 절망이 부족합니다. 깊은 영적 자각과 탄식이 부족합니다. 오늘날 근거 없는 낙관주의가 너무 많습니다. 속에는 중병이 들어있는데 고약하나 발라주고 아무 일 없다고 괜찮다고.. 그렇게 가르치는 것은 좋은 것이 아닙니다.
우리는 우리 자신의 삶을 돌아보아야 합니다. 우리가 맺는 열매가 어떤 것인지 살펴야 합니다. 우리에게 죄가 있다면, 악이 있다면, 그것을 가볍게 여겨서는 안 됩니다. 거짓말과 입술의 악과 미움과 혈기와 음란과 더러움, 탐심과 세상 사랑과 각종 악들이 있다면, 주를 향한 갈망의 부족과 거룩함에 대한 열망이 부족하다면 우리는 안심해서는 안 됩니다. 오히려 절망하고 탄식하는 것이 필요합니다. 그러한 것들은 우리가 영적으로 중한 병에 걸려있는 것을 보여주는 것입니다. 형제 사랑이 부족하고 용서가 부족하다면 우리의 영혼은 안전한 것이 아닙니다. 우리는 자신을 돌아보아야 합니다.

세리처럼 '주여, 나를 불쌍히 여기소서, 저는 죄인이로소이다..' 우리는 그렇게 기도해야 합니다. 주님이 임하셔서 우리의 눈물을 닦아주시고 우리를 일으키실 때까지 일어나서는 안 됩니다. 우리에게는 회복이 필요합니다. 우리에게는 변화가 필요합니다. 부흥이 필요합니다.

낮은 마음과 부흥

부흥이란 주차장의 넉넉함에서 오지 않습니다. 물질이 넉넉해지는 것에서 오지 않습니다. 교회의 여러 프로그램들과 테크닉에서 오지 않습니다. 사회에서 배운 여러 마케팅 기법들을 통해서 오지 않습니다.
부흥은 배가 부른 사람들이 많을 때 오지 않습니다. 잘난 척 하고 거드름을 피우는 이들이 가득한 곳에 오지 않습니다. 자기 신앙이 온전하며 부족함이 없다고 여기는 이들이 있는 곳에 오지 않습니다.

부흥은 낮은 마음에서 시작됩니다. 교회에 낮은 마음의 사람들이 많이 일어날 때 부흥은 시작됩니다. 부흥을 갈망하며 우는 이들이 많을 때 부흥이 시작됩니다. 사모함으로 통곡하는 이들이 많을 때 부흥이 시작됩니다. 가난이나 질병으로 인하여 괴로워하는 것이 아니라 자기의 죄로 인하여, 자신의 완악함과 사랑 없음과 더러움으로 인하여 슬퍼하고 고통하며 통곡하는 무리가 증가될 때 주님이 임하십니다. 죄에 대한 고통이 일어날 때 부흥이 옵니다. 서로 죄를 고백하고 용서를 구하는 이들이 증가될 때 주님이 오십니다. 부흥이 옵니다.

고통에서 시작되는 부흥

부흥은 고통과 절망에서 시작되는 것입니다. 부흥은 고통에서 시작되는 것입니다. 신음에서 시작되는 것입니다. 낙관적인 마음에서 오지 않습니다. 그것은 탕자의 마음에서 시작되는 것입니다. 그것은 자기의 모습에 처절하게 절망하는 사람으로부터 시작되는 것입니다.

오늘날 이 시대는 너무나 절망이 부족합니다. 너무나 비전이 많고 희망이 많습니다. 슬픔을 보기 어렵습니다. 너무 낙관적입니다. 하지만 거기에는 진정한 능력이 없습니다.

부흥은 사역자가 절망하고 탄식하며 깊은 슬픔과 갈망으로 주님께 나아갈 때 가까이 옵니다. 데이비드 브레이너드의 사역은 그 예를 잘 보여줍니다. 그는 29세의 짧은 생을 마감한 북아메리카 인디언의 선교사입니다. 그는 병약한 사람이었고 사역 기간이 4년에 불과했지만 그의 사역은 기도의 성자, 경건의 모범으로 알려지고 있습니다. 그는 자주 우울해지고 낙담하는 사람이었습니다. 그의 슬픔으로, 그의 고통을 통해서 부흥이 일어났습니다.

그것은 일반적인 슬픔이나 우울증과 다른 것입니다. 그것은 기도하면서 경험하는 거룩한 슬픔이며 거룩한 절망입니다. 그리고 거기에서 부흥이 시작되는 것입니다.

깊은 기도에는 고통이 있습니다. 그것은 영혼에 대한 부담이며 부흥을 위해서 지불해야 하는 고통의 전쟁입니다. 그것은 하나의 십자가와 같은 것입니다. 사역자가 그 전쟁을 치르고 고통의 대가를 지불할 때 부흥의 역사가 나타나게 됩니다.

데이비드 브레이너드는 기도의 깊은 고통을 통과한 사람입니다. 몸이 너무나 쇠약해진 상황에서 심각한 고통으로 인하여 설교도, 기도도 아무 것도 할 수 없을 때 그에게 깊은 은혜가 임하게 되었습니다. 이제는 경건 서적의 고전이 된 그의 일기를 보면 그의 기도와 삶에 가득했던 것은 절망, 고통, 슬픔과 낙담이었습니다. 그 가운데 깊은 하나님의 은총과 위로와 능력이 있었습니다.

그가 영혼의 깊은 밤을 경험하고 절망의 한계에 다다랐을 때 그때부터 은혜의 홍수가 쏟아졌습니다. 그리하여 수많은 인디언들의 개종이 있었으며 놀라운 은혜와 부흥이 있었습니다. 사역자의 절망과 고통의 기도가 부흥을 위한 재료인 것을 그의 생애는 보여줍니다. 우리는 이 시대에도 이러한 사역자들이 일어나도록 기도해야 합니다. 부흥을 위해서는 이러한 제물, 희생자가 필요합니다. 서로 지적하고 돌을 던지는 것에 의해서 부흥이 오지 않고 절망하며 고통하고 자신을 던지고 희생하는 사역자, 영혼들로 인하여 부흥이 옵니다.

참된 부흥은 낮은 심령에서 옵니다. 우리의 폐부를 살피시는 주님은 우리의 마음속에 절망과 슬픔과 사모함이 가득할 때 우리를 긍휼히 여기시며 가까이 임하십니다. 그리고 거기에서 천국이 시작됩니다.
부흥은 하늘의 임하심입니다. 나중에 영원히 맛볼 천국의 향취를 지금 잠시 맛보는 것입니다.
부흥은 주님의 가까우심입니다. 높은 데서 낮은 곳으로 물이 흐르듯이 하늘에서 땅으로 비가 오듯이 낮은 심령이 있는 곳에 부흥이 옵니다. 낮아지고 상한 이들의 심령에 주님께서 오셔서 영광을 받으시는 것, 그것이 곧 부흥입니다. 그리고 그것이 진정한 교회의 부이며 재산입니다. 하나님의 임재, 영광, 아름다우심이 가득한 부흥의 역사.. 그러한 역사가 이 땅에 임하도록 우리는 계속 기도하여야 할 것입니다. 할렐루야.

4. 낮은 마음과 복음 전도

복음 전도의 중요성

복음 전도는 그리스도인의 삶에서 아주 중요한 것이며 그리스도인들의 중대한 사명입니다. 보화를 가지고 있는 이가 그것을 혼자 독점하고 있다면 그것은 옳지 않습니다.
그러나 복음 전도가 그렇게 중요한 것임에도 불구하고 그 복음을 전하는 방식이나 원리에 대해서는 무지한 이들이 아주 많습니다. 그래서 애를 쓰는 것에 비해서 열매도 적은 것이 현실입니다. 전도에 대한 영적 원리에 대해서는 나중에 한권의 책으로 좀 더 자세하게 쓰려는 마음을 가지고 있습니다.

복음 전도자의 중요성

오늘날 복음전도 사역에 있어서 중대한 약점은 복음 전도의 내용에 대해서는 많은 관심을 기울이지만 복음전도의 방법이나 전도대상자의 영적 상태 등에 대해서는 그다지 관심을 기울이지 않는다는 것입니다.
물론 복음전도의 내용은 아주 중요합니다. 복음의 기본을 제대로 이해하지 못하고 있다면 방법론이 아무리 좋아도 그것은 의미가 없는 것입니다. 하지만 복음 전도자가 말씀의 중심과 그리스도의 속죄에 대한 기본적인 내용을 이해하고 있다고 가정할 때 그 다음에 중요한 것은 전도자의 영적 상태와 피전도자의 영적 상태이며 또한 바른 방법으로 그 복음을 전달하는 것입니다.

성경이 제시하고 있는 복음전도의 바른 방법은 성령의 인도하심과 감동입니다. 초대교회에서 제자들은 항상 그런 방식으로 복음을 전하였습니다. 그들은 항상 성령님의 인도하심에 민감하게 반응하였고 움직였으며 결코 아무 때나 함부로 복음을 전하지 않았습니다.

전달하는 복음의 내용과 함께 아주 중요한 것은 복음 전달자의 영적 수준과 상태입니다. 그것은 전달하는 메시지 못지않게 아주 중요한 요인입니다. 비록 메시지의 내용에 문제가 없더라도 전달자의 상태에 문제가 있다면 그것은 간접적으로 메시지의 질을 떨어뜨릴 수도 있는 것입니다.

무엇을 전달할 때 그것의 내용 못지않게 중요한 것은 전달자의 상태라는 것은 상식적으로도 이해할 수 있을 것입니다. 똑같은 노래를 여러 사람이 부른다고 할 때 그 노래의 곡조와 가사가 똑같은 것이라고 해도 부르는 사람에 따라서 그 전달되는 느낌은 전혀 다를 수 있습니다. 그것은 부르는 사람의 특성이나 상태뿐 아니라 듣는 사람의 상태에 따라서도 차이가 있습니다. 그러므로 무엇을 전달할 때는 그 텍스트나 내용과 함께 전달자나 피전달자의 요소는 아주 중요하다고 할 수 있는 것입니다.

주님은 제자들에게 말씀하시기를 추수할 것은 많되 일꾼은 적으니 추수하는 주인에게 청하여 추수할 일꾼들을 보내어 달라고 기도하라고 하셨습니다. (마9:37-38) 주님은 전도자들을 추수하는 일꾼으로 말씀하시고 있는 것입니다. 그러므로 전도자는 추수하는 사람입니다. 추수란 곡식을 떨어뜨리고 주워 거두는 것입니다.

추수꾼의 입장과 곡식의 입장은 다릅니다. 곡식, 열매의 입장에서 구원이란 그 자신을 잃어버리는 것입니다. 열매가 나무에 달려 있는 것이라면 그 열매가 구원되는 것은 그가 자신이 소속되어있는 나무에서 떨어져서 추수꾼의 품에 들어가는 것입니다. 그것은 열매의 입장에서는 죽는 것입니다. 그것은 열매에게 즐거운 일이 아닙니다.

주님은 베드로에게 말씀하시기를 누구든지 제 목숨을 구원코자 하면 잃을 것이며 누구든지 주를 위하여 제 목숨을 잃으면 찾을 것이라고 하셨습니다. 천하를 얻어도 제 목숨을 잃으면 무슨 소용이 있겠느냐고 하셨습니다. 이 가르침은 자기를 부인하고 버리는 것이 새로운 생명을 얻는 길임을 보여주시는 것입니다. 나의 생명, 옛 생명을 버리는 것이 새 생명을 얻는 비결이며 구원의 길인 것입니다.

열매의 입장

열매의 입장에서 보았을 때 그가 붙어있는 나무에서 떨어지는 것은 죽음을 의미하므로 그는 당연히 떨어지는 것을 싫어할 것입니다. 주를 받아들이고 복음을 받아들이는 것은 여태까지 살아왔던 가치관과 시각과 자아에서 죽는 것을 의미합니다. 그러므로 그것은 열매의 입장에서는 고통스러운 것입니다.

아직 그는 옛 생명의 죽음 이후에 새로운 생명이 시작되고 새로운 세계가 있다는 것을 알지 못하기 때문입니다. 그러므로 열매는 가능한 한 옛 세계에서, 옛 생명에서 떠나는 것을 좋아하지 않을 것이며 그것을 저항할 것입니다. 그것은 당연한 일입니다.

생명을 가지고 있는 모든 존재들은 죽음에 대하여 저항합니다. 하지만 그러한 저항은 지속적으로 가능한 것은 아닙니다. 때가 되면 열매는 무르익게 되고 어느덧 나무에서 떨어질 때가 가까워지게 되는 것입니다. 추수의 계절이 왔을 때 나무와 열매의 결속력은 아주 약해지며 열매는 기어이 나무에서 떨어지게 됩니다.

추수꾼이 가져야할 분별력

추수꾼의 역할은 무엇입니까? 그것은 떨어지는 열매를 얻는 것입니다. 그러므로 그는 자기의 역할을 잘 수행하기 위해서는 열매가 익는 때, 열매가 무르익어서 떨어지기 쉬운 시점을 파악할 수 있어야 합니다. 만일 추수꾼이 때가 되지 않은 곡식이나 열매를 얻으려고 무리하게 나무를 흔들거나 한다면 어떻게 되겠습니까? 공연히 저항만을 받게 될 것이며 풍성한 열매를 맺을 수 없게 될 것입니다.

그러므로 추수꾼, 전도자의 중요한 역할은 열매의 상태를 구분하고 분별하는 것이라고 할 수 있습니다. 어떤 열매가 익은 상태인가? 그는 지금 떨어지기 직전의 상태인가? 추수할 상태가 되었는가? 그러한 것들을 구분할 수 있어야 하는 것입니다.

아직 익지 않은 열매는 그 본능적인 생명이 충만한 상태입니다. 그러므로 그 열매는 그가 붙어있는 나무에서 쉽게 떨어지지 않습니다. 그는 완악하고 강한 상태입니다. 쉽게 떨어지지도 않으며 설사 억지로 흔들어서 떨어진다고 해도 설익어서 열매의 맛이 없습니다.

익은 열매는 그 상태가 연하고 부드럽습니다. 그는 타고난 옛 생명이 많이 약해지고 가지와의 연결이 느슨하고 약해진 상태입니다. 그는 마음과 심령이 약하고 상하고 낮아진 상태입니다. 상처받고 실패하고 자신감을 잃은 상태입니다. 그것이 익은 열매의 특성이며 떨어지기 직전 열매의 상태입니다. 추수꾼은 이것을 분별할 수 있어야 하며 열매의 상태에 주의해야 합니다.

추수꾼은 추수의 대상인 곡식이 잘 익은 상태인지, 그리하여 추수하기에 적당한 상태인지를 분별해야 합니다. 그러한 판단 능력이 유능한 추수꾼의 중요한 자질입니다. 하지만 오늘날 이러한 지혜롭고 분별력 있는 추수꾼은 잘 발견하기 어렵습니다.

전도는 인격적이어야 한다

현대 전도의 중요한 문제점은 막무가내의 비인격적이며 억지스러운 전도의 방식입니다. 끈기 있게 대상을 물고 늘어져서 끝없이 귀찮게 해서 결국에는 굴복시키는 전도의 방식을 사용하는 이들이 많이 있습니다. 복음에 대한, 상대방의 영혼에 대한 열정 자체는 좋은 것이지만 그러나 그러한 전도방식은 영적인 방식이나 주님께 인도받는 방식이라고 하기 어렵습니다.

주님께서 복음의 대상에 대하여 상대방이 듣든지 아니 듣든지 간에 상관없이 끝없이 설득한 적이 있었던가요? 주님은 인격적이신 분이십니다. 주님은 일방적으로 상대의 의사에 반하여서 무엇을 강요하신 적이 없으십니다.

물론 그런 방식의 전도를 통해서도 구원을 얻은 이들이 많이 있습니다. 그리고 그것은 감사할 일입니다. 하지만 좀 더 좋은 방식으로 지혜롭게 성령의 인도를 받으며 영적인 원리와 질서 안에서 복음이 전달될 때 좀 더 아름다운 열매를 많이 얻게 될 것이며 복음 전도가 그리 어려운 것이 아님을 알게 될 것입니다. 성령의 인도 속에서 하는 것은 전혀 억지스럽지 않고 자연스러우며 아름다운 것이기 때문입니다.
주님은 전도를 위하여 제자들을 파송하시면서 가르치실 때 그런 우격다짐식의 전도방식에 대해서 가르치시지 않았습니다. 오히려 복음 전도자의 의연한 자세에 대해서 말씀하셨습니다.

아무 성이나 촌에 들어가든지 그 중에 합당한 자를 찾아내어 너희 떠나기까지 거기서 머물라 또 그 집에 들어가면서 평안하기를 빌라 그 집이 이에 합당하면 너희 빈 평안이 거기 임할 것이요 만일 합당치 아니하면 그 평안이 너희에게 돌아올 것이니라
누구든지 너희를 영접도 아니하고 너희 말을 듣지도 아니하거든 그 집이나 성에서 나가 너희 발의 먼지를 떨어 버리라 내가 진실로 너희에게 이르노니 심판 날에 소돔과 고모라 땅이 그 성보다 견디기 쉬우리라 (마10:11-15)

주님은 복음을 전하는 제자들을 거절하는 이들에 대해서 애걸하는 태도를 보일 것이 아니라 의연하게 대처할 것을 가르치셨습니다. 그들에게서 나가서 발의 먼지를 떨어버리라고 말씀하셨습니다.
그러한 행위는 제자들이 그들과 아무 상관이 없다는 것을 표현하는 것입니다. 그리고 그렇게 복음을 거절하고 그들을 내친 자들은 심판 날의 심판을 피할 수 없을 것이라고 말씀하셨습니다.
주님의 말씀처럼 복음 전달자들은 의연함과 긍지를 가져야 합니다. 아직 준비되지 않은 자들에게 억지로 강요하고 설득해서 복음을 받아들이게 하려는 것은 자연스러운 방식이 아닙니다.

복음은 설득하는 것이 아니고 찾는 것이다

주님은 복음을 가지고 사람을 설득하지 않으셨습니다. 주님은 설득하지 않으시며 다만 죄인을 찾으셨습니다. 복음을 받아들일 준비가 되어 있는 죄인들을 찾으신 것입니다. 마음이 상하고 낮고 준비된 자를 찾으시는 것입니다.
주님은 사람을 보시고 그의 중심 상태를 살피셨습니다. 주님은 삭개오의 집에 들어가셔서 그의 말과 행동과 중심을 보시고 이 집에 구원이

이르렀다고 선포하셨습니다. 그가 준비되었고 복음을 받기에 합당한 사람이며 주님을 영접하였기에 그렇게 선포하신 것입니다. 주님은 그에게 복음에 대해서 설득하지 않으셨습니다.
복음 전도는 사람을 설득하는 것이 아닙니다. 마음이 준비된 자를 찾는 것입니다.

어떤 자가 마음이 준비된 자이며 복음을 받을 수 있는 사람일까요? 그것을 아는 것은 간단한 일입니다. 부흥이 낮은 마음에서 오는 것처럼 복음도 낮은 마음의 사람들에게 주어지는 것입니다. 높은 하늘에서 낮은 땅에 비가 오고 물이 높은 곳에서 낮은 곳으로 흐르는 것처럼 복음도 높은 하늘에서 낮은 마음과 심령으로 흐르는 것입니다. 복음이란 마음이 낮은 자, 상한 자가 받는 것입니다.
주님께서 처음 사역을 시작하셨을 때 주님은 나사렛에 이르러 회당에 들어가셔서 성경의 이 말씀을 인용하시면서 가르침을 시작하셨습니다.

예수께서 그 자라나신 곳 나사렛에 이르사 안식일에 자기 규례대로 회당에 들어가사 성경을 읽으려고 서시매 선지자 이사야의 글을 드리거늘 책을 펴서 이렇게 기록한 데를 찾으시니 곧 주의 성령이 내게 임하셨으니 이는 가난한 자에게 복음을 전하게 하시려고 내게 기름을 부으시고 나를 보내사 포로 된 자에게 자유를, 눈먼 자에게 다시 보게 함을 전파하며 눌린 자를 자유케 하고 주의 은혜의 해를 전파하게 하려 하심이라 하였더라
책을 덮어 그 맡은 자에게 주시고 앉으시니 회당에 있는 자들이 다 주목하여 보더라 이에 예수께서 저희에게 말씀하시되 이 글이 오늘날 너희 귀에 응하였느니라 하시니 (눅4:16-21)

주님은 복음을 전하시면서 말씀하시기를 복음은 가난한 자들에게 전해지는 것이며 눌린 자, 포로된 자에게 자유와 은혜가 임할 것임을 말씀

하셨습니다. 여기서 주님이 말씀하신 가난을 물질적인 가난으로 규정할 수는 없을 것입니다. 이것은 심령의 가난함, 마음이 가난한 것을 말씀하신 것입니다.

그러므로 물질이 넉넉함에도 불구하고 마음이 가난하여 주님을 사모하는 이가 있을 수 있으며 또한 반대로 물질적으로 어렵고 가난해도 그 마음이 완악하고 높은 사람이 있을 수 있는 것입니다.

그러나 현실적으로 보면 물질적으로 부자인 사람이 가난한 마음을 가지는 것은 쉽지 않습니다. 이 세상은 부자를 높여주며 대접해주기 때문입니다. 그러므로 현실적으로 부자들은 복음을 받는 것이 쉽지 않습니다. 그런 면에서 교회는 부자들에게 좀 더 엄격한 기준을 가지고 있어야 합니다. 그들은 마음과 심령이 과연 낮은 사람인지, 주님과 복음을 받기에 합당한 사람인지에 대한 분별을 분명히 해야 합니다. 그들은 가난한 이들보다 훨씬 더 많이 조심하고 깨어있지 않으면 주님과 복음을 유지하기가 어렵기 때문입니다.

마음이 낮은 사람이 복음을 받는다

복음을 받을 수 있는 사람은 마음이 낮은 사람이며 자신의 악함과 죄인됨을 알고 있는 사람입니다. 자기가 스스로 괜찮은 사람이며 좋은 사람이라고 여기고 있는 이들은 복음과 멀리 있다고 할 수 있습니다. 그들은 복음을 받기 어렵습니다. 자기에 대해서 절망하지 않는 사람은 주님과 천국과 아주 멀리 있는 것입니다.

오늘날 이 시대는 점점 더 복음을 전하기가 어려워지며 복음을 받아들이는 사람들이 적어지고 있습니다. 그 이유로 많은 원인들을 이야기하고 있지만 가장 근본적인 것은 사람의 마음이 높아지고 있기 때문입니다.

현대 문화는 사람의 마음을 높아지게 만들며 이것은 복음을 받아들일 수 있는 마음의 토양을 황폐하게 만듭니다. 경제적으로 발전해갈수록, 문화가 발전할수록 사람들의 마음은 높아지고 복음을 거절합니다. 현대 문명의 세례를 비교적 적게 받고 가난하며 문명국에 비해서 좀 더 자연친화적인 제3세계의 사람들은 복음을 상대적으로 잘 받아들입니다. 그들은 문명국의 사람들에 비해서 마음이 높지 않기 때문입니다.

마음이 높아지는 것은 복음의 진리와 멀어지게 하는 것입니다. 복음과 진리는 은혜이며 그것은 높은 곳에서 낮은 곳으로 임하는 것입니다. 그러므로 마음이 높은 이들은 복음을 받을 수 없으며 받아도, 진리를 들어도 깨닫지 못합니다. 높은 마음은 복음을 이해할 수조차 없습니다. 그것은 영리함이나 이해의 문제가 아니고 영의 문제이기 때문입니다. 복음은 낮은 자가 받는 것입니다. 마음이 가난하고 낮은 자가 복음을 받을 수 있습니다. 그러나 오늘날 이 시대는 마음이 낮아서 복음을 받을 수 있는 자들이 드뭅니다. 복음을 받으려면 인간의 한계를 알고 인간을 낮추어야 하는데 사람들은 그것을 싫어합니다.

하나님과 복음을 낮추는 경향성

그래서인지 모르지만 오늘날 이 시대는 좀 더 복음을 쉽게 받아들이게 하기 위해서 인간을 낮추는 대신에 하나님을 낮추는 경향이 있습니다. 하나님을 높이고 그 앞에서 인간이 엎드러지는 것이 아니고 하나님이 인간을 위해 낮아지며 인간의 욕망을 위하여 존재하는 것 같이 여기는 신앙의 형태가 오늘날 많이 있는 것입니다.

하나님 중심사상은 모든 것의 중심에 하나님을 두는 것이며 하나님을 높이는 것입니다. 인간 중심사상은 모든 것의 중심에 인간을 두며 인간을 높이는 것입니다.

오늘날 이 시대에 흔히 볼 수 있는 것은 인간 중심사상입니다. 교회에서도, 신앙적인 사회나 사상에서도 그러한 흐름을 많이 볼 수 있습니다. 그래서 오늘날 인간이 하나님을 예배하는지, 하나님이 인간을 예배하는지 헛갈리는 모습을 많이 볼 수 있습니다. 이것은 진정한 복음, 진정한 신앙이라고 할 수 없는 것입니다.

그것은 심하게 이야기하자면 복음의 변질이라고 할 수 있습니다. 좀 더 많은 사람들이 쉽게 복음에 접근할 수 있도록 하는 노력은 필요한 것이지만 복음의 중심 본질이 변질되게 해서는 안 됩니다. 복음의 근본적 목적은 인간을 하나님 앞에 엎드러지게 하는 것입니다. 인간의 편의를 위해 하나님을 믿는 것은 아닙니다.
사람의 영혼을 얻는 것, 구원시키는 것이 목적이 아니라 단순히 교회에 끌어들이고 숫자를 늘리는 것에 목표를 둔다면 자칫하면 복음의 내용, 텍스트에 있어서 문제가 될 수 있습니다. 이것은 전달의 방법에 문제가 있는 것보다 더 근본적인 문제가 될 수 있습니다.

오늘날 복음의 전달 방식에도 문제가 있지만 복음의 내용에도 적지 않는 문제가 있는 것이 현실입니다. 마음이 낮은 자에게 전파되는 생명의 복음이 아무나 쉽게 받아들일 수 있는 복음이 되어버리고 말았습니다. 오순절에 성령이 임하고 베드로가 설교를 했을 때 사람들은 그의 말을 듣고 마음에 찔려서 '형제들아, 우리가 어찌할꼬' 하고 물었습니다. 그러자 베드로는 그들에게 회개할 것과 세례를 받고 죄사함을 받을 것을 이야기하였습니다.
그러나 오늘날 이 시대에 사람들은 너무나 복음을 쉽게 받습니다. 마음에 찔려서 '어찌할꼬' 하는 것이 없습니다. 그저 단순하고 쉽게 복음과 그리스도를 받아들입니다.

복음은 생명보다 귀한 것이며 천하의 보화보다 더 귀하고 가치 있는 것입니다. 그것은 아무나 준비 없이 함부로 받을 수 있는 것이 아닙니다. 그것은 마음이 상하고 낮고 갈망하는 사람들이 받을 수 있는 것입니다. 그러나 오늘날 복음의 가치는 너무나 땅에 떨어져 있습니다. 사람들은 복음을 하찮게 여기며 교회에 들어오는 것을 가볍게 여깁니다.

사람들은 세상에서 출세하고 영광을 얻기 위하여 명문대학에 가려고 온갖 희생을 하고 노력을 기울이며 값을 지불하지만 하늘의 진리를 배우고 영혼의 성장을 배우기 위하여 교회에 가는 것에 대해서는 가볍게 생각합니다. 교회는 사람들을 왕처럼 모시고 대신에 하나님을 낮추고 복음을 낮춥니다.

사람들이 쉽게 교회에 들어오기 때문에 오늘날 교회에 진정으로 거듭난 자들이 많지 않습니다. 교회에서 하나님을 두려워하지 않으며 높이지도 않으며 교회가 인간 중심의 장소가 되어 버립니다. 교회에 천국의 은총이 임하지 않으며 하나님의 임재와 영광과 거룩하심이 나타나지 않습니다. 교회에서, 모임에서는 인간의 악취가 납니다. 사역자는 하나님을 두려워하지 않고 사람을 두려워하며 사람의 눈치를 보게 됩니다. 이것은 교회의 외형을 가지고 있지만 진정한 교회의 모습이라고 보기 어려운 것입니다.

그렇게 될 때의 문제는 교회가 세상의 단체와 다를 것이 없게 되는 것입니다. 교회는 기본적으로 천국의 대사관입니다. 교회는 이 땅에 있지만 이 땅에 속한 것이 아니며 그 소속이 천국에 있는 것입니다. 천국의 대사관으로서 이 땅에 살고 있는 하나님의 백성들을 섬기고 나누고 교류하는 곳입니다. 그러나 교회가 진정한 복음을 알지 못하고 인간 중심이 된다면 그 교회는 세상과 차이가 없게 됩니다. 인간 중심의 가치관, 물질 중심의 가치관은 곧 세상의 가치관이며 그렇게 될 때 교회의 메시지는 세상과 같아지기 때문입니다. 세상은 인간중심이고 물질중심이며 이 땅에 대한 비전과 이상을 가지고 있습니다. 교회는 하나님 중심이며 천국에 대한 비전과 이상을 가지고 있습니다. 진정한 복음이 부족하고 거듭난 사람들이 부족하다면 교회는 가치관에 있어서 세상과 비슷해지게 될 것이며 사람들은 교회에서 하나님의 임재와 천국의 능력과 향취를 경험하기 어렵게 될 것입니다.

오늘날의 교회가 외적으로는 크고 발전한 것 같지만 내적으로 약하고 열매가 부족한 것은 하나님 중심의 복음보다 인간중심의 복음으로 변질된 측면이 많기 때문입니다. 인간 중심의 복음은 들을 때에 일시적으로 기분이 좋지만 그 심령의 깊은 곳에 진정한 만족과 하늘의 기쁨을 주지 못합니다. 진정한 변화를 일으키지 못합니다.

인간은 근본적으로 종으로 만들어졌습니다. 인간은 섬김을 위하여 만들어졌습니다. 인간은 하나님의 영광을 위하여 창조되었습니다. 그러므로 낮은 곳에서 섬기고 굴복할 때 기쁨과 만족이 있습니다. 하나님이 우리를 위하시고 우리를 위하여 존재하신다고 믿을 때 결코 만족이 오지 않도록 설계되었습니다.

인간은 하나님 앞에 엎드러지고 무릎을 꿇고 경배하며 오직 주님을 높이고 갈망하고 목숨까지도 주께 드리고 순복할 때 만족과 행복을 느낄 수 있는 존재입니다.
교회에 나간다고 해서 다 예수를 아는 것은 아닙니다. 교회에 나간다고 해서 다 주님께 드려진 사람은 아닙니다. 진정한 평화와 기쁨은 주님 앞에 엎드러지고 주님 앞에서 모든 것이 드려지고 굴복되었을 때 오는 것입니다. 그것이 진정한 복음입니다. 진정한 복음의 정신은 하나님을 높이고 자신을 낮추는 것입니다.

복음을 가볍게 해서는 안 된다

하지만 오늘날의 복음은 인간을 낮추지 않습니다. 믿으면 모든 것을 얻게 될 것이라고 사람을 설득합니다. 그 마음이 낮아지지도 않았는데 하나님을 받아들이라고 강권합니다. 그러나 마음이 높은 자가 왜 주인을 받아들이겠습니까? 그러므로 대신에 하나님을 낮출 수밖에 없는 것입니다.
주님을 따르는 길은 행복한 길입니다. 그러나 그 과정은 결코 쉽지 않습니다. 그 길은 좁은 길이며 많은 사람들에게 감추어진 길입니다. 그리고 그 행복은 오직 주님께 철저하게 드려지고 굴복된 자들에게 주어지는 것입니다.

오늘날 주님께 굴복됨과 주의 다스림을 가르치지 않는 피상적이고 낙관적인 메시지들이 많이 있습니다. 그러나 예수님은 복음을 쉽게 설명하신 적이 없으셨습니다. 별로 희망적인 이야기를 하지 않으셨습니다. 오히려 주를 따르면 죽고 핍박당하며 많은 어려움을 겪게 될 것을 말씀하셨습니다.
제자들은 그들 나름의 지레짐작으로 높은 자리를 얻을 줄 알았지만 주님은 그러한 그들에 대해서 책망하고 권면하셨으며 인자는 머리 둘 곳도 없다고 가르치셨습니다.

대가 지불을 가르치라

우리는 복음을 전할 때 주님이 가르치신 것처럼 이것은 진리이며, 이 진리를 위해서 당신은 대가를 지불해야 하며 어려움이 있으며 좁은 길을 가야한다고 가르쳐야 합니다.
사람들을 따라오게 하려고 복음을 너무 가볍게 해서는 안 됩니다. 그것은 영혼을 거듭나게 하지 못합니다. 오늘날 믿기는 믿으면서도 주님을 주인삼지 않고 자기 멋대로 사는 피상적인 그리스도인들이 너무 많습니다. 전도자들은 피전도자의 중심이 변화되지 않았는데도 구원의 확신을 심어주려고 너무 애를 많이 씁니다. 그러나 구원이란 몇 가지 말씀을 이해하고 지적으로 동의를 하고 시키는 말을 따라한다고 해서 이루어지는 것이 아닙니다. 그러므로 아직 충분히 믿음에 도달하지 않은 사람들을 너무 안심시키려고 애를 쓸 필요는 없습니다.

제품을 판매하는 사람이 실적을 늘리기 위해서 그 제품에 대해서 제대로 설명하지 않는다면 그는 좋은 판매자가 아닙니다. 보험을 판매하는 사람이 해약할 때의 문제라든지, 소비자에게 불리한 약관을 충분히 전달하지 않는다면 그것은 옳지 않은 것입니다.
오늘날 많은 교회들이 있고 많은 성도들이 있지만 주님을 갈망하고 구하는 이들은 많지 않습니다. 성도들이 함께 대화를 나누어도 온통 세상 이야기로 가득하지 주님에 대해서 나누는 이들을 보는 것은 어려운 일입니다. 교회 일에 열심인 이들은 많지만 주님과 사랑에 빠진 성도를 보는 것은 쉽지 않습니다.

그것은 복음에 대해서 제대로 배운 것이 아닙니다. 진정한 복음을 배우지 못하면 주님께 대한 사모함과 갈망이 일어나지 않습니다.
선물을 보고 기뻐하지만 선물을 주시는 분을 갈망하지 않는다면 그는 진정 알아야할 것을 알았다고 볼 수 없습니다. 조건을 보고 배우자를 사랑한다면 그것은 진정한 사랑이 아닙니다. 그러므로 주님을 갈망하는 것과 주님이 주시는 선물을 갈망하는 것은 다른 것입니다.

영혼이 깨어난 사람, 생명을 얻은 사람은 자연스럽게 주님을 추구하고 갈망하며 엎드리게 되어 있습니다. 진정한 사랑은 주님께 무엇을 받는 것이 아니고 그를 위하여 자신을 드리고 버리는 것을 기뻐하는 것입니다. 그를 위하여 자기 생명을 드리게 되더라도 그것을 기뻐하는 것입니다.

진정한 복음은 사람을 낮아지게 합니다. 또한 낮아짐은 진정한 복음을 끌어당깁니다. 그러나 이 시대의 복음은 사람을 높이고 비위를 맞추는 인간중심의 요소가 적지 않습니다. 그것은 어떠한 결과를 가져올까요? 교회 안에 거듭나지 않는 자들이 가득하게 되는 것입니다. 주님도 모르고 낮은 심령도 없으며 자기가 주인인 사람들이 교회 안에 가득해지게 됩니다.

오늘날 교회에서는 사소한 일로 자존심이 상하고 분쟁이 일어나며 상처를 받는 일들이 비일비재합니다. 이러한 현상은 진정한 거듭남, 진정한 복음을 모르기 때문에 생기는 것입니다. 아직도 자신을 주인으로 여기며 주님을 알라딘의 램프에서 나오는 거인처럼 자기 비위를 맞추는 존재로 여긴다면 그러한 이들은 사소한 일에도 마음이 상하고 평화를 잃게 되어 하늘의 기쁨과 평화를 누릴 수 없을 것입니다.

오늘날 거듭나지 않은 성도, 거듭나지 않은 목회자가 교회 안에 많이 있습니다. 그것이 교회의 타락을 불러옵니다. 교회에 오래 다니고 직분을 받으면 구원받고 저절로 하늘에 소속이 되는 줄 아는, 그러한 착각은 의외로 광범위합니다.

그러나 주님은 맡긴 종들에게 결과와 열매를 찾는 분이십니다. 열매 맺지 않는 나무는 찍힌다고 반복하여 말씀하시는 분입니다. 주님께 속한 나무, 주님께 속한 사람은 주님의 냄새를 풍기며 주님의 열매를 맺게 되어 있습니다.

오늘날 겉으로만 그리스도인처럼 보이는 유사 그리스도인들이 아주 많이 있습니다. 이러한 문제의 근본적인 해결은 바른 복음의 전달로부터 시작되어야 합니다. 준비된 영혼, 하늘의 복음을 받기 위해서 충분히 낮아진 영혼에게 바른 하나님 중심의 복음이 전달되어야 합니다.

추수꾼이 찾아야 할 사람들

다윗이 사울을 피하여 숨어 다닐 때에 그를 찾아온 무리들이 있었습니다. 그들은 하나같이 환난 당한 자, 빚진 자, 마음이 원통한 자들이었습니다. (삼상22:1-2) 주를 따르던 사람들도 가난하고 낮고 마음이 상한 사람들이었습니다.

이것은 복음의 대상이 어떤 사람들인가에 대해서 분명한 사실을 보여줍니다. 복음의 대상자들은 세상에서 잘나가는 사람들이 아닙니다. 세상에서 상하고 아프고 눌려있는 사람들입니다. 겉으로 잘 나가는 것 같이 보여도 그 속에 아픔이 있고 고통이 있는 사람들입니다. 이러한 사람들은 자기 한계를 알며 구원의 길을 찾습니다. 바로 그러한 사람들이 열매가 익어서 떨어지기 직전의 사람들인 것입니다.

교회에 배부른 사람들이 많다면, 부와 권세를 가진 사람들, 영적인 갈망을 모르는 사람들이 교회에서 지위를 얻게 된다면 그 교회는 영적으로 약해지고 병들게 됩니다. 교회에 부유하고 마음이 높은 자가 가득할 때 그것은 타락과 재앙의 시작입니다. 주님께 대한 갈급함과 눈물이 없으면 주님의 영은 소멸되며 교회는 죽어가게 됩니다.

교회는 주를 갈망하고 사모하는 이들, 마음이 아프고 상한 이들이 많을 때 살아있고 능력이 있으며 하나님의 영광과 임재가 나타나게 되는 것입니다. 그러므로 추수꾼들은 이러한 사람들을 찾아야 합니다. 배부른 자들이 아니라 상하고 아프며 위로가 필요한 사람들을 찾아야 합니다.

관심이 없는 이들을 설득해서 복음을 집어넣는 것이 아니라 복음을 받기에 합당한 사람을 찾아야 합니다. 주님도 말씀하셨습니다.

아무 성이나 촌에 들어가든지 그 중에 합당한 자를 찾아내어 너희 떠나기까지 거기서 머물라 (마10:11)

전도는 사람을 설득하는 것이 아닙니다. 배고픈 사람을 찾는 것입니다. 배가 부른 사람을 설득해서 음식을 먹이는 것이 아니라 배고픈 사람을 찾아서 음식을 주는 것입니다. 전자는 억지로 음식을 먹고 곧 그것을 토하지만 후자는 그 음식에 사로잡히며 그 음식의 맛과 가치를 알게 됩니다. 고통의 밤이 깊으면 사람의 영이 열립니다. 이들은 비로소 진리에 대해서 준비됩니다.

그러나 배가 부를 때는 복음이 들어가지 않습니다. 웃음이 있고 즐거움이 있을 때는 복음이 들어가지 않습니다. 그러므로 전도자는 마음이 상한 자를 찾으며 기다려야 합니다. 잔치 집에서 대상을 찾지 말고 병원과 상갓집에서 대상을 찾아야 합니다. 극심한 절망 속에서 세상에 회의를 느끼는 이를 찾아야 합니다.

다윗을 찾은 이들은 사울의 왕국에서 대접받는 자들이 아니었습니다. 마찬가지로 이 세상의 왕인 마귀에게서 대접을 받는 자들이 아니라 마귀에게 눌리고 얻어터지고 그래서 세상으로부터 환멸을 느낀 자들을 찾아야 합니다. 이 세상에는 진정한 행복과 기쁨이 없다는 것을 체험으로 깨닫고 발견한 사람을 찾아야 합니다.

그러한 이들이 세상을 초월한 기쁨, 하늘에서 오는 기쁨, 세상에서 숨겨진 보화를 받을 수 있으며 그 보화를 위해서 목숨을 버릴 수 있는 것입니다.

교회는 아무나 오는 곳이 아닙니다. 낮은 사람과 상한 사람이 오는 곳입니다. 세상에서, 마귀 체제하에서 절망하고 낙심한 사람들이 다른 주인을 찾기 위해서 복음을 받고 오는 곳입니다.

물이 높은 데서 낮은 데로 흐르듯이 낮은 자에게 구원과 복음이 임하는 것입니다. 기본적으로 천국은 심령이 가난한 자가 받는 것입니다. 그러므로 추수란 관심이 없는 자를 설득하는 것이 아니라 마음이 상한 자를 찾고 준비된 자를 찾는 것입니다. 원통하고 마음이 아프며 위로가 필요한 자를 찾는 것입니다. 그것이 전도의 기본방식입니다.

마음이 낮은 자에게 복음을 전하라

마음이 높은 자에게 복음을 전하지 마십시오. 자신만만하게 큰 소리를 치는 자에게 복음을 전하지 마십시오. 그들은 복음을 이해할 수 없습니다. 복음이 어려워서 못 듣는다고 생각하지 마십시오. 그들은 교만하고 높으며 자기가 인생의 주인이고 자기가 하나님이라고 생각하기 때문에 듣지 않는 것입니다. 그러므로 그들이 낙심할 때까지, 넘어질 때까지, 마음이 연하여질 때까지 기다려야 합니다. 묻지 않는 자에게 해답을 주는 것은 옳지 않으며 배부른 자에게 억지로 먹이는 것은 지혜로운 방식이 아닙니다.

오늘날 복음의 메시지 중에 인간적이고 가벼운 복음이 많이 있습니다. 그것은 진리 되신 예수를 알기 어렵게 하는 것입니다.
적지 않은 전도자가 듣는 자의 심령을 분별할 줄 모릅니다. 복음이 어떤 것인지, 그리고 어떤 방식으로 전해야 할지, 어떻게 성령의 인도를 받아야 할지, 어떤 사람이 복음을 받을 수 있으며 열매를 맺을 수 있는지.. 이러한 것들에 대해서 잘 알지 못하며 배우지 않은 전도자들이 많이 있는 것입니다. 아직 전도에 대해서 할 말이 많이 있지만, 가장 중요한 기본은 낮은 자가 복음을 받을 수 있으며 낮은 자들이 천국의 주인이 될 수 있다는 것입니다. 낮은 마음의 상태가 복음을 받아들이고 열매를 맺을 수 있는 기본 토양인 것을 충분히 이해해야 합니다. 그것이 추수꾼이 알아야할 가장 기본적인 요소입니다.

오늘날 많은 교회가 있고 많은 신앙인들이 있지만 그 나타나는 모습들은 천국과 멀리 있습니다. 그러나 사람을 낮추는 진정한 복음이 선포되고 거듭난 영혼이 교회 안에 많아질 때 교회에는 주님께 대한 갈망이 일어나게 될 것이며 천국의 모습을 보여줄 수 있게 될 것입니다.
낮은 곳에 하나님의 은혜가 흐르며 천국의 복음이 흐릅니다. 낮은 마음이 그것을 받을 수 있습니다. 추수꾼은 이 원리를 이해하고 영혼들의 상태를 분별할 수 있는 사람이 되어야 합니다.
마음과 영을 분별할 수 있는 추수꾼 전도자가 그 마음이 준비된 자를 구별하여 내서 진정한 복음을, 인간 중심이 아닌 하나님 중심의 복음을 바르게 전달할 때 많은 영혼들이 진정으로 거듭나며 새롭게 될 것입니다.

높은 마음의 사람들은 복음을 받을 수 없습니다. 그들은 거듭나기 어렵습니다. 오직 어린아이와 같이 낮은 자들이 복음을 받을 수 있습니다. 복음은 낮은 자의 것입니다.
주님께서 파송하신 칠십 인의 전도자들이 사역을 마친 후에 돌아와서 그들의 승리를 기뻐하며 보고하자 주님은 그들에게 귀신들이 항복한 것보다 너희 이름이 하늘에 기록된 것을 더 기뻐하라고 하셨습니다. 그리고 이어서 말씀하셨습니다.

이때에 예수께서 성령으로 기뻐하사 가라사대 천지의 주재이신 아버지여 이것을 지혜롭고 슬기 있는 자들에게는 숨기시고 어린아이들에게는 나타내심을 감사하나이다 옳소이다 이렇게 된 것이 아버지의 뜻이니이다 내 아버지께서 모든 것을 내게 주셨으니 아버지 외에는 아들이 누군지 아는 자가 없고 아들과 또 아들의 소원대로 계시를 받는 자 외에는 아버지가 누군지 아는 자가 없나이다 하시고 (눅10:21-22)

주님은 복음의 진리가 세상의 지혜로운 자에게는 숨겨지고 어린아이들에게 나타나게 됨을 기뻐하셨습니다. 그리고 그것이 아버지의 뜻임을 기뻐하셨습니다.
세상의 지혜롭고 훌륭한 사람들이 아닌 부족하고 어리고 낮은 이들에게 복음과 은총이 주어진다는 것이 바로 복음이며 하나님의 뜻입니다. 세상의 지혜로운 이들은 자신을 높이지만 어린 아이와 같고 낮은 이들은 자신의 부족함을 알고 오직 하나님만을 높이기 때문입니다.

부흥도, 은총도, 복음 전도와 거듭남의 역사도 오직 낮은 곳에 임하는 것입니다. 이 원리를 이해하고 적용한다면 우리는 열매가 익어서 떨어지려고 하는 많은 영혼들을 분별할 수 있을 것이며 많은 영혼이 새 생명을 얻도록 도울 수 있을 것입니다. 그리하여 교회가 새롭게 되고 교회가 하나님의 집으로, 천국으로 변화되어 가는 모습을 발견해갈 수 있게 될 것입니다. 할렐루야.

5. 낮음의 향기, 천국의 공동체

인생에는 항상 만남이 있습니다. 사람과의 만남과 교류는 인생의 가장 큰 기쁨이기도 하면서 가장 큰 고통을 주는 것이기도 합니다. 상처란 대부분 사람과의 만남에서 생기는 것이기 때문입니다.
그러나 상처가 있고 고통이 있다고 하더라도 만남이 있는 것이 혼자 있는 것보다는 나을 것입니다. 상처와 고통이 싫어서 혼자 있는 이들은 별로 행복하지 않을 것입니다. 그들은 상처를 받지는 않겠지만 대신에 고독과 외로움에 사로잡히게 될 것입니다. 인간이란 원래 관계를 통하여 행복해지도록 만들어졌기 때문입니다. 하나님께서는 아담에게도 함께 할 수 있는 존재를 만들어주셨습니다.
만남이란 좋은 것입니다. 그러한 만남에 섬김과 사랑과 기쁨이 있다면 그것은 더욱 행복한 일일 것입니다. 과연 그러한 만남과 교류는 가능한 것일까요? 낮아짐의 원리를 이해한다면 그것은 아주 불가능한 일이라고 할 수 없습니다.

마음이 높은 이들의 인간관계와 고통

사람들이 함께 있을 때 왜 상처가 있고 고통이 있는 것일까요? 그것은 어디에서부터 비롯되는 것일까요?
이 책을 처음부터 읽어왔다면 이제 어렵지 않게 그 해답을 얻을 수 있을 것입니다. 모든 죄의 시작은 높아짐입니다. 인간이 하나님을 떠나 스스로 높아짐으로써 모든 죄와 악이 시작되었습니다. 사람 사이에 있는 상처와 고통도 마찬가지입니다. 이러한 악과 고통은 높은 마음을 가진 사람들로 인하여 오는 것입니다. 높음, 높은 사람, 높은 마음이 있는 곳에는 반드시 다툼이 있습니다. 그러므로 마음이 높은 이들과 함께 있는 것은 많은 고통을 일으킵니다.

마음이 높은 이들은 아무 것도 아닌 일에 혈기가 일어나며 폭발합니다. 이들 가운데는 분노가 있으며 미움이 있습니다. 비난이 있고 공격이 있습니다. 시기와 질투가 있고 비교와 경쟁이 있습니다. 서로 높은 위치를 차지하려고 하므로 긴장이 있고 갈등이 있습니다.

뒤떨어진 이들은 낙담하고 시기하며 앞서 나가는 자들은 교만하고 남을 무시하며 또한 자기가 차지하고 있는 것을 빼앗기지 않을까 두려워합니다.

강자들은 다른 이들을 지배하고 그 위에서 군림하며 약자들은 굴욕을 당하며 좌절하고 분노합니다. 그러므로 겉으로는 가까운 듯이 보이지만 속으로는 상처와 증오가 내재된 관계가 많이 있습니다.

마음이 높은 이들은 진정으로 사람을 사랑할 수 없습니다. 그들은 단지 사람을 이용할 뿐입니다. 그러므로 마음이 높은 이들의 모든 인간관계는 허무할 뿐이며 진정한 만족을 주지 못합니다. 그것은 필요에 의해서, 서로의 이익을 위하여 이루어지는 관계일 뿐입니다.

높은 마음과 높은 사람들의 관계에는 배려가 없습니다. 이기심과 무시가 있을 뿐입니다. 그러므로 이러한 관계에는 고통과 상처가 끊이지 않습니다. 높은 마음의 사람이 있는 곳에는 오직 고통이 있을 뿐입니다. 아무리 물리적으로 가까워도, 아무리 오래 동안 알고 지낸 만남이라도 그러한 만남에는 서로 간에 상처만 남을 뿐 교제의 기쁨이 없습니다. 그러므로 노년이 되었을 때 마음이 높은 이들은 지독한 고독에 빠지게 됩니다. 마음이 높은 이들은 항상 혼자일 수밖에 없으며 그러므로 인생의 중요한 기쁨인 교제와 나눔에 어려움을 겪는 것입니다.

마음이 낮은 이들의 향기

높은 이들의 인격과 삶은 비참합니다. 그러나 낮은 마음의 사람들은 그 반대입니다. 이들은 겉으로 보기에는 세상에서 그리 눈에 띄는 자들이 아닙니다. 그다지 매력이 있는 존재들이 아닙니다. 어쩌면 무기력해보이고 무능해보이기도 합니다. 어리숙하고 답답해 보이기도 합니다. 세상의 유행과도 멀리 있으며 아귀다툼이나 자기의 것을 챙기는 데에도 익숙하지 않습니다. 이들은 강하고 멋진 사람들은 아닙니다.

그러나 이러한 사람들, 주님께 속한 사람, 낮은 마음의 사람들에게서는 무엇인가 표현하기 어려운 향취가 있습니다. 그들은 사람을 따뜻하고 편안하게 해줍니다.

마음이 낮은 이들의 가장 큰 특징은 혈기가 거의 없다는 것입니다. 마음이 낮아지게 될 때 가장 먼저 나타나는 증상은 분노가 사라진다는 것입니다. 이들은 전에 수시로 올라왔던 짜증과 분노가 이상하게도 사라져서 마음이 평화롭게 된 것을 느끼고 놀라게 됩니다.

낮은 이들이 함께 있을 때 거기에는 혈기와 짜증 분노가 나타나지 않기 때문에 그 공간에는 평안이 있습니다. 낮은 사람들은 온유하고 부드럽기 때문에 함께 하기가 편안합니다. 대화를 나누기에도 편안함이 있습니다.

마음이 높고 혈기가 있는 이들은 대화와 마음의 나눔에 서투릅니다. 이들은 대화를 하다가 싸우기 일쑤입니다. 대화를 나누는 가운데 서로 깊은 일체감을 경험하고 마음의 기쁨을 얻는 경우는 드뭅니다.

이들은 자신이 말을 할 때는 자기의 의견과 옳음을 강조하고 억울함을 한탄하며 자기를 자랑하고 드러내며 상대를 배려하지 않습니다. 또한 상대방이 말을 할 때는 온전히 경청하지 않고 상대방의 말을 잘 수긍하지 않고 반박하며 자기가 조금이라도 공격을 받는다는 느낌이 들면 철저하게 자기를 방어하고 변호를 합니다. 그러니 마음이 높은 이들은 대화가 제대로 될 리가 없으며 대화를 통해서 마음을 나누고 기쁨을 누리는 것이 어려운 것입니다.

그러므로 높은 마음의 사람들은 진정한 대화를 나누지 못합니다. 높은 위치에 있는 강자가 일방적으로 말을 하고 약자는 듣기 싫어도 참고 억지로 이야기를 들어주는 경우가 많습니다.

그러나 마음이 낮고 온유한 사람들의 대화에는 기쁨이 있습니다. 말을 할 때 자기를 높이지 않고 주님께 감사와 영광을 돌리며 상대방을 배려해주고 상대방이 말을 할 때는 온전히 경청하고 상대의 이야기를 즐거움으로 들으며 상대를 세워주기를 기뻐하기 때문입니다. 대화를 나눌수록 행복해지며 마음을 깊이 나누게 되어 아름다운 대화의 기쁨을 만끽하게 되는 것입니다. 분노가 없고 서로에 대한 배려가 있으며 마음의 깊은 정서를 부드럽게 서로 나눌 때 그것은 서로에게 깊은 만족감을 주며 깊은 일치감을 일으키는 것입니다.

마음이 낮은 이들은 높임을 받는 것을 싫어합니다. 인정받는 것을 싫어합니다. 마음이 높은 이들은 항상 최고의 자리를 원하고 위에서 남에게 지시하는 것을 좋아하지만 낮은 이들은 그러한 것을 싫어합니다.
이들은 보이지 않는 곳, 눈에 띄지 않는 곳에서 조용히 섬기고 싶어 합니다. 이들은 오직 주님이 드러나시기를 원하며 자신이 스포트라이트를 받는 것을 원하지 않습니다.
이들은 다른 이들의 인격을 존중하기 때문에 지배하거나 강요하는 것을 싫어합니다. 이들은 자신이 아무리 급해도 남의 희생을 강요하지 않습니다. 남이 억지로 마음이 없이 돕는 것을 싫어합니다.
이들은 어떤 이를 연인으로 사랑하고 싶어 한다고 해도 상대방이 원하지 않는다면 곧 바로 그 마음을 포기할 것입니다. 낮은 마음의 사람들은 남을 강제하는 것을 싫어하기 때문입니다. 이것은 천국의 중요한 특성이기도 한데 주님은 자원하는 심령을 원하시며 결코 억압하는 것을 원하시지 않기 때문입니다. 주님은 우리의 인격을 존중하시는 분이십니다.

아무도 서로 지배하려고 하지 않고 강제하지 않으며 상대를 편하게 배려해주기 때문에 낮은 이들의 만남에는 항상 편안함이 있습니다. 이들은 자신이 낮은 존재이며 부족한 사람이며 오직 주님의 은총을 통해서만 살아 존재할 가치가 있음을 잘 알기 때문에 자신과 다른 이들을 비교하지도 않으며 더구나 남을 비판하거나 비방하는 것을 두려워합니다. 자신이 다른 이들보다 나은 것이 없다고 항상 느끼기 때문입니다. 이러한 것들이 마음이 낮은 사람들의 특성입니다.

마음이 낮은 사람들에게서는 그리스도의 인격과 성품이 나타나게 됩니다. 사람이 낮은 마음을 가질수록 그는 천국과 가까워지며 그리스도의 인격과 교류하고 연합됩니다. 그러므로 그에게서는 점점 더 천국의 속성이 나타나게 됩니다.

그러한 사람들에게는 향기가 있습니다. 그러한 이들은 자신을 드러내기 싫어하며 사람들의 주목을 받는 것을 싫어하지만 그러나 사람들은 그들을 찾으며 자꾸 그의 주변으로 모이게 됩니다. 그것은 그러한 사람들의 향기가 사람들에게 기쁨과 편안함을 주기 때문입니다.

> 예수께서 일어나사 거기를 떠나 두로 지경으로 가서 한 집에 들어가 아무도 모르게 하시려 하나 숨길 수 없더라 (막7:24)

주님께서는 자기를 감추셨으나 숨길 수가 없었습니다. 사람들이 항상 주님을 찾았기 때문입니다. 사람들은 항상 주님께 나아왔고 그를 붙잡고 만지기를 원했는데 그것은 주님을 만질 때 치유와 기쁨이 있었기 때문입니다. 마음이 낮은 사람은 그 안에 주님의 향기를 가지고 있기 때문에 사람들이 가까이 오게 됩니다.

다윗이 사울을 피하여 쫓기고 있었을 때 위로가 필요한 사람, 안식이 필요한 사람들은 그에게로 모여 들었습니다. 다윗이 그들을 모집하지 않았지만 그들은 다윗에게 가까이 왔습니다.

마음이 높은 이들은 인기를 얻고 싶어 합니다. 사람을 수하에 두고 싶어 합니다. 그래서 사람들을 자기에게 억지로 오게 하며 자기를 떠나서 가는 것을 싫어합니다. 가는 것을 내버려두지 않으려고 합니다.

그러나 낮은 사람들에게는 저절로 사람들이 모이게 됩니다. 같이 있으면 기쁨을 얻기 때문에 같이 있기를 원하며 가는 것을 싫어하는 것입니다. 진정한 기쁨과 행복을 얻게 되면 사람들은 어떤 일이 있더라도 그곳에 붙어 있으려고 하게 됩니다.

높은 이들이 있는 곳에는 고통과 싸움과 지옥이 있습니다. 낮은 이들이 있는 곳에는 기쁨과 평화와 자유함이 있습니다. 그러나 오늘날 세상에서 낮은 사람들을 보는 것은 어려운 일이기 때문에 세상에는 항상 다툼이 있고 피곤함이 있습니다. 그래서 많은 인간관계들이 부담과 불편함을 줍니다.

그러나 낮음의 가치를 알고 낮은 마음을 얻기를 사모하며 낮아지기를 갈망하는 이들이 함께 있다면, 그러한 만남과 교제가 있다면 이들은 천국적인 즐거움을 누릴 수 있게 될 것입니다.

나는 낮은 마음이 어떻게 천국과 연결이 되며 어떻게 아름다움과 모든 풍성함의 근원이 되는지를 사람들에게 많이 전하였습니다. 그리고 그 결과 많은 놀라운 변화들이 일어나는 것을 보곤 하였습니다.

나의 책을 읽고 도움을 얻은 독자님들이 나의 문서사역을 기도로 돕고 싶다고 해서 중보기도 모임이 생기게 되었습니다. 이들은 매주 토요일마다 모여서 기도와 교제를 나누곤 했습니다. 나는 가끔 한 번 씩 참여해서 모임을 인도하며 메시지를 주곤 했습니다. 영성에 대한 여러 원리와 각종 훈련들, 그리고 낮아짐을 실제적으로 삶 가운데 적용하는 메시지를 그들에게 전하였습니다.

낮아짐으로 천국이 되어가는 가정들

나는 이들이 낮아짐의 원리를 삶에 적용하는 가운데 변화와 천국을 경험해가는 것을 보고 놀랐습니다. 이들의 삶 속에 기쁨과 변화와 승리가 점점 더 늘어나는 것을 보게 되었습니다.
일반적으로 가장 먼저 일어나는 변화는 아내가 모임을 마친 후에 집으로 돌아가서 남편에게 무릎을 꿇고 그동안의 삶을 회개하고 용서를 구하는 모습이었습니다. 나는 사람들에게 그렇게 하기를 권하지 않았지만 나중에야 그런 일들이 많이 있었던 것을 알게 되었습니다.

무릎을 꿇고 자신의 잘못에 대해서 용서를 구하는 것은 쉬운 일이 아닙니다. 말씀을 많이 암송하고 가르치고 멋지게 설교를 할 수도 있지만 무릎을 꿇는 것은 쉬운 일이 아닙니다. 높은 마음을 가진 이들에게 그것은 불가능합니다. 높은 이들은 그러한 굴욕을 견디지 못합니다. 그것은 낮은 마음을 가진 이들이 비로소 할 수 있는 일입니다.

아내들은 남편에게 순종하며 하나님의 세우신 질서 안에 들어가며 남편을 세우고 강건하게 하는 것이 아내의 사명인 것을 배우고 알게 되기 시작했습니다. 그리고 남편이 신앙심이 부족하고 영적이지 않다고 판단한 것에 대해서 회개하고 용서를 구하기 시작했습니다. 남편은 아내의 용서를 받아들이고 사랑을 고백하기 시작했습니다. 그리고 자신감을 가지고 리더십을 가지고 가정을 이끌기 시작했습니다.

나는 여러 가정들이 점점 더 천국이 되어가는 것을 보았습니다. 이혼 직전에 있던 가정들이 회복되는 것을 보았습니다. 분노와 상처를 주는 말 대신에 사랑을 고백하고 용서를 고백하며 서로 안아주는 일이 많아지게 되었습니다.

점점 더 기쁨이 많아졌습니다. 부모들이 변화되자 아이들이 변화되었습니다. 우울하고 어둡고 생기가 없던 모습의 아이들이 표정도 밝아지고 웃음과 기쁨이 많아졌습니다. 두려움이나 경직된 모습을 가지고 있었던 아이들은 따뜻하고 아름답고 사랑스러운 모습으로 변화되었습니다. 자연히 인상과 외모도 달라지게 되었습니다.

기도 모임에 참석한 한 목사님이 묻기를 도대체 이 모임에 참석하는 아이들은 어떻게 저렇게 진지하게 기도하고 예배를 드리느냐고, 무슨 특공대 훈련을 받고 있느냐고 묻기도 했습니다.

하지만 그것은 간단한 일입니다. 부모가 변화되면 아이들도 변화됩니다. 부모의 사랑하는 모습, 기뻐하는 모습, 서로 격려하고 감사하며 간절하게 기도하는 모습을 보고 자녀들은 부모를 존경하며 따르게 됩니다. 그러므로 이제 초등학생, 중학생에 불과한 아이들도 간절하게 부르짖으며 기도하고 주님을 갈망하고 낮은 마음으로 서로 섬기고 순종하기를 기뻐하게 되었던 것입니다.

이들이 모일 때 항상 넘치는 기쁨과 웃음이 있습니다. 장난과 즐거움의 웃음소리가 끊이지 않습니다. 이들은 서로 도우려고 하고 섬기려고 하며 다른 이에게 기쁨을 주려고 합니다. 이들은 항상 모임을 너무 사랑하기 때문에 무슨 야유회가 있든 어떤 기도회가 있든 간에 모임이 있으면 결사적으로 참석합니다. 그리고 와서 웃고 떠들고 기뻐합니다.

이들은 항상 말하기를 일을 하든지 봉사를 하든지 놀러가든지 같이 있을 수만 있다면 그것은 곧 천국과 같다고 말하곤 합니다. 기쁨이란 무엇을 하느냐에 달려 있는 것이 아니라 어떤 이들과 함께 하느냐에 달려 있는 것이기 때문입니다.

언젠가 내가 토요모임에 간 적이 있었습니다. 그 자리에 한 어머니가 있었는데 그녀의 두 아이들은 초등학교에 가느라고 함께 오지 못했습니다. 토요일은 학교가 빨리 끝나기 때문에 어머니는 아이들에게 모임에 오라고 전화를 해야 했었습니다. 학교에서 모임 장소까지 한 시간이 넘는 거리였기 때문에 어머니가 전화로 오라고 허락을 해야 아이들은 올 수 있었습니다.

그러나 이 자매는 내가 모임에 오랜 만에 와서 인도를 하는 바람에 너무 모임에 집중하느라고 아이들에게 모임에 오라는 연락을 하지 못했습니다. 결국 아이들은 모임에 오지 못했습니다. 나중에 그 사실을 안 아이들은 펑펑 울며 속상해했습니다.

초등학교 3학년인 한 남자아이는 '목사님이 오셨는데, 왜 엄마만 가고 나에게는 연락을 해주지 않았어요?' 하면서 울었습니다.

그럴 정도로 아이들은 모임을 사모합니다. 왜냐하면 낮은 이들, 주님을 갈망하는 이들의 모임에는 기쁨이 있고 그것은 곧 천국과 같기 때문입니다.

내가 가끔 모임에 가면 모임 장소의 바깥에서 놀고 있다가 나를 먼저 발견한 아이들은 소리를 지르며 달려옵니다. 초등학생, 유치원생, 그보다 더 어린 아이들, 그리고 중학생 아이들이 달려옵니다. 이들은 나에게 뽀뽀 세례를 베풀며 내가 그들을 만져 주기를 기다립니다. 나는 이들의 아름다운 환대를 받을 때마다 행복감으로 가득해지게 되고 이것이 곧 천국이구나, 하고 느끼곤 합니다.

징계와 회개를 통하여 낮음이 유지됨

하지만 마음 아픈 일이 생길 때도 있습니다. 모임 중에 누군가가 사소한 잘못을 할 때가 있습니다. 다른 이들에게 퉁명스럽게 대했다든지, 상처를 주었다든지 하는 일이 있습니다. 우리가 천국과 같은 삶의 아름다움을 누릴 때 악한 영들이 그것을 조용히 바라보기만 할 리는 없습니다. 아주 가끔씩 사소한 불편함이 생길 때가 있습니다. 마귀는 살며시 서운한 마음과 오해가 생기게 만듭니다. 만약 이러한 것을 내버려 둔다면 악한 영들은 서서히 그들이 심은 씨앗이 확장되도록 장난을 할 것입니다. 나는 악이나 악한 마음이 회개하지 않고 시간이 흘러서 저절로 사라지는 일은 없다는 것을 잘 알고 있습니다.

아주 작은 갈등이나 마음속의 서운함이 있어도 나는 그것을 내버려두지 않습니다. 내가 그러한 일을 알게 되었을 때 그냥 넘어가는 일은 없습니다. 관계를 파괴하고 영혼을 파괴하는 마귀의 수법을 나는 결코 방관하지 않습니다.

눈앞에 있는 사람과 관계가 잘못되면 하나님과의 관계도 잘못되는 것이 정상입니다. 눈앞에 있는 사람을 사랑하지 못하면서 하나님을 사랑한다고 하는 것은 착각에 불과한 것입니다. 그러므로 인간관계에 있는 아주 사소한 불편함도 반드시 처리해야 합니다. 그것이 주를 사모하는 그리스도인의 길입니다.

아주 작은 문제가 있어도 보고를 받는 즉시 나는 그 문제를 처리하도록 합니다. 아내나 사역자를 통해서 그들이 가지고 있는 문제를 회개하고 마귀에게 잠시 속았던 것에 대해서 반성하도록 합니다. 당사자들은 다 모여서 메시지를 듣고 받아들이게 됩니다.

메시지를 받으면 대부분 그 공간은 눈물과 통곡과 회개로 가득해집니다. 함께 용서를 구하고 사랑을 고백하고 포옹과 감격을 나누는 공간이 되어 버립니다. 이들은 하나같이 말하기를 가슴이 너무 시원하고 가슴이 벅찰 정도로 행복하다고 말합니다. 죄를 버리는 것은 온 천하를 얻어도 누릴 수 없는 기쁨과 행복을 주기 때문입니다.

지적을 받을 때 회원들은 눈물로 회개합니다. 그리고 그 영혼이 밝아지고 청결해져서 행복을 누리게 됩니다. 이것은 정말 놀랍고 아름다운 일입니다.
만약 이들이 낮은 마음의 사람들이 아니라면 죄를 지적하고 그것을 처리하는 것은 쉽지 않을 것입니다. 사랑을 담아 부드럽고 조심스럽게 죄를 지적한다고 해도 지적을 받고 그것을 받아들여 회개하는 것은 마음이 높은 이들에게는 몹시 어려운 일이 될 것입니다.
그러한 이들은 아마 '살다보면 그럴 수도 있지 뭐 이 정도를 가지고 그러세요?' 할 것입니다. 하지만 우리 모임에서 그렇게 반응하는 이들은 없습니다. 모든 이들이 낮아짐의 삶을 원하고 주님과 연합되기를 원하며 성결함과 변화된 삶을 원하기 때문입니다.

사안이 조금 중요한 일일 경우 당사자는 모임에 1,2 주 정도 참석을 할 수 없습니다. 대부분의 경우 그것은 당사자들에게 엄청난 충격이 됩니다. 어떤 이들은 죽음보다 더 고통스럽다고 말하기도 합니다. 하지만 그렇게 죄를 버리고 자기를 돌아보는 과정은 영혼을 정화하고 아름답게 씻는데 도움이 됩니다.
하나의 죄가 처리되면 전에 알지 못했던 더 깊고 놀라운 주님의 임재와 영광 속에 들어가게 됩니다. 영혼의 감각이 새롭게 되기 때문에 더욱 더 놀라운 천국의 빛을 감지하고 누릴 수 있게 되는 것입니다.
그리하여 반성과 징계의 기간이 끝나고 다시 모임에 참석하게 되면 사람들은 이들을 환영합니다. 모임은 울음바다가 됩니다. 축하와 격려와 포옹으로 사람들은 울며 웃으며 기뻐하고 다시 만나게 됨을 축하합니다. 모임의 회원들은 서로에 대한 깊은 애정을 가지고 있습니다. 같이 그리스도를 갈망하고 영적 성장을 갈망한다는 이 공통점은 혈연보다도 훨씬 더 진하고 강력한 애정의 끈으로 서로를 묶게 됩니다. 이들은 항상 만남을 즐거워하고 삶의 모든 부분을 나눕니다. 헤어지면 그리워하고 만나면 수많은 대화와 장난과 웃음소리가 끊어지지 않습니다.

이들은 서로 깊이 연결이 되어 있어서 한 사람이 아프면 모두가 걱정을 하고 기도하며 한 사람이 실직을 하거나 문제가 있으면 모든 이들이 걱정하고 기도하며 함께 어려움을 나눕니다. 한 사람이 즐거운 일이 있으면 모두가 함께 기뻐하고 웃고 축하 파티를 합니다.
이들은 모임의 가족들과 함께라면 어디든지 기쁨으로 동행하며 떨어지는 것을 아주 싫어합니다. 이들은 함께 하는 것이 곧 천국이라고 흔히 말하곤 합니다. 이들은 서로를 너무나 사랑하기 때문에 꿈에서도 다른 회원들을 자주 보곤 합니다. 나나 아내도 이들의 꿈에 자주 등장한다고 합니다.

모임에 오는 것은 쉽지 않습니다. 들어오려는 이들은 많지만 장소나 여러 면에서 제약이 있습니다. 충분한 교제를 나누기 위해서는 많은 이들을 받을 수 없기 때문입니다. 그러나 나가는 것은 쉽고 언제든지 가능합니다. 어떤 모임이 천국과 같은 것이라면 나는 거기에는 강제가 있을 수 없을 것이라고 생각합니다. 사람들은 그 천국의 기쁨을 서로 누리고 싶어 할 것이기 때문입니다. 나는 이 땅에 이러한 천국적인 교제와 나눔이 많아지기를 소원합니다. 그것은 특별하고 대단한 사람들이 누리는 것이 아닙니다. 낮고 부족하고 자신의 부족함을 잘 아는 낮은 사람들이 누리고 맛볼 수 있는 행복이며 향취입니다.

낮아짐이 있을 때 가정이 천국이 되고 모임이나 공동체가 천국이 되는 것은 자연스럽고 당연한 일입니다. 부부싸움의 분쟁도 대부분은 마음이 높아져서 자기가 편하고 섬김을 받기 원하기 때문에 일어나는 것입니다. 자기를 변호하고 상대방에게 요구하며 가르치기를 좋아하고 항상 상대방에게 책임이 있다고 여길 때 지옥이 오게 됩니다. 그러므로 낮은 마음으로 서로를 섬기며 서로의 종이 되기를 원할 때 가정이 천국이 되는 것은 당연한 일입니다.

오늘날 이 시대에 천국과 같은 만남, 천국과 같은 가정을 보는 것은 쉽지 않습니다. 많은 사람들이 말하기를 배우자 때문에 못살겠다고 괴롭다고 합니다. 하지만 그러한 사람들은 배우자를 떠나도 여전히 괴로울 것입니다.

자기의 성격 때문에 고민한다고, 자기의 마음이 너무 이기적이고 높아서 고민이라고 하는 이들은 변화될 가능성, 천국을 누릴 가능성이 있습니다. 그러나 아직 자신의 모습을 보지 못한 이들은 좀 더 어려움의 난관을 통과하게 될 것입니다.

오늘날 도처에서 지옥을 볼 수 있습니다. 도처에 상처와 분노와 원한과 억울함과 푸념을 접할 수 있습니다. 믿는 자들도 교회에 가는 것 외에는 불신자들과 그리 다르지 않은 삶을 사는 경우가 많이 있습니다.

하지만 낮아짐에 대해서 배우고 깨닫고 적용하는 이들은 변화와 천국을 체험할 수 있습니다. 있는 곳에서 천국의 풍성함을 만들어갈 수 있습니다. 왜냐하면 낮아짐은 천국에 이르는 비밀의 문이기 때문입니다. 수많은 놀라운 은총의 역사들이 거기에서부터 시작됩니다.

낮아짐의 사람은 천국의 사람입니다. 낮아짐의 공동체는 바로 천국의 공동체입니다. 거기에는 기쁨이 있고 행복이 있으며 용서가 있고 긍휼이 있으며 자유함이 있습니다. 사랑의 고백이 있고 위로와 격려가 있으며 죄가 용서받고 지친 자들이 회복되고 새 힘을 얻습니다.

그런 가정, 그러한 공동체가 가능할까요? 바로 가능합니다. 당신이 낮아진다면, 그리고 그 낮아짐이 주위에 확산되기 시작한다면, 그것은 가능합니다. 우리는 천국의 향취를 보고 느끼고 경험할 수 있습니다. 우리들의 가정도, 우리들의 교회도, 신앙 모임도 다 아름다운 천국의 빛이 가득한 곳으로 만들 수 있습니다.

낮아짐이 있는 곳에 천국이 있습니다.
낮아짐이 있는 곳에 주님의 임재가 있습니다.
우리가 진정 낮아진다면
우리는 그 아름다운 영광의 빛 속에서
사랑하고 감사하며 행복하게 살아가게 될 것입니다.
우리는 사후에도 아름다운 천국을 경험하겠지만
지금 이 순간에도
환희와 기쁨이 가득한 천국의 은총을
맛보고 누릴 수 있게 될 것입니다.
할렐루야.

부록1.   그 발 앞에 엎드려 -H전도사-
2007.10.27 토요모임 간증 1

* 가끔 토요기도모임에 참석해서 모임을 인도할 때가 있는데 이 날도 오랜만에 모임에 가서 낮아짐과 주님의 실제에 대한 메시지를 전하였습니다. 책의 주제와 연관이 되는 내용이라 두 자매의 소감문을 부록으로 싣습니다.

오랜 만에 대구 가족들도 함께 모여 북적북적한 토요모임.. 하지만 왠지 쓸쓸한 느낌이 드는 것은 이 자리에 목사님이 같이 계시면 얼마나 좋을까.. 하는 마음이 들어서였지요.
목사님의 허리가 아프시다는 것을 알았기에 많이 기대할 수는 없었지만 그래도 오셨으면 좋겠다는 마음을 지울 수가 없었습니다.
점심시간에 위에 올라가 모임을 위하여 준비 기도를 하고 있는데 목사님이 오셨다는 H간사의 전화가 왔습니다.
'목사님 오셨어?' 외치고는 집회 장소로 뛰어 내려갔습니다.
목사님이 오셔서 벌써 한 사람 한 사람 인사하고 계셨어요.
그 모습을 보는데 이상하게 마음이 좋고 기뻤습니다.
목사님은 허리가 아파 강단에 서지 못하고 의자에 앉으셨습니다.
그런데도 여전히 웃으며 유머와 농담을 던지십니다.
목사님은 가장 아프실 때도, 가장 상황이 힘들 때도 항상 재미있는 유머와 농담을 하시지요. 아플수록 따뜻하고, 귀엽고, 아플수록 재미있는 사람.. 나도 그런 사람이 되고 싶습니다.

1.
복음은 예수다!

이 말씀이 한없이 내 가슴을 뒤흔듭니다.
복음은 예수다! 복음은 예수!
예수! 예수! 복음은 예수에게 지배되는 것!
아.. 이 말씀은 얼마나 좋은지요..
선교단체에서 예수를 믿게 되고 복음에 대해서 많이 듣고 그리고 복음을 전하기도 했습니다. 그러나 복음이란 무엇일까.. 복음이 왜 그렇게 놀라운 온 우주를 뒤흔드는 소식일까.. 몇 년 동안 정말 궁금했었어요.
그런데 그것은 예수라고..
예수.. 살아있는 예수를 경험하는 것이라고..하셨습니다.
아직은 그 말씀의 실제를 많이 경험하지 못했지만 그래도 이 말씀은 아무리 듣고 또 들어도 좋고, 또 좋습니다.

"예수.. 하면 내 속에서 가슴이 뜨거워지고 감격이 물결치는 것이에요.
말씀을 읽으면 가슴이 뜨겁고 예수 생각하면 불이 일어나는 것이에요.
심령이 살아나서 죄와 자아와 고집과 막힌 것이 무너지면 내 속에서 영이 일어나고 예수의 형상이 나타나고 죄에서 해방됩니다.
예수가 나를 정복하면 그게 기쁨이고 행복입니다. 복음이란 예수입니다."

복음이란 예수.. 예수.. 예수..
아.. 나는 이 말씀을 영원히 듣고 싶고 그리고 이 말씀을 참으로 경험하고 싶습니다.

"성경에서 예수의 숨결을 느끼는 것은 무엇일까요.
구약에서도 신약에서도, 예수의 얼굴을 보고
예수의 생기에 접하면서 빠져 들어가는 것입니다
그 생명의 접촉. 그 충격은 무엇일까요.

바로 말씀 속의 예수의 영과 내 영이 접촉하는 것입니다."

주님.. 이것을 경험하고 싶습니다. 말씀을 읽으며 당신의 마음에, 당신의 피에 거꾸러져 울고 고통하고 당신을 만나고 싶습니다.

2.
몇 년 동안 예수를 만나고 싶다고 하면서도 나는 왜 아직 예수를 모르는 것일까.. 그것은 기질의 문제가 아니라고 하셨습니다.
그것은 오직 한 가지 높은 마음 때문이라고 하셨습니다.
주님..
칭찬받기 원하고, 사랑받기 원하고 사소한 것에 상처받고 욱하고..
고집부리고 성질을 내고.. 나의 취향과 애정을 꽉 붙잡고 놓지 않으려하고 그 모든 높은 마음이 주님 오시는 길을 막았습니다.

"만약 오 분 후에 우리의 목숨이 사라진다면 우리의 인생에 남은 시간이 오 분밖에 없다면 우리는 주님께 무엇을 기도할 까요. 대학합격을 위해 기도할까요. 남은 시간이 제한적이라면 이렇게 기도하지 않을까요.
'주님. 제가 평생 동안 지금까지 많은 죄를 지었습니다. 그 동안 많은 악을 행했습니다. 주님. 저를 용서해주세요. 저를 불쌍히 여겨주세요. 교만하고 음란하고 거짓말하고 미워하고 원통함을 품고 순결하지 않고 위선적이고 이중적이고, 욕심내고 상처 주고 아픈 말을 했습니다. 이 악이 내 안에 살아있는데 제가 어떻게 당신의 얼굴을 볼까요. 이 땅을 떠나기 전에 당신의 보혈로 나를 씻어주시옵소서.' 이렇게 기도하지 않겠습니까."

주님.. 주님..

아.. 지난 몇 년 동안의 기억이 마치 영화처럼 제 앞에 스쳐지나갑니다.
이기심으로 가득한 모습.. 나.. 나.. 오직 나 밖에 모르는 인간..
사랑받으려고 인정받으려고 나만 높아지려고 그렇게 발버둥을 치고
그렇게 머리를 굴리고 술수를 쓰고 그렇게 간악한 마음을 품고..

아.. 주님..
나는 오직 나의 행복만을 위해 살았습니다.
이기심.. 나 밖에 모르는 마음.. 어리석고, 눈치 없고, 사악한 마음..
탐욕, 게으름, 더러운 마음, 영적 교만, 이기심, 독점욕, 우울함..
주님.. 이 모든 것들을 용서해 주세요.
돌아보면 걸음걸음 모두 주님을 아프게 한 기억밖에 없는 나의 시간들.. 그리고 눈물만 납니다.

아버지.. 저는 죄인입니다.
저는 죄인입니다. 저는 죄인입니다.
아버지.. 저는 죄인입니다.
수없이 당신의 가슴을 찌르고 아프게 하였습니다.
아버지.. 제가 아무 할 말이 없습니다.
더럽고 간악하고 추악한 죄인입니다.
주님. 제 자신이 너무나 한심하고 비참하고 비참합니다..

"그러나 예수 앞에 엎어져 보십시오. 예수. 예수. 예수. 그 예수의 발 앞에 엎드려 '주님은 나의 왕이시고 주인이시고 나는 주 위해 죽기 원합니다. 내 생명을 취하소서.' 그렇게 엎드릴 때 그 심령에 놀라운 천국의 평강이 임합니다."

주님.. 당신은 나의 왕이시고 나의 주인이십니다.

주님.. 다른 많은 것에서 즐거움을 찾았으나 그러나 정말 허무하다는 것을 한 없이 한 없이 배우고 있습니다. 주님이 주신 것이 아니면 허무하다는 것을요. 그런데도 또 다른 곳에 고개를 돌리고 기웃기웃합니다. 주님.. 불쌍히 여겨주세요. 이 어리석고 비참한 저를 불쌍히 여겨주세요. 저는 주님의 자비와 긍휼이 없이는 살 수 없습니다.
주님이 보신다. 내 모든 행동을 주님이 보고 계신다고 하셨습니다. 마음속의 작은 움직임도 보고 계신 주님.. 그 주님의 임재를 무시하고 악을 행하여 주님과 천사들이 슬피 울며 가슴을 찢으며 떠나게 하였습니다. 아버지.. 나를 불쌍히 여기소서.

모두가 함께 기도하는 가운데 들려오는 가슴이 저린 울부짖음들, 그리고 찬양 소리들..
"우리 서로 받은 그 기쁨을 알 사람이 없도다.."
그 외치는 소리, 그 찬송을 들으며 한없는 통곡이 흘러나왔습니다.
세상에서 가장 마음이 낮고 겸손하신 예수님.. 당신과 친구가 되어 당신의 기쁨을 나누려면 나도 낮은 사람이 되어야 하는데.. 나는 너무 마음이 높아서 주를 가까이 만나지 못했습니다.
주님.. 내게 낮은 마음 주소서. 높은 심령으로 사는 것은 얼마나 비참한지요. 오, 주님.. 낮은 심령 주세요. 나의 높고 교만한 마음을 깨뜨려주세요. 제발.. 긍휼히 여기소서.

"너를 사랑해.. 내 가슴이 찢어지네.."
목사님의 찬양이 들려옵니다. 가슴이 터지는 것 같습니다. 그런데 가슴을 쥐어뜯으며 눈물을 쏟을수록 목청이 터져라 울부짖을수록 왜 가슴이 포근해지는 것일까요.

나는 죄인입니다. 나는 죄인입니다. 이렇게 고백할 때.. 겉으로는 비참하고 괴로운데.. 그런데 왜 마음 깊은 속에서는 뭔가 알 수 없는 평안함이 솟아날까요.
왜 주님은 나를 용서한다고 사랑한다고 말씀해주시는 것일까요. 왜 이렇게 포근하고.. 포근한 것일까요.
나는 한없이, 한없이 고백하고 싶습니다.
나는 죄인입니다. 나는 죄인입니다. 나는 죄인입니다..

3.
"하나님 앞에서 흠이 없고 잘난 당당한 사람보다 허물 많고 죄 많고 실수 많고 부족하고 그런 사람이 주님 없이는 살 수가 없어서 주 앞에서 엎어져서 '불쌍히 여기소서' 할 때 주님이 받으십니다. 자기 혼자 당당하게 잘사는 아들딸보다 툭하면 아빠 엄마 찾고 그런 아들딸이 엄마 아빠를 기쁘게 합니다. 툭하면 '하나님 어떻게 해요, 오, 주님.. 어떻게 하면 좋아요.' 하고 엎드리는 사람을 주님은 찾으십니다."

잘하는 것, 강점으로 주님께 나아가는 것이 아니라 약점으로, 연약한 점으로 주께 나아간다는 말씀은 얼마나 큰 희망과 소망이 되는지요.
나도 그렇게 살고 싶습니다.
무언가 잘해보려고 애쓸수록 그럴수록 한심해지기만 했어요. 몸으로는 가까우나 마음은 먼 곳에 있는 탕자의 형, 큰아들과 같은 사람이 되고 싶지 않습니다. 비록 죄가 많고 허물이 많고 넘어지고 엉망이지만 그래도 주님께 엎어져서 가까이 나아가는 사람이 되고 싶어요. 범죄 후에 외적인 사역은 없었으나 아무 외적 전쟁의 승리는 없었으나 자기 속에 드러난 처절한 음란 더러움 거짓됨을 보고 예전에 모르던 절망과 갈망으로 눈물로 살았을 다윗.. 나도 그런 사람이 되고 싶습니다.

주님.. 저는 어쩔 수 없습니다. 제 힘으로는 어쩔 수 없습니다.

이렇게 엉망이고 한심하고 비참합니다. 그러니 저를 도와주세요. 불쌍히 여겨주세요. 아무런 외적인 능력이나 승리나 잘하는 것이 없더라도 그저 주님의 품안에 머물게 해 주세요.
주님.. 저는 너무 오랜 세월 동안 자아를 왕으로 삼아, 스스로를 높이며 살아왔습니다. 낮아지기 위해 고통과 상처가 많이 필요합니다.
실패와 한계와 절망과 고독과 아픔이 너무나 필요합니다.
주님. 저를 불쌍히 여겨주셔서 고통과 절망과 낮고 상하고 통회하는 마음을 주세요.

"이 땅에서 굉장히 많은 후회가 있지만 가장 무서운 후회는 시간낭비입니다. 어떤 상황이든 그 꺼리를 가지고 주님께 가까이 나아가야 합니다.
고통이든 질병이든 수치든 후회든 근심이든, 절대 그 상황에서 그냥 지나가지 말고 그 마음의 불편함이 사라질 때 까지 기도하는 것입니다. 얼마나 쉬워요. 평안이 올 때 까지 기도하는 것..
스스로 강해지려고 하고 사람에게 의지하고 풀려하고 소용이 없어요.
우리 마음을 깊이 알고 들으시고 해결하시는 분은 주님뿐입니다.
그 좋은 기회를 왜 사람에게 기대고 인간적인 위로를 찾으며 좋은 기회를 날려버리나요.
우리에게 다가오는 모든 문제들을 가지고 죽든 살든 그리스도에게 잡혀가야 합니다."

무엇을 통해서든 주님과 가까워질 수 있는 것이라면 근심도 염려도 심지어 나의 약점이나 고통도, 넘어짐도, 그것은 아름다운 것..
구체적인 사건에 부딪힐수록, 내속에 참 많은 불안과 두려움이 있다는 것을 알게 됩니다. 나는 아주 작은 것도 주님의 도움이 필요한 사람입니다. 나는 근심 걱정도 많은데다가 성질도 사납고, 어리석고.. 무엇하나 제대로 된 것이 없습니다. 주님.. 당신이 필요합니다. 당신의 시간을 낭비하지 않게 해 주세요.
세월이 갈수록 교만하고 어색하고 경직된 사람이 되기는 싫습니다.
세월이 흐를수록 낮고 어린아이 같고 겸손한 사람이 되게 해 주세요..

끈적거리고 더럽고 너무나 추잡한 인간의 사랑.. 인간의 애정에서 벗어나게 해 주세요.
인간을 우상으로 삼고 숭배하는 더러운 사랑이 아니라 순결한 사랑, 오직 예수를 사랑함으로 가까워지는 예수의 순결한 사랑을 경험하게 해 주세요.
환경이 어렵고 육체가 쇠약할수록 더 빛나는 사랑.. 영혼의 사랑.. 영혼의 능력을 경험하게 해 주세요.

완전하고 깨끗하고 당당한 사람보다 죄짓고 더럽고 추잡한 부분이 있어도 그것으로 인하여 더 엎드리는 사람이 되기 원합니다.
주님의 긍휼과 자비를 구하는 사람이 되기 원합니다.

주님..
당신이 필요합니다.
당신이 필요합니다.
나에게는 오직
당신이 필요합니다.

부록 2 낮아짐과 순복의 삶 속으로   -Y자매-
2007.10.27 토요모임 간증 2

오랜만에 올라온 대구 식구들과 함께 주님을 찬양하며 부르짖고 오전 모임을 마쳤는데 목사님이 오셨어요! 우아!
오전에 목사님 허리 아프시다는 말씀을 듣고 함께 기도했는데 목사님이 오시다니! 오랜만에 목사님을 뵈니까 너무 좋고.. 마음이 행복해졌어요.

목사님이 말씀을 하시는데 자꾸만 가슴이 찡하고 코끝이 찡하고 눈물이 나왔어요. 특히 목사님이 주님에 대해 말씀하실 때 자꾸 마음이 뜨거워지고 눈물이 났어요.
저는 가장 마음이 와 닿았던 말씀이 주님이 항상 우리 곁에 계셔서 우리의 모든 것을 다 보고 계신다는, 너무나 가까이서 다 보고 계신다는 말씀이었어요.
주님이 가까이서 우리의 모습을 보고 계신다는 것을 느낀다면 어떻게 그 앞에서 죄를 지을 수 있느냐고, 주님이 보고 계신다는 말씀을 하실 때 그 때 내 속에서, 나의 영혼이 반응하는 것을 느꼈어요.

최근에 자꾸 회피하면서 내려놓지 않았던 나의 고집이 있었어요. 겉으로 볼 때는 큰 죄라고 여기지 않을 수 있는 것이었기에 마음속에서 불편하고 주님이 계속 내적인 감동을 주시는데도 자꾸만 그것을 놓지 않고 버티고 있었어요. 그럴수록 자꾸만 주님과의 관계는 소홀해지고 불안해져 가는데도 이상하게 그것을 내려놓고 싶지 않은 어떤 고집 같은 것을 느끼고 있었어요. 그런데 목사님의 말씀을 듣는 내내 제 마음이 양심이 더욱 고통스럽고 너무 괴롭게 느껴졌어요. 주님이 나의 그 고집과 주님의 말을 자꾸 외면하고 순종하지 않는 것으로 인해 고통을 느끼고 계신 것.. 그리고 그것을 못 본 척 하려는 저의 죄가 느껴져서 마음이 괴로웠습니다.

나는 정말 죄인이라는 것을 느꼈습니다. 가장 심각한 죄는 교만과 이기심이라고 하셨는데 나는 주님을 위해 죽겠다고 고백했으면서 일상에서의 작은 취미, 그리고 시간 사용과 돈의 사용 등.. 구체적인 삶의 생활 속에서 아주 작은 부분 주님이 요구하시는 것에도 순종하지 못하고 있었습니다.
그런 제 모습이 부끄럽게 느껴지면서 여전히 제 마음 한구석에서 느껴지는 고집이 저를 절망스럽게 했습니다. 찬양을 하고 부르짖고, 메시지를 들으며 그 메시지가 제 안에서 소용돌이치고.. 고집을 내려놓도록 메아리치는 가운데 집회가 끝날 무렵 저는 비로소 포기를 하겠다는 마음을 가질 수 있게 됐어요. 그러자 지난 몇 주 동안 편안하지 않았던 마음이 조금씩 편안해지기 시작했습니다.

어느 영성 집회의 은혜 경험에 대해서 말씀하시며 은사적인 경험은 자신의 주관적인 상태에 달려있는 것이고 그 한계가 명확하다는 점을 말씀하셨어요.
그것은 사람의 중심을 변화시킬 수 없다는 말씀.. 아무리 기도응답을 많이 받고, 불 받고, 안수 받고, 병고치고 그 무엇을 해도 그것만으로는 사람의 중심이 변화되지 않는다는 말씀이 더 많이 다가왔습니다.
달콤함, 눈물과 뜨거움, 집회에서의 많은 체험들, 예언.. 신유.. 그 어떤 기적도 그 자체로는 사람의 중심을 바꾸지 못한다는 말씀이 무엇인지 잘 모르고 그 누구보다도 은사적인 체험에 치중하고 빠져 살던 사람이 저라는 것을 깨달았습니다.

자신의 작은 체험을 심오한 것으로 생각하고 자신이 영적인 사람으로 착각하며 살지만 삶의 열매를 보면 교만하고 가르치기 좋아하고, 일상생활에서의 비상식적인 행동과 게으른 모습, 버릇없는 것, 이기심과 시기 질투 등 온갖 죄악들이 사라지지 않고 그렇게 죄에 싸여서 살아가는 사람이 저였습니다.

체험 자체에만 빠져서 영적인 실제는 없이 정말 작은 취미하나조차 내려놓지 못하고 주님의 면전에서 자꾸 그분을 무시하고 박대하면서도 주님을 사랑한다고 착각하며 사는 사람이 저였습니다.

부끄럽고 죄송한 마음이 들었습니다. 나는 주님을 위해 나를 버리는 것이 구체적으로 무엇인지 모르고 주님을 내 마음대로 이용하고, 내 뜻대로 되지 않으면 주님을 원망하고 분노하는 그런 자기중심적이고 교만한 사람이었습니다.

그런데도 기도할 때 느껴지는 달콤함과 자기도취를 심오한 영적 체험으로 생각하면서 속에 품은 높은 마음으로 인하여 지옥의 기운을 자주 받아들이던 사람이었습니다.

더 이상은 이렇게 살고 싶지가 않았습니다. 이런 거짓되고 자기 망상에 사로잡힌 껍데기 인생으로는 살고 싶지가 않습니다.

나는 중심이 변하고 싶습니다. 나는 변하고 싶습니다. 내 중심으로 주님을 사랑하고 싶습니다. 내 자신이 너무 악하게 느껴졌습니다.

우리가 주님께 나아가는 것은 오직 주님의 긍휼에 의지한 것이라고 하셨습니다. 높은 마음을 버리고 '주님, 나는 죄인입니다. 주님.. 나는 악한 사람입니다. 주님 나를 불쌍히 여겨주세요.. 나는 주님이 필요합니다.' 그렇게 기도할 때 주님께서 불쌍히 여기시고 용서해 주신다고 하셨습니다.

그렇게 악했던 므낫세 왕도, 아합 왕도 엎드려서 눈물 흘릴 때 하나님이 그 눈물을 보시고 저주를 거두셨다고 했습니다. 우리 아버지의 마음은 그렇게 여리고 자비가 많으신 분이라고 하셨습니다. 아무리 악하고 더러운 자라고 하더라도 엎드러져 눈물 흘리고 용서를 비는 자에게.. 마음이 약하고 여리신 분이라고 하셨습니다. 나에게는 그 주님의 자비와 긍휼만이 희망이 됨을 알았습니다.
내가 악한 사람인줄 잘 모르고 내가 교만한 줄 잘 몰랐는데 날이 지날수록 나의 교만과 더러움이 고통스럽게 느껴집니다.
그리고 그럴 때마다 주님의 긍휼, 그분의 자비와 인자, 그것만이 나의 소망이구나 하는 것을 깨닫게 됩니다.

아무리 울고 뒹굴고 귀신을 쫓아내고. 온갖 체험을 다 한다고 해도 매 순간마다 동행하시며 가르치고 훈련하시는 주님의 손에 굴복되지 않는다면 나의 중심은 변하지 않고 계속 제자리를 맴돌 뿐임을 알겠습니다.
이제 나의 소망은 오직 주께 굴복되는 것입니다.
주님의 뜻에 온전히 굴복되는 것입니다.
주님의 말씀을 피해 도망가고 잠을 자고 싶지 않습니다. 인생에서 그 무엇보다 후회되는 것이 있다면 그것은 바로 시간낭비라고 하셨어요. 매 순간이, 고통도 기쁨도 슬픔도 희락도 후회도 한탄도 그 어떤 것도 모두 주님께 가까이 나아가는 기회로 삼아야 한다고, 도구로 삼아야 한다고 하셨습니다.

나는 주님께 굴복되고 싶습니다. 내 마음 속에는 이제 그 소원밖에 없습니다. 내가 하고 싶은 것, 내 몸이 원하는 것.. 내 입과 내 눈이 원하는 것을 따라 아무리 몸을 피곤하게 해봤자 내 영혼은 점점 더 목마르고 피폐해질 뿐이었습니다.
주님.. 나는 이제 더 이상 배부르게 못할 것을 위해서, 해갈하지 못할 것을 위해서 애쓰고 노력하고 발버둥치는 삶을 살지 않으려고 합니다.

나는 오직 주님께 순복된 삶을 원합니다. 오직 그 순간순간 주님이 나에게 요구하시는 것에 순종할 수 있기를 원합니다. 나의 기분, 나의 취향, 나의 만족, 나의 욕망을 위해 살지 않고 예수의 기분, 예수의 취향, 예수의 만족, 예수의 욕망을 위해 살고 싶습니다.
나의 모든 것이 예수를 중심으로 완전히 바뀌기를 원합니다.
주님께 순종하지 못하도록 하는 모든 애정과 취향이 다 버려졌으면 좋겠습니다.
주님.. 한 순간도 낭비하지 않고 싶습니다. 나는 주께 완전히 순복되기를 원합니다.

그 어떤 말씀보다도 주님이 나의 너무나 가까이에서 모든 것을 지켜보고 계신다는 사실이 더 실제적으로 다가오고 지금 제가 글을 쓰고 있는 이 방안에도.. 주님이 저를 지켜보고 계신다는 사실이 너무나 감사하고 또 두려운 사실임을 알 것 같습니다.
지금까지 저는 제가 살고 있는 이 작은 방 안에 제가 원할 때는 주님을 모셨다가 제가 혼자 무언가 하고 싶을 때는 주님을 몰아내버리고 있었던 것 같습니다. 그러나 이 방의 주인도 역시 주님이십니다.
주님이 보고 계신다고, 모든 순간에 보고 계신다고 했습니다. 그리고 어떤 상황에서 그가 낮아지고 겸손하게 주님께 영광을 돌리는지, 아니면 자신이 영광을 돌리고 주인이 되는지를 보고 계시다고 했습니다.
그 주님을 의식하지 못한 순간은 모두 다 낭비된 시간인데 나는 너무나 많은 시간을 낭비했습니다. 주님 이제 더 이상 그러고 싶지가 않습니다.

바울과 실라가 동굴 감옥 속에서 맞고 모욕당하고 아무 죄 없이 고통을 받으며 갇혀 있는 순간에도 주님은 숨어서 모두 보고 계신다고 했습니다. 주님이 전혀 안 계시는 것 같은 깜깜한 순간에도 주님이 더욱 가까이서 지켜보고 계신다고, 그런데도 그들이 계속 찬양하고 기쁨 속에 주님께 영광을 돌리자 주님이 더 이상 참지 못하고 직접 그분을 나타내셔서 지진이 일어난 것이라고 하셨습니다.

나는 주님을 너무 몰랐던 것 같습니다. 주님의 마음도, 주님의 사랑도, 그분이 어떤 분인지도 너무나 모르는 것 같습니다. 그 자녀를 훈련하시고 시험하시고 양육하기 위해서 지켜보시고 다루시고 애절한 마음으로 바라보시는 주님.. 그 주님의 마음의 사랑을 저는 너무나 몰랐던 것 같습니다.

이제 조금이라도, 아주 조금씩이라도 그분의 마음을 더 느껴가고 주님이 어떤 분이신지 알아갈 수만 있다면 아무것도 아깝지 않습니다. 나의 자존심도 내가 소중하다고 생각하는 그 어떤 것도 모두 다 찢겨지고 버려지고 다 사라졌으면 좋겠습니다.

나는 오직 주님을 얻고 싶고 그분을 더 깊이 알고만 싶습니다. 그분에게 완전히 사로 잡혀 노예가 되고 싶습니다. 그분의 말과 그분의 뜻과 그분의 마음이 나의 전부가 되었으면 좋겠습니다.

집회를 마치고 방에 올라와서 제가 내려놓지 못했던 것 두 가지를 내려놓았습니다. 그리고 방을 청소하고 불을 끄고 누웠습니다. 주님께 오랜만에 그동안 제가 하고 싶은 것을 하느라 드리지 못했던 시간을 내어 드렸습니다. 하고 싶은 말이 참 많아져서 이말 저말을 주님께 드리게 되었습니다.

대부분은 참 죄송한 마음이 들어서 죄송하다고, 그렇지만 참 감사하다고, 그리고 기쁘다고... 그런 말씀을 드리고 또 그동안 주님과 관계가 좀 서먹해져서 죄라고 느껴질 때도 그냥 모른 척 했던 몇 가지 일들에 대해서도 생각나는 대로 회개를 하게 됐습니다.

그러자 주님이 조금 더 가까이 오신 것처럼 느껴졌습니다. 주님이 내 기도를 귀 기울여 들으시는 것을 좀 더 느낄 수 있었습니다.

주님이 그동안 조금 떨어져 내가 고집을 내려놓기를 기다리시다가 가까이 오셔서 나의 기도를 들으시는 것을 느꼈습니다. 참 감사했습니다. 나의 고집을 꺾으시고 그분께 다가가게 하시는 주님이 너무 멋진 분이라고 느껴졌습니다.
주님은 내가 사랑했던 그 어떤 사람들보다 내가 사랑받기를 원했던 그 어떤 사람들보다 더 멋진 분이고 나의 사랑을 받으실만한 분이십니다.
주님은 나의 연인이시고, 신랑이시고, 나의 아버지가 되십니다.
주님.. 나를 더 깊이 사로잡아 주세요.
나는 주님 없이는 살 수 없습니다. 더럽고 교만하고 악한 죄인이지만 나를 더 깊이 사로잡아주세요. 예수의 보혈로 나의 죄를 씻어주시고 나의 심장을 당신의 심장으로 바꾸어주세요.

집회 내내 처음에는 잔잔한 따뜻함과 눈물로, 그리고 자기 부인과 엎드러짐, 굴복의 메시지로 내 속에서 끊임없이 무언가 일어나고 휘돌고 엎드러지고 요동치는 것을 느꼈습니다. 그렇게 주님의 말씀은 내 안에 들어와서 나를 휘젓고, 정화시키고, 변화시켜 주십니다.
영원히 변하지 않고 포기하지 않으시고 나를 이끄시며 훈련하시며 그분의 신부로 만들어 가시는 주님의 손길에 저항하지 않고 겸손하고 낮아진 마음으로 굴복되어 주님의 종으로 살아가고 싶습니다.

죄를 짓지 않고 그럭저럭 괜찮게 사는 사람보다 심한 죄를 짓고 악한 사람이라도 주님께 엎드려서 울고 회개하는 사람이 복 받은 사람이라고 하셨습니다. 저는 괜찮은 사람, 잘난 사람.. 그럭저럭 평탄하게 사는 사람이 아니라, 자꾸 넘어지고 죄짓고 엉망진창이어도 주께 엎드려 울고.. 상하고 찢어지고 낮은 마음을 가진 사람이 되고 싶습니다.
다윗이 승승장구하던 시기보다 죄를 짓고 징계를 받고 고통을 겪으며 주님을 사모했던 시기가 더 깊은 은혜의 시기였다고 하셨어요. 나도 흠이 없고 완벽한 사람이 되기보다 오직 주를 사랑하는 사람이 되고 싶습니다. 주님 없이는 살 수 없는 사람, 주님이 떠나시면 목숨을 잃는 것과 같이 되는 사람이 되고 싶습니다.
주님.. 저를 버리지 마시고 떠나지 마세요.
주님이 떠나시면 저는 한 순간도 살 수 없습니다.

주님을 경험하는 것은 기질의 문제가 아니고 오직 낮아진 마음, 낮아지고 굴복된 마음이라고 하셨습니다.
이것은 저에게 참 복음입니다. 저처럼 자아와 아집이 강하고 머리 굴리고 엉망진창인 사람도.. 낮아진 마음을 갖고 있으면 주님 만날 수 있다는 것이 저에게는 참 복음입니다.
저 사람보다는 내가 낫다는 마음을 가지고 있었던 것을 고백합니다.
그리고 그 마음을 가지고 있을 때 주님이 가까이 오실 수 없다는 것을 알게 됐습니다. 그리고 그 마음을 내려놓고 회개할 때 비로소 제 마음이 평안해 지는 것을 느꼈습니다.

아버지.. 나를 도와주소서. 오직 무릎으로, 주 앞에 엎드려 눈물로 살 수 있도록 나를 도우소서.. 아버지.. 나를 불쌍히 여겨 주소서..
남은 생애에 이제는 오직 주님의 긍휼만을 구하며 낮고 낮은 마음으로 살고 싶습니다.
주님, 사랑합니다. 모든 만물을 만드시고 다스리시는 주님이 저와 같이 누추하고 더러운 인생에게 관심을 가지시고 지켜보고 계신다는 사실이 너무 감사합니다.
주님.. 주님의 사랑을 감당할 수 없지만 감사해요.
그리고 영원히 사랑합니다, 주님.

낮아짐의 은혜 1권 끝.

도서구입신청

도서 구입을 원하시는 분들을 위한 안내입니다.

1. 도서 목록 확인

페이지를 넘기시면 정원 목사님의 도서 전권이 안내되어있습니다.
도서 목록을 참조하셔서 필요로 하시는 책을 선택하십시오.
각 도서의 자세한 목차와 내용을 원하시면 정원목사 독자 모임 카페의 [저자 및 저서소개] 코너를 참조하십시오. (http://cafe.daum.net/garden500)

2. 책신청

구입하실 도서를 결정하신 후에, 영성의 숲 출판사로 전화를 주세요.
(02-355-7526 / 010-9176-7526. 통화시간: 월~금 오전 9시~저녁 7시)
신청 도서 목록을 알려주시면 입금하실 금액을 안내해 드립니다.
신청하실 때는 책을 받으실 주소와 전화번호를 함께 알려주세요.
책신청은 전화 외에도 영성의 숲 홈페이지의 [책신청] 코너,
출판사 이메일(spiritforest@hanmail.net)을 사용하실 수 있습니다.

3. 송금

안내 받으신 도서 대금을 아래 계좌로 입금해 주세요.
(국민은행: 461901-01-019724, 우체국: 013649-02-049367, 예금주: 이혜경)
신청자 성함과 입금자 성함이 일치하지 않는 경우에는 입금자 성함을
꼭 알려주셔야 확인이 가능합니다.

4. 배송

입금 확인 후에 바로 발송 작업을 하는데, 발송후 도착까지 보통 2-3일 정도가 소요 됩니다. 책을 급하게 필요로 하실 경우에는 일반 서점을 이용해 주세요. 해외 배송을 원하시는 분은 총판을 담당하고 있는 생명의 말씀사로 문의 해주시기 바랍니다. (생명의 말씀사 080-022-1211 www.lifebook.co.kr)

<기도 시리즈>

1. 하늘의 권능이 임하는 부르짖는 기도 1
영성의 숲. 373쪽. 13,000원 / 핸디북 10,000원
부르짖는 기도는 모든 기도의 형태 중에서 가장 기본적이고 중요한 기도입니다. 이 기도를 바르게 배우고 적용한다면 하늘의 권능이 임하는 것을 경험하게 되며 모든 면에서 강건한 그리스도인이 될수 있을 것입니다.

2. 하늘의 권능이 임하는 부르짖는 기도 2
영성의 숲. 444쪽. 15,000원 / 핸디북 11,000원
부르짖는 기도 1권은 발성의 의미, 능력과 부르짖는 기도의 전체적인 원리를 다루었으며 2권은 부르짖는 기도의 실제로서 구체적인 기도의 방법과 적용원리를 다루고 있습니다. 3부에 수록된 다양한 승리의 간증은 독자님들에게 좋은 도전이 될 것입니다.

3. 대적기도의 원리와 능력
영성의 숲. 400쪽. 14,000원 / 핸디북 11,000원
대적기도 시리즈 1편. 대적기도는 주님께 간구하는 기도가 아니며 우리에게 주어진 권세와 능력을 발견하고 사용하여 능력과 승리를 경험하는 기도입니다. 이 기도를 알게 될 때 당신의 삶은 진정 달라지게 될 것입니다.
휴대를 위한 작은 사이즈의 핸디북도 있습니다.

4. 대적기도의 적용 원리
영성의 숲. 424쪽. 14,000원 / 핸디북 11,000원
대적기도 시리즈 2편. 대적기도에도 원리와 법칙이 있습니다. 그 원리와 법칙을 잘 익혀서 실제의 삶에 적용한다면 우리는 풍성한 삶을 살 수 있습니다. 이 책에서는 그 원리들을 구체적으로 제시해 주고 있습니다.
휴대를 위한 작은 사이즈의 핸디북도 있습니다.

5. 대적기도를 통한 승리의 삶
영성의 숲. 452쪽. 15,000원 / 핸디북 12,000원
대적기도 시리즈 3편. 대적기도를 인간관계, 가정에서의 삶, 복음 전도와 사역에 구체적으로 적용하는 방법을 제시하였습니다. 여기서 제시된 원리를 잘 읽고 적용한다면 삶과 사역에 있어서 많은 변화와 승리를 경험할 수 있게 될 것입니다.
휴대를 위한 작은 사이즈의 핸디북도 있습니다.

6. 대적기도의 근본적인 승리 비결
영성의 숲. 454쪽. 15,000원 / 핸디북 12,000원
대적기도 시리즈 4편. 완결편. 1부에서는 악한 영들을 근본적으로 완전하게 제압하고 승리할 수 있는 원리와 비결을 제시하고 있습니다. 2부에서는 대적기도를 적용하고 경험한 성도들의 사례가 실려 있는데 이것은 각 사람의 적용과 승리에 좋은 참고가 될 수 있을 것입니다. 휴대를 위한 작은 사이즈의 핸디북도 있습니다.

7. 아름답고 행복한 기도의 세계
영성의 숲. 276쪽. 9,000원
〈기도업데이트〉의 개정판. 자연스럽고 편안하게 기도의 아름다움과 행복에 잠길 수 있도록 돕는 책입니다. 기다리는 기도, 듣는 기도, 안식하는 기도 등 다양하고 풍성한 기도의 원리들을 일상의 예화들을 통하여 쉽게 정리하였습니다.

8. 주님의 마음에 이르는 기도
영성의 숲. 309쪽. 10,000원
기도의 원리와 방법에 대한 200개의 조언을 담았습니다. 주님의 마음을 향하여 가는 것. 그것이 기도의 방향이며 목적임을 보여주는 책입니다.

9. 주님의 임재를 경험하는 길
영성의 숲. 308쪽. 10,000원
〈주님을 경험하는 100가지 방법〉의 개정판. 주님의 살아계심과 임재를 경험하기 위한 100가지의 실제적인 방법을 제시하고 있습니다. 사모하는 마음으로 이 방법들을 시도한다면 누구나 쉽게 그분의 역사를 경험하게 될 것입니다.

10. 예수 호흡기도
영성의 숲. 460쪽. 15,000원 / 핸디북 11,000원
호흡을 통한 기도가 주님의 임재와 영적 실제에 들어가는 중요한 비밀이며 열쇠임을 보여주는 책입니다. 이 책에 제시된 원리와 방법을 충실히 시도해 본다면 누구나 놀라운 변화를 경험하게 될 것입니다.

11. 방언기도의 은혜와 능력 1
영성의 숲. 459쪽. 16,000원 / 핸디북 12,000원
방언기도 시리즈 1편. 방언에 대한 성경적이고 균형잡힌 설명 뿐 아니라, 저자의 개인적인 경험과 간증, 방언을 받는 과정과 통역을 시도하는 과정에 대한 구체적인 설명, 여러 경험자들의 실례가 풍성하게 실려있어, 방언의 은혜에 대해 이해하고 적용하는 데에 실제적인 도움을 주는 책입니다.

12. 방언기도의 은혜와 능력 2
영성의 숲 403쪽. 14,000원 / 핸디북 11,000원
방언기도 2편에서는 방언과 통역이 발전해 나가는 과정과 그 영적인 의미를 깊이있게 다루었습니다. 방언의 가치와 의미를 바르게 이해하고 적용하게 될 때, 오래 동안 방언을 사용하면서도 주님의 은총를 누리지 못하던 이들이 주님의 가까우심과 아름다우심을 풍성히 경험하게 될 것입니다.

13. 방언기도의 은혜와 능력 3
영성의 숲 489쪽. 16,000원 / 핸디북 12,000원
방언 기도 시리즈의 결론적인 부분을 다룬 책입니다. 방언에 대한 부정적인 견해와 원인들, 방언을 통해 어떻게 부흥이 시작되는지, 은사의 바른 방향과 의미, 목적 등을 정리하였고, 전체적인 요약정리와 함께 경험자들의 구체적인 사례들을 첨부하여 실제적인 적용에 도움이 되도록 하였습니다.

<영성 시리즈>

1. 영성의 실제를 경험하는 길
영성의 숲. 357쪽. 12,000원
〈그리스도인의 아름다운 영성〉의 개정판.
많은 은혜의 도구들이 있지만 그것들이 다 주님을 접촉하는 것은 아닙니다. 참다운 영성과 주님을 경험하는 원리를 제시하는 책입니다.

2. 생각의 자유를 경험하는 길
영성의 숲. 228쪽. 8,000원
〈그리스도인의 생각 다스리기〉의 개정판. 우리가 겪는 삶의 대부분의 고통들은 스스로 만들어낸 생각의 감옥에 지나지 않으며 생각을 분별하고 관리함으로써 풍성하고 행복한 삶을 살 수 있다는 메시지를 다양한 예화와 함께 설득력 있게 제시하고 있습니다. 많은 교회에서 훈련 교재로 사용되기도 했습니다.

3. 영성의 중심은 사랑입니다
영성의 숲. 243쪽. 8,000원
하나님의 은혜를 받아들이고 누림으로써 진정한 사랑과 따뜻함의 세계를 경험할 수 있도록 돕는 책. 신앙의 따뜻함과 아름다움을 회복하고, 영혼들을 이해하고 도울 수 있는 관점을 제시하고 있습니다.

4. 영성의 원리
영성의 숲. 319쪽. 11,000원
영성에도 원리가 있습니다. 이 책은 영성의 발전을 위한 다양한 원리들, 영의 흐름, 영의 인식, 영적 승리를 위한 중보 등의 원리를 실제적인 예와 함께 잘 설명해 줍니다. 영적 부흥과 충만함을 사모하는 이들에게 좋은 참고서가 될 수 있을 것입니다.

5. 문제는 주님의 음성입니다
영성의 숲. 227쪽. 9,000원
우리의 삶에 다가오는 여러가지 어려움들, 문제들은 우연이 아닙니다. 거기에는 주님의 배려와 가르치심이 있으며 반드시 우리가 배워야 할 것이 있습니다. 이 책은 그 문제들에서 주님의 뜻과 음성을 발견하는 원리를 가르쳐 주고 있습니다.

6. 영성의 발전은 어떻게 이루어지는가
영성의 숲. 254쪽. 8,000원
〈영성의 상담〉의 증보 개정판. 영성에 대한 여러 질문과 답변을 통해 다양한 영적현상의 의미와 삶 속에서 영적 성장을 이루는 구체적인 방법들을 소개하고 있습니다.

7. 지금 이 공간에 임하시는 주님
영성의 숲. 340쪽. 12,000원
주님은 믿을수 없을만큼 가까이 계시지만 사람들은 흔히 그분을 무시함으로 그의 임재를 소멸시킵니다. 이책은 그분의 가까우심과 구체적인 공간을 통한 임재, 나타나심을 경험할수 있도록 실제적인 지침을 제시하고 있습니다.

8. 심령이 약한 자의 승리하는 삶
영성의 숲. 228쪽. 9,000원
영혼의 힘이 약하고 마음이 여리고 민감하여 고통을 겪고 있는 이들을 위한 책. 영혼의 원리 및 기질과 사명을 이해함으로써 이전에 알지 못했던 자유와 해방과 놀라운 행복감을 누리게 될 것입니다.

9. 천국의 중심원리
영성의 숲. 452쪽. 14,000원
천국은 사후에만 갈 수 있는 장소가 아닙니다. 이 땅에 살면서 천국의 임재, 그 천국의 빛과 영광을 경험할 수 있습니다. 이 책에서는 내면세계의 천국을 경험하기 위한 길과 원리를 제시해 주고 있습니다.

10. 행복한 신앙을 위한 28가지 조언
영성의 숲. 348쪽. 12,000원
〈자유롭고 행복한 그리스도인 1〉의 개정판. 묶여 있고 창백한 의식의 틀을 벗어나, 자유롭고 풍성한 믿음의 삶으로 나아가도록 돕는 책입니다. 28가지 조언속에 행복한 신앙을 위한 영적 원리들을 담고 있습니다.

11. 성숙한 신앙을 위한 30가지 조언
영성의 숲. 340쪽. 12,000원
〈자유롭고 행복한 그리스도인2〉의 개정판. 의식이 바뀔 때 천국의 자유와 기쁨을 누릴 수 있음을 보여주는 책입니다. 묶여있는 사고와 습관, 잘못된 의식에서 해방되는 원리를 제시해 주고 있습니다.

12. 의식의 깨어남을 사모하라
영성의 숲. 239쪽. 9,000원
잠과 꿈과 깨어남의 실체를 보여주며 진정한 깨어있음의 세계로 인도하는 책입니다.
의식과 영혼을 깨우기 위한 방법과 원리들을 제시해 주고 있습니다.

13. 주님의 마음, 주님의 임재 속으로
영성의 숲. 348쪽. 12,000원
오늘날 주님의 마음에 대한 많은 오해가 있어서 주님의 깊으신 임재에 들어가지 못합니다. 이 책은 그 오해를 풀어주며 우리를 향한 주님의 사랑을 보여주고 그 사랑의 임재 속에 들어가는 길을 안내해주고 있습니다.

14. 영성의 발전을 갈망하라
영성의 숲. 292쪽. 10,000원
영성의 진리 시리즈 1편. 영성을 깨우고 발전시킬 수 있는 다양한 이야기, 원리, 법칙들을 묶은 36가지의 메시지가 수록되어 있습니다. 영혼의 각성에 도움이 되는 지식과 도전을 얻게될 것입니다.

15. 집회에서 흐르는 주님의 은혜
영성의 숲. 254쪽. 8,000원
이미 출간되었던 [집회 가운데 임하시는 주님]을 새롭게 개정하였습니다. 회원들의 간증을 줄이고 더 많은 분량을 추가하였습니다. 집회 가운데 나타나는 주님의 생생한 역사와 이에 관련된 여러 영적 원리를 기술하였습니다. 읽을수록 집회 현장에 있는 듯한 감동과 은혜를 얻을 수 있을 것입니다. 은혜를 사모하는 이들, 영성 사역에 관심이 있는 사역자들에게 좋은 참고가 될 것입니다.

16. 삶을 변화시키는 생명의 원리
영성의 숲. 348쪽. 값 12,000원
삶 속에서 열매를 맺을 수 있는 비결과 원리를 시편 1편의 말씀과 요한복음 15장의 말씀을 중심으로 제시하고 있습니다. 포도나무이신 주님과 가지로서 항상 연결되는 삶이 열매를 맺는 원리이며 은총의 비결인 것을 명쾌한 논지로 설명하고 있습니다. 신앙의 기초와 방향을 분명히 밝히는 책으로서 풍성한 삶과 승리하는 삶을 갈망하는 그리스도인들에게 귀한 도전이 될 것입니다.

17. 낮아짐의 은혜1
영성의 숲. 308쪽. 값 11,000원
쉽게 하나님의 임재를 경험하며 그 은혜 가운데 머무르는 사람이 있습니다. 그 은총의 비밀은 무엇일까요? 그것은 바로 낮아짐이며 이를 통하여 주의 무한한 은혜와 천국의 풍성함을 누릴 수 있음을 본서는 증명합니다. 사람을 파괴하는 높아짐의 시작과 타락, 은혜의 회복, 열매의 풍성함 등을 다루고 있으며 누구나 그 은혜의 세계에 쉽게 이르도록 길을 제시하고 있습니다.

18. 낮아짐의 은혜 2
영성의 숲. 388쪽. 값 14,000원
낮아짐은 감추어진 비밀이며 천국의 문을 여는 보화입니다. 마귀는 낮아짐을 빼앗을 때 그 영혼을 사로잡을 수 있으므로 온갖 유혹으로 이 보화를 가로챕니다. 하나님은 천국의 풍성함을 주시기 위하여 낮아짐을 훈련하시며 인도하십니다. 2권은 적용을 주로 다루며 구체적으로 풍성한 은총을 누릴 수 있도록 권면하고 있습니다.

19. 그리스도를 갈망하는 삶
영성의 숲. 268쪽. 값 10,000원
부흥과 영적 깨어남, 영성의 다양한 원리에 대한 이야기. 삶 속의 이야기와 함께 자연스럽게 풀어서 정리하였습니다. 일상의 사소한 삶에서 영적 원리를 발견하고 적용하도록 도우며 그리스도에 대한 갈망이 증가되도록 도전하고 있습니다.

20. 영이 깨어날수록 천국을 누린다
영성의 숲. 236쪽. 값 8,000원
독자들과 일대일로 마주 앉아서 대화를 하듯이 영적 성장과 풍성한 삶을 누리는 원리에 대해서 메시지를 전달하고 있습니다. 사랑하는 삶, 영성의 깨어남에 대한 새로운 통찰력을 제공해주며 기쁨으로 주님을 따르는 길을 제시해줍니다.

<생활 영성 시리즈>

1. 주님과 차 한잔을
영성의 숲. 220쪽. 6,000원
신앙의 귀한 진리들, 주님을 사모하고 가까이 나아가는 데 도움이 되는 원리들을 유머를 통해 밝고 즐겁게 전달해주는 책입니다.
주님과 같이 차를 한잔 마시는 기분으로 부담없이 읽다 보면 자연스럽게 영적 통찰을 얻을 수 있을 것입니다.

2. 일상의 삶에서 주님을 의식하기
영성의 숲. 280쪽. 8,000원
일상의 사소한 삶 속에서 주님을 의식하며 살아가는 이야기. 신앙과 영성은 기도할 때만이 아니라 일상의 모든 삶 속에서 나타나야 한다. 작고 사소한 모든 일에서 주님을 의식하는 것이 진정한 행복의 원리인 것을 이 책은 보여주고 있습니다.

3. 일상에서 경험하는 주님의 사랑
영성의 숲. 277쪽. 8,000원
일상의 묵상 시리즈 2편. 사소한 일상의 삶에서 주님의 임재와 사랑을 느끼고 주님의 메시지를 경험하는 이야기. 항상 모든 것에서 주님의 마음과 시선으로 삶과 사람을 보고 느껴야 하며 이를 통해서 날마다 천국을 경험할 수 있음을 사소한 삶의 이야기를 통하여 부드럽게 전달해주고 있습니다.

4. 삶이 가르치는 지혜
영성의 숲. 212쪽. 6,000원
〈아직 기회가 있을 때 사랑한다고 말하라〉의 개정판. 우리의 삶에서 경험하는 많은 즐거운 일, 힘든 일들이 결국 우리 영혼의 성장을 위하여 주어진 일임을 보여줍니다. 가슴을 따뜻하게 하는 소박한 이야기들을 통해서 사랑의 중요성을 다시 한번 깨닫게 합니다.

5. 사랑의 나라로 가는 여행
영성의 숲. 156쪽. 5,000원
〈사랑의 나라〉의 개정판. 어른들을 위한 우화로서 한 청년이 여행을 통하여 삶의 목적과 방향을 깨달아 가는 과정이 흥미진진하게 전개되고 있습니다. 즐겁게 이야기를 읽어나가다보면 영적 성장의 방향과 중심, 영적 세계의 에너지와 원리, 흐름을 이해하는데 도움이 될 것입니다.

6. 하나님의 뜻을 발견해 가는 여행
영성의 숲. 269쪽. 신국판 변형 8,000원
성경에 등장하는 입다, 다윗, 암논의 삶과 사건들을 통하여 하나님의 아버지 마음과 하나님의 의도와 훈련을 이해하고 발견하도록 안내하는 책입니다. 등장인물들의 마음과 정서가 드라마처럼 녹아있어 흥미와 감동을 전달해 줍니다.

7. 일상에서 경험하는 주님의 은혜
영성의 숲. 253쪽. 값 8,000원
일상시리즈 3편입니다.
가족 이야기, 모임 이야기, 일상에서 경험하는 여러 가지 일들을 통해서 영적 원리와 교훈을 정리하였습니다.
일기와 이야기 형식으로 기록되어 있어서 즐겁게 읽는 가운데 주님과 같이 걷는 삶의 흐름 속으로 들어갈 수 있게 될 것입니다.

<묵상 시리즈>

1. 맑고 깊은 영성의 세계를 향하여
영성의 숲. 140쪽. 5,000원.
잠언시리즈 1편. 내 영혼의 잠언1을 판형을 바꾸어 새롭게 만들었습니다. 순결하고 맑은 영혼으로 성장하기 위한 진리의 묵상들이 간결하게 정리되어 있습니다.

2. 주님은 생수의 근원 입니다
영성의 숲. 196쪽. 6,000원
〈내 영혼의 잠언2〉의 개정판. 맑고 투명한 영성의 세계로 안내하는 영성 잠언집. 새벽녘의 신선하고 향긋한 바람처럼 우리 영혼을 달콤하게 채워주는 묵상의 글들을 모아서 정리했습니다.

3. 묻지 않는 자에게 해답을 던지지 말라
영성의 숲. 156쪽. 5,000원
삶과 사랑과 영혼의 진리를 담은 잠언 시집.
인생의 의미와 진리, 영성의 발전과정을 예리하면서도 부드러운 시각으로 표현하고 있습니다. 불신자에 대한 전도용으로도 좋은 책입니다.

4. 영혼을 깨우는 지혜의 샘물
영성의 숲. 180쪽. 6,000원
〈영적 성숙으로 향하는 여행〉의 개정판
인생, 진리, 마음, 영성 등 중요한 8가지의 주제에 대한 짧은 묵상을 담았습니다. 맑은 샘물이 흐르듯이 간결한 지혜의 메시지가 영성을 일깨워주는 책입니다.

낮아짐의 은혜 1

1판 1쇄 발행	2008년 8월 10일
1판 8쇄 발행	2018년 5월 20일
지은이	정원
펴낸이	이혜경
펴낸곳	영성의 숲
등록번호	2001. 7. 19 제 8-341 호
전화	02 - 355 - 7526 (영성의숲)
핸드폰	010 - 9176 - 7526 (영성의숲)
E - mail	spiritforest@hanmail.net (영성의숲)
홈페이지	cafe.daum.net/garden500 (정원목사 독자 모임)
	cafe.naver.com/garden500 (정원목사 독자 모임)

국민은행	461901 - 01 - 019724
우체국	013649 - 02 - 049367
예금주	이혜경

총판	생명의 말씀사
전화	02 - 3159 - 8211
팩스	080 - 022 - 8585,6

값 11,000원

ISBN 978 - 89 - 90200 - 52 - 5 04230
ISBN 978 - 89 - 90200 - 51 - 8 04230 (세트)